婴幼儿托育、教育与保育精品教材

互联网＋活页式理念新形态教材

托育服务政策法规与从业人员职业道德

主编　包学敏　侯美玲

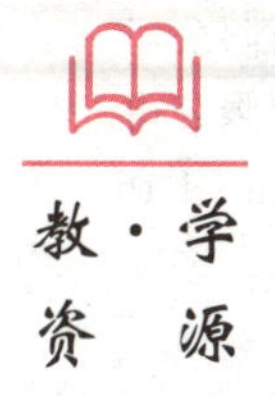

教·学
资　源

镇　江

内容提要

本书系统地阐述了托育服务政策法规与从业人员职业道德的相关知识。全书分为绪论和六个项目。其中，政策法规内容包括托育机构相关的政策法规、托育管理相关的政策法规和托育服务从业人员相关的政策法规，职业道德内容包括托育服务从业人员职业道德规范、托育服务从业人员职业道德应用和托育服务从业人员职业道德修养。

本书内容全面，形式新颖，具有较强的实用性和指导性，可作为职业院校婴幼儿托育、教育、保育类专业学生的教材。

图书在版编目（CIP）数据

托育服务政策法规与从业人员职业道德 / 包学敏，侯美玲主编. -- 镇江 : 江苏大学出版社，2024.2
ISBN 978-7-5684-2092-1

Ⅰ. ①托… Ⅱ. ①包… ②侯… Ⅲ. ①学前教育－教育政策－中国②学前教育－教育法－中国③幼教人员－师德 Ⅳ. ①G61②D922.161

中国国家版本馆 CIP 数据核字(2023)第 247024 号

托育服务政策法规与从业人员职业道德
Tuoyu Fuwu Zhengce Fagui Yu Congye Renyuan Zhiye Daode

主　　编 / 包学敏　侯美玲
责任编辑 / 柳　艳
出版发行 / 江苏大学出版社
地　　址 / 江苏省镇江市京口区学府路 301 号（邮编：212013）
电　　话 / 0511-84446464（传真）
网　　址 / http://press.ujs.edu.cn
排　　版 / 三河市悦鑫印务有限公司
印　　刷 / 三河市悦鑫印务有限公司
开　　本 / 787 mm×1 092 mm　1/16
印　　张 / 14.5
字　　数 / 371 千字
版　　次 / 2024 年 2 月第 1 版
印　　次 / 2024 年 2 月第 1 次印刷
书　　号 / ISBN 978-7-5684-2092-1
定　　价 / 49.80 元

如有印装质量问题请与本社营销部联系（电话：0511-84440882）

前言 PREFACE

近年来，国家制定并出台了一系列托育服务政策和法律法规，以期完善托育服务体系，扩大托育服务有效供给，提升托育服务质量，促进人口长期均衡发展。为了响应国家号召，落实相关政策法规，加快培养婴幼儿托育服务与管理专业的人才，推进托育服务专业化、规范化发展，编者组织多年从事婴幼儿托育服务与管理教学和实践的一线教师共同编写了本书。本书旨在让学生学习托育服务相关的政策法规，掌握并践行托育服务从业人员职业道德，成长为遵纪守法、品德高尚的托育服务人才。

具体而言，本书具有以下特色。

（1）立德树人，培育素养

党的二十大报告指出："育人的根本在于立德。"本书有机融入党的二十大精神，积极落实立德树人的根本任务，在系统地介绍托育服务政策法规与从业人员职业道德的同时，将法治精神、奉献精神、匠人精神、榜样力量、个人理想、社会责任等主题思想渗透到正文和各模块（如"模范风采"等）中，能够有效地引导学生树立正确的人生观和价值观，促使其增强法治意识，提升职业道德修养。

（2）校企合作，协同育人

本书是在一线教师与托育机构专职人员的参与和支持下编写完成的，无论是正文内容的安排，还是体例模块的设计，均充分考虑了婴幼儿托育服务与管理相关专业的教学要求、托育机构的岗位需求及学生的实际情况，力求详略得当、重点突出、语言简练，强调内容的实用性和针对性，突显了职业属性，能让学生在有限的时间内更好地掌握托育服务政策法规与从业人员职业道德的相关知识，为将来从事托育服务工作奠定良好基础。

（3）理念创新，服务学生

本书切实践行"以学生为主体，以教师为主导，以能力为根本"的教育理念，采用"案例导入+理论讲解+实战演练+综合评价"的结构框架编排内容，引导学生课前感知、课中探索、课后实践并检测反馈，充分体现了"做中学，学中做"的职业教育特色和活页式教材的亮点，能够更好地引导学生理解和掌握学习要点，培养学生的实践能力。

（4）紧跟时代，精选案例

本书紧跟时代，选用了大量既有示范性又有时代感的阅读材料和贴近托育服务从业人员工作实际的实操案例，既便于教师教学，又便于学生更好地理解相关知识。

（5）巧设模块，盘活课堂

本书采用“项目—任务”的编写模式。

首先，每个项目均设置了“项目导读”“学习目标”“项目检测”“项目综合评价”模块，既能让学生明确学习方向与学习重点，又能让学生通过检测巩固所学知识，通过评价获得学习反馈情况，进而有针对性地进行改进。

其次，每个项目中编排了若干任务，每个任务均设有“任务导入”“任务清单”“实例评析”“任务实施”模块，且正文中穿插了“视野纵横”“知识链接”“互动空间”“课证对接”“模范风采”等模块，设置了丰富多彩的探索实践活动，能有效地调动学生的积极性，盘活课堂。

任务导入：通过生动有趣的案例引出任务内容，激发学生的学习兴趣。

任务清单：设有与任务内容相关的提问，引导学生结合导入案例思考相关问题，进而带着疑问主动探索相关知识。

视野纵横：选用新颖、实用的拓展阅读材料，以帮助学生开阔视野，扩展思维，更好地理解正文知识。

知识链接：介绍与正文内容紧密相关的知识，帮助学生更好地理解正文知识。

互动空间：结合正文内容设置各种讨论活动，以调节学习节奏，活跃课堂气氛，并引导学生深入思考相关知识。

课证对接：为了落实“岗课赛证”融通育人理念，促进课证融合，该模块结合正文内容点拨了国家职业育婴员和保育员等技能考试的考查要点，力求实现专业课程与职业技能证书的对接，助力学生提升综合职业能力。

模范风采：选用一系列体现爱国精神、工匠精神、创新精神、奋斗精神等可贵品质的模范人物事迹，引导学生树立职业理想。

实例评析：穿插于正文之中，讲述托育服务政策法规与从业人员职业道德相关的典型案例、模范事迹和人物故事，并通过评析对重要知识点进行点拨，使学生加深对正文内容的理解。

任务实施：通过案例分析、情景表演、辩论比赛、故事分享等多样化的活动，引导学生灵活运用所学知识，培养学生的实践能力。

（6）资源丰富，科技赋能

本书融入“互联网+”思想，在文中设置了微课二维码，读者可以借助手机或其他移动设备扫描二维码观看微课视频，也可登录文旌综合教育平台“文旌课堂”查看和下载本书配套资源，如项目检测答案、微课等。读者在学习过程中有任何疑问，都可以登录该平台寻求帮助。

此外，本书还提供了在线题库，支持“教学作业，一键发布”，教师只需通过微信或“文旌课堂”App 扫描扉页二维码，即可迅速选题、一键发布、智能批改，并查看学生的作业分析报告，提高教学效率，增强教学体验。学生可在线完成作业，巩固所学知识，提高学习效率。

本书由包学敏、侯美玲担任主编，马黎明、佘星宇担任副主编。在编写过程中，我们参考了大量的资料并引用了部分文章和图片等。这些引用的资料大部分已获原作者授权，但由于部分资料来自网络，我们未能确认出处，也暂时无法联系到原作者。对此，我们深表歉意，并欢迎原作者随时与我们联系，我们将按规定支付酬劳。此外，本书所选案例均来源于真实事件，但为了避免引起不必要的误会，部分人物使用了化名。本书没有注明资料来源的案例均为编者根据真实事件改编。

由于编者水平有限，书中难免存在疏漏或不当之处，敬请广大读者批评指正。

本书配套资源下载网址和联系方式

网址：https://www.wenjingketang.com

电话：4001179835

邮箱：book@wenjingketang.com

目
录
CONTENTS

绪论

初识托育面貌——托育服务概述

学习目标

知识目标

- 明确托育服务政策法规的概念、特征、类型和作用。
- 了解我国托育服务行业的发展、现状和主要政策法规。
- 理解托育服务从业人员职业道德的含义、特征和作用。
- 领会托育服务从业人员遵循职业道德的意义。

素质目标

- 培养法律意识和法治观念。
- 树立托育服务从业人员职业理想和信念。

一、托育服务政策法规

托育服务政策法规是国家政策法规在托育服务行业的体现。理解托育服务政策法规的概念，首先要明确政策法规的概念。

（一）政策法规的概念

政策是指党和国家在一定历史条件下和社会环境中，为了实现其政治、经济、文化、社会、科技、教育等各方面发展目标而制定的行动依据和准则，是一系列路线、方针、战略、规划、决定、指导意见、行动纲要等规范的总称。

法规有广义和狭义之分。广义的法规是指全国人民代表大会制定的宪法、全国人民代表大会及其常务委员会制定的法律、国务院制定的行政法规、国务院各部委制定的部门规章、地方人民代表大会及其常务委员会制定的地方性法规（包括民族自治地方的自治条例和单行条例）、地方各级政府制定的地方政府规章等规范的总称。狭义的法规是指法律效力低于宪法和法律的规范，包括国务院制定的行政法规和地方各级国家权力机关制定的地方性法规。本书所指的“法规”是广义的法规。

简而言之，政策法规就是党和国家为了实现一定历史时期的目标而制定的一系列行动依据和法律规范。

（二）托育服务政策法规的概念

托育服务政策法规的概念可以由政策法规的概念演绎而来。

具体而言，托育服务政策是指党和国家为实现一定时期的婴幼儿照护服务发展目标和任务，依据这一时期的基本任务、基本方针而制定的关于托育服务的行动依据和准则。它通常表现为托育服务路线、托育服务方针、托育服务规划、托育服务决定、托育服务指导意见或行动纲要等形式。

托育服务法规是指由国家权力机关制定的，用于调整托育经营和服务活动中发生的各种法律关系的规范的总称，包括与托育服务相关的基本法律、行政法规、地方性法规、部门规章、地方政府规章等。

简而言之，托育服务政策法规就是党和国家为了对托育服务活动进行管理而制定的一系列行动依据和法律规范。

（三）托育服务政策法规的特征

我国托育服务政策法规具有以下特征，如图 0-1 所示。

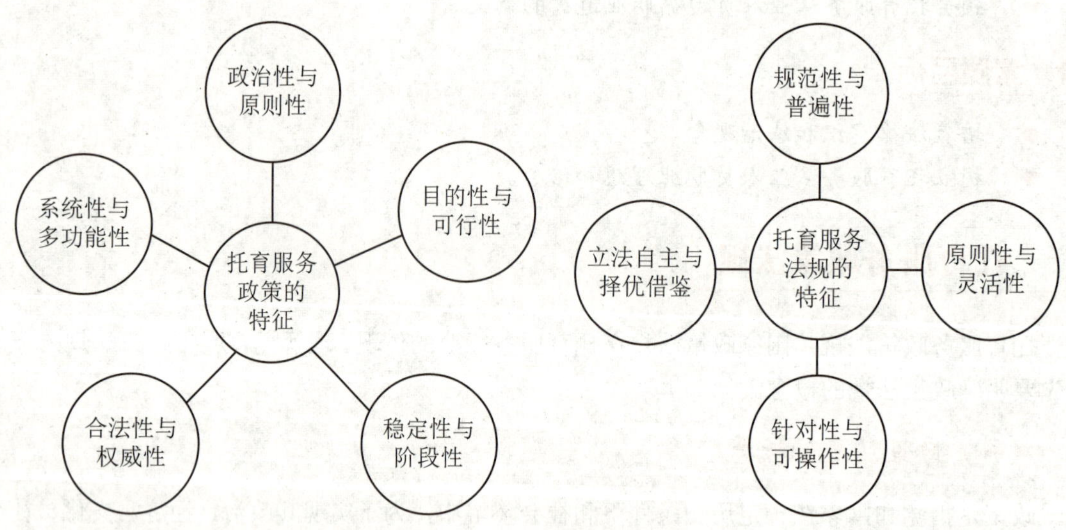

图 0-1　托育服务政策和法规的特征

1. 托育服务政策的特征

（1）政治性与原则性。政治性是托育服务政策的根本特征，直接反映制定托育服务政策的主体的利益和要求。原则性是指托育服务政策会规定人们所应遵循的指导思想、价值观念和根本原则，以便告知人们应做什么或不应做什么，提倡或鼓励做什么。

（2）目的性与可行性。托育服务政策是根据托育服务事业的发展需要制定出来的，是人们主观意识的体现和主观能动性的产物，具有明确的目的性。同时，要使托育服务政策的目标变成现实，就要考虑托育服务政策的可行性。不具备可行性的政策只是一纸空文，没有任何实际意义。

（3）稳定性与阶段性。稳定性主要表现为托育服务政策经制定、公布后，在其有效的时间范围、空间范围内保持不变，若无特殊原因，不会进行重大调整或者完全废弃。例如，《中华人民共和国国民经济和社会发展第十四个五年规划和2035年远景目标纲要》（见图 0-2）提出的目标“发展普惠托育服务体系，健全支持婴幼儿照护服务和早期发展的政策体系”，在五年内保持不变。阶段性主要是指托育服务政策的落实过程包括议题确定、政策决策、政策执行、政策监督和政策评价等阶段，是一个动态的过程。

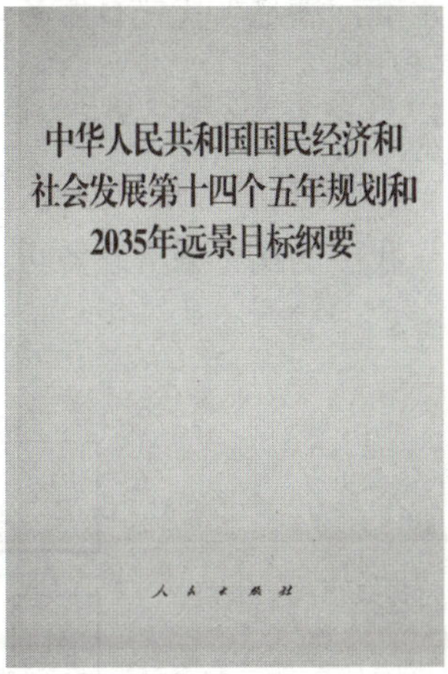

图 0-2 《中华人民共和国国民经济和社会发展第十四个五年规划和 2035 年远景目标纲要》

（4）合法性与权威性。托育服务政策是党和国家依据宪法的授权，为保障和改善民生而制定的托育服务准则。党和国家行为的合宪性决定了他们所颁布的托育服务政策的合法性和权威性。

（5）系统性与多功能性。为了更好地调节繁多而复杂的关系，托育服务政策内容纵向一致，横向协调，形成一个系统。托育服务政策的系统性决定了它所指引的行动必然要牵扯到托育服务行业的各个方面，从而决定了托育服务政策的功能必定是多方面的，而不是单一、零散的。

2. 托育服务法规的特征

（1）规范性与普遍性。规范性是托育服务法规的根本特征，主要体现为托育服务法规能为人们在托育服务活动中的行为提供模式、标准和方向。普遍性是指托育服务法规在法定的范围内具有普遍的约束力，不存在适用对象的例外。普遍适用的范围有大有小，如《托育机构管理规范（试行）》在全国范围内普遍适用，而《南京市婴幼儿托育机构管理办法》则只在南京市行政区域范围内普遍适用。

（2）原则性与灵活性。托育服务体系建设是一项复杂、系统的工程，所以托育服务法规所需解决的问题包罗万象。一方面，一些重要问题涉及面非常广，托育服务法规需要从长远角度出发来规范托育服务活动中的各种行为；另一方面，为了实现某些具体的阶段性目标，托育服务法规需要协调各方利益。与此同时，我国各地区托育服务的发展不平衡，需要法规增强协调性和灵活性。这就要求托育服务法规既有原则性又有灵活性。

（3）针对性与可操作性。托育服务法规用于调整托育服务活动行为主体之间的关系并规范托育服务行为，这决定了它是针对托育服务领域的法规。同时，托育服务法规还具有可操作性，该特性主要体现为充分贯彻国家政策，发挥预期的规范作用。托育服务法规的可操作性还体现为与时俱进地修订现有法规和发布新规。例如，在我国相继出台了《中华人民共和国执业医师法》《中华人民共和国传染病防治法》《中华人民共和国母婴保健法》《中华人民共和国食品安全法》等法律法规的背景下，卫生部（现为国家卫生健康委）与教育部共同修订了 1994 年卫生部与国家教委联合发布的《托儿所、幼儿园卫生保健管理办法》，并于 2010 年发布了《托儿所幼儿园卫生保健管理办法》，以使法规内容适应时代，具有可操作性。

（4）立法自主与择优借鉴。我国的托育服务法规选择性地借鉴了世界各国的托育服务立法经验及托育服务法规中的某些内容，目的是让法规内容既符合中国实际，又能表现出较高的国际水准，满足当代托育服务现代化的需要。

（四）托育服务政策法规的类型

1. 托育服务政策的类型

我国的托育服务政策可以按照以下标准进行分类，如图 0-3 所示。

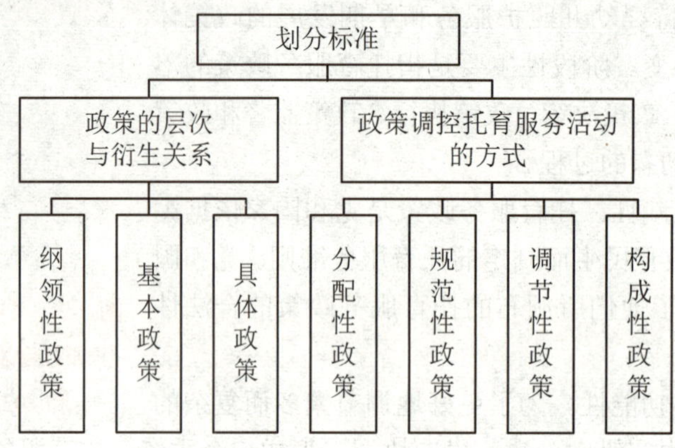

图 0-3　托育服务政策的类型

（1）按照政策的层次与衍生关系划分，托育服务政策可分为纲领性政策、基本政策和具体政策。

托育服务纲领性政策是能决定托育服务发展方向的政策，具有全局性和根本性。例如，国务院办公厅发布的《关于促进 3 岁以下婴幼儿照护服务发展的指导意见》提出了婴幼儿照护服务的发展目标和主要任务，是托育服务行业的纲领性政策。

托育服务基本政策是用于规范托育服务或托育活动的某一方面的政策。例如，国家发展改革委、民政部和国家卫生健康委联合发布的《“十四五”积极应对人口老龄化工程和托育建设实施方案》提出了托育服务的建设任务和建设标准，是托育服务行业的基本政策。

托育服务具体政策是贯彻和落实基本政策的某一方面内容的行动准则。例如，国家发展改革委、国家卫生健康委联合发布的《支持社会力量发展普惠托育服务专项行动实施方案（试行）》规定了中央预算内投资所支持的托育服务类型，以及发展普惠性托育服务的各方社会力量和参与流程等，是托育服务行业的具体政策。

（2）按照政策调控托育服务活动的方式划分，托育服务政策可分为分配性政策、规范性政策、调节性政策和构成性政策。

分配性托育服务政策是指给予托育服务管理者和托育服务对象基本权利，使其获得社会利益或福利的政策。例如，国务院发布的《中国儿童发展纲要（2021—2030 年）》为儿童生存、发展、受保护和参与权利的实现提供了重要保障。

规范性托育服务政策是指为了维护正常的托育服务秩序、提高托育服务质量、促进托育服务行业发展而出台的对托育服务活动主体进行限制和约束的政策。例如，国家发展改革委、民政部和国家卫生健康委联合发布的《“十四五”积极应对人口老龄化工程和托育建设实施方案》

明确了托育服务的建设任务和建设标准，该政策限制和约束着托育服务活动主体的行为。

调节性托育服务政策是指为了维护托育服务行业的和谐、稳定发展，通过约束或限制托育服务活动主体的行为，对托育服务领域内的资源或利益的分配进行间接调节的政策。例如，国家发展改革委、国家卫生健康委联合发布的《支持社会力量发展普惠托育服务专项行动实施方案（试行）》对参与专项行动的托育机构提供了金融支持、信用评价、试点示范三项支持措施。

构成性托育服务政策是指只对托育服务活动进行原则性的规定和限制的政策。例如，国务院办公厅发布的《关于促进 3 岁以下婴幼儿照护服务发展的指导意见》对婴幼儿照护服务发展的总体要求、主要任务、保障措施和组织实施提出了指导意见。

此外，托育服务政策还可以按照以下标准进行分类：按照政策的内容划分，可分为托育服务质量政策、托育服务体制政策、托育服务经费政策、托育服务人事政策等；按照政策的效用时间划分，可分为短期政策、中期政策和长期政策等。

2. 托育服务法规的类型

按照法规的效力等级划分，托育服务法规可分为法律、行政法规、部门规章、地方性法规、地方政府规章等，如图 0-4 所示。托育服务法规中的法律是指与托育服务活动相关的法律，如《中华人民共和国未成年人保护法》《中华人民共和国教育法》《中华人民共和国人口与计划生育法》等。托育服务行政法规是指国务院为管理托育服务领域的工作而制定的行为规范。托育服务部门规章是国务院所属的各部、委员会根据法律和托育服务行政法规制定的行为规范，如原卫生部、教育部联合制定的《托儿所幼儿园卫生保健管理办法》。托育服务地方性法规是各地国家权力机关制定的在本行政区域内实施的托育服务行为规范，如《山西省人口和计划生育条例》。托育服务地方政府规章是省、自治区、直辖市和设区的市、自治州的人民政府制定的在本行政区域内实施的托育服务行为规范，如《南京市婴幼儿托育机构管理办法》。

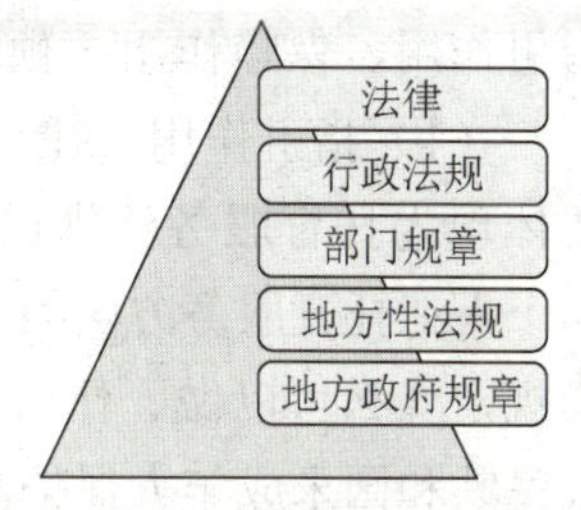

图 0-4　托育服务法规的类型

（五）托育服务政策法规的作用

1. 托育服务政策的作用

概括而言，托育服务政策的作用主要包括导向作用、协调作用和控制作用。

（1）导向作用。托育服务政策对托育服务活动和活动主体的行为具有导向作用。首先，托育服务政策提出的发展目标可引导人们为之共同努力。例如，国务院办公厅发布的《关于促进 3 岁以下婴幼儿照护服务发展的指导意见》提出了“加强对家庭婴幼儿照护的支持和指导”“加大对社区婴幼儿照护服务的支持力度”“规范发展多种形式的婴幼儿照护服务机构”三个主要任务，明确的目标任务能极大地激发社会各界的热情，广泛地调动社会力量推动托育服务事业的发展。其次，托育服务政策提出的一系列托育服务发展措施能告知人们具体怎样做、如何做。例如，国务院办公厅发布的《关于促进 3 岁以下婴幼儿照护服务发展的指导意见》提出了“加强政策支持”“加强用地保障”“加强队伍建设”“加强信息支撑”“加强社会支持”等保障婴幼儿照护服务发展的措施，这些措施的提出有效地指导了国务院各部门开展工作，促进了 3 岁以下婴幼儿照护服务事业的发展。

（2）协调作用。托育服务政策的协调作用是指托育服务政策在社会发展过程中具有协调和平衡各种托育服务关系的作用。首先，托育服务政策能够协调托育服务系统内部的关系，如营利性托育机构和非营利性托育机构之间、普惠性的托育机构和市场化的托育机构之间的利益分配，就需要通过国家托育服务政策来协调。其次，托育服务政策还能协调托育服务系统与其他社会系统之间的关系，如托育机构与社区、托育机构与幼儿园等系统之间的关系。

（3）控制作用。托育服务政策具有约束和规范人们行为的作用，即控制作用。例如，《托育机构婴幼儿伤害预防指南（试行）》就明确规定了人们可以怎样做、不可以怎样做，充分体现了托育服务政策的控制作用。

2．托育服务法规的作用

托育服务法规的贯彻和实施对促进托育服务事业健康发展、改善民生福祉具有重要作用。具体而言，托育服务法规的作用（见图 0-5）主要包括指引作用、保障作用、预防作用和矫正作用。

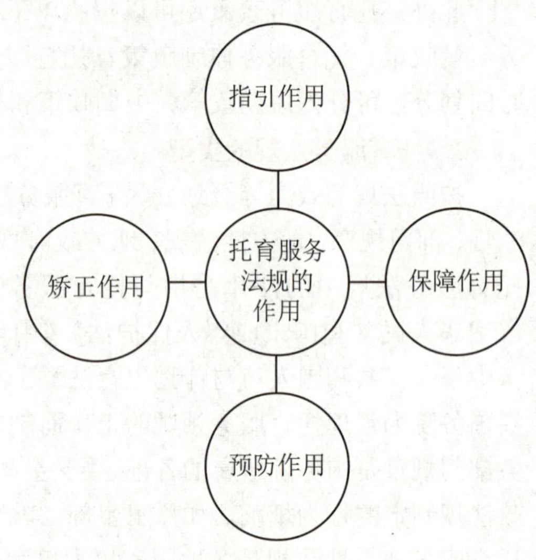

图 0-5　托育服务法规的作用

（1）指引作用。托育服务法规的指引作用主要体现为托育服务法规以条文的形式对相关组织和个人在托育服务方面的行为做出规定和指示，明确规定什么可以做、什么不可以做。例如，《中华人民共和国未成年人保护法》第四十一条规定“婴幼儿照护服务机构、早期教育服务机构、校外培训机构、校外托管机构等应当参照本章有关规定，根据不同年龄段未成年人的成长特点和规律，做好未成年人保护工作”，指出了婴幼儿照护服务机构“应该怎样做”。

（2）保障作用。托育服务法规能够保障婴幼儿、从业人员在托育服务活动中的合法权益。例如，《中华人民共和国未成年人保护法》第四条规定，处理涉及未成年人事项，应当遵循“尊重未成年人人格尊严”“适应未成年人身心健康发展的规律和特点”“听取未成年人的意见”“保护与教育相结合”等原则，为婴幼儿的合法权益提供了法律保障。

（3）预防作用。托育服务法规的预防作用是指托育服务法规能让人们自觉地规范自己的行为，避免做出违法的事情。预防作用主要是通过法规条文的责任设定及对违法行为的惩治力度来实现的。托育服务法规在对合法行为进行保护和鼓励的同时，对不合法行为进行惩罚，能够警示相关行为主体，让相关行为主体清楚，一旦违法就须承担相应的法律责任，从而起到预防行为主体违法的作用。

（4）矫正作用。托育服务法规的矫正作用主要通过法律的强制执行力实现。一旦相关行为主体实施了一些偏离托育服务法规轨道的不法行为，就会受到法律的制裁，其违法行为就能得到强制性的矫正。

实例评析

托育服务不可逾越法律红线

为了加强托育机构管理，推进婴幼儿服务专业化、规范化发展，某市某城区卫生健康行政执法队执法人员对辖区内的托育机构开展了专项督导检查。在此过程中，执法人员发现部分正在开展托育服务活动的托育机构未取得托育机构备案回执。此类托育机构的行为违反了《中华人民共和国人口与计划生育法》第二十八条第三款后段的规定，即“托育机构应当向县级人民政府卫生健康部门备案”。区卫生健康执法人员根据《中华人民共和国人口与计划生育法》第四十一条的规定对此类托育机构开具了《卫生监督意见书》，责令此类托育机构限期完成备案手续，同时给予此类机构“警告”的行政处罚。

评析：执法人员根据托育服务法规责令此类托育机构改正，使此类机构的违法行为得到了强制性的矫正，这体现了托育服务法规的矫正作用。

（资料来源：绍兴网，有改动）

二、我国托育服务行业的政策法规

（一）我国托育服务行业的发展与现状

1. 我国托育服务行业的发展

我国托育服务行业的发展（见图 0-6）可以概括为四个阶段，分别是托育机构的增设阶段、托育服务规模快速扩大阶段、托育服务规模缩减阶段和托育服务高质量发展新阶段。

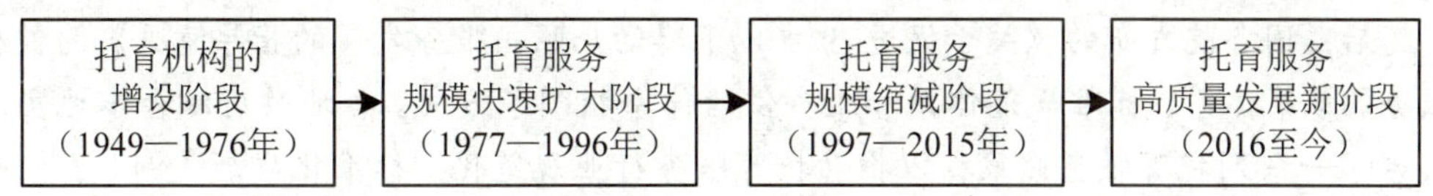

图 0-6 我国托育服务行业的发展

我国托育机构的增设阶段为 1949 年到 1976 年，即从中华人民共和国成立到改革开放前。中华人民共和国成立以后，为了鼓励妇女参加劳动，我国借鉴苏联的经验，开始增设托儿所。当时对托儿所和幼儿园的划分标准并不十分明确，1956 年发布的《关于托儿所幼儿园几个问题的联合通知》，明确规定了托儿所招收 3 周岁以下的儿童，同时还规定了由卫生行政部门领导托儿所的管理和教育等业务。在这个阶段，托儿所的主办机构主要是厂矿企业中的工会组织。也就是说，这个阶段的托育服务具有明显的福利性质。

托育服务规模快速扩大阶段为 1977 年到 1996 年，即从改革开放到国有企业深化改革前。1979 年，教育部、卫生部、国家计划委员会等 13 个单位联合召开了全国托幼工作会议，会议做出了由国务院设立“托幼工作领导小组”的决定，以加强对托幼工作的领导。1980 年，卫生部颁发了《城市托儿所工作条例（试行草案）》，确定了我国的托儿所制度；1981 年，卫生部妇幼卫生局颁布了《三岁前小儿教养大纲（草案）》，规定了托儿所教养工作的具体任务。这一时期，改革开放带来的经济活力使社会对劳动力的需求变大。为了支持妇女就业，全国各级政府、企事业单位和街道社区大力举办托幼机构，民办托儿所、家庭托儿所等多种形式的托育机构得到了蓬勃发展。在这种形势下，托育服务规模迅速扩大，惠及广大劳动者。

托育服务规模缩减阶段大致为 1997 年到 2015 年，即从国有企业深化改革到全面两孩政策实施前。随着国有企业改革的深入，全国范围内的单位福利制度逐步瓦解，政府和企事业单位对婴幼儿托育服务的资金投入规模缩减。同时，在计划生育政策的影响下，新生儿数量减少，托育服务体系陷入了外部支持条件缺失和内部发展动力不足的困境，几乎所有城乡托育机构都面临生源不足的窘境，有些托育机构甚至因生源不足而被迫停业。

托育服务高质量发展新阶段是从 2016 年至今，即从全面两孩政策实施至今。2015 年 12 月 31 日，中共中央、国务院印发的《关于实施全面两孩政策改革完善计划生育服务管理的决定》提出“引导和鼓励社会力量举办非营利性妇女儿童医院、普惠性托儿所和幼儿园等服务机构”。随后，从中央到地方，各级政府纷纷出台了鼓励生育的政策，婴幼儿托育服务行业自然成为关注和改革的重点。2019 年，国务院办公厅发布了《关于促进 3 岁以下婴幼儿照护服务发展的指导意见》，该意见提出，要健全婴幼儿照护服务的政策法规体系和标准规范体系，鼓励多方参与，并明确了国务院各部门的职责分工。由此，我国的托育服务行业进入规范化发展的新阶段。

政策“春雨”润如酥

2016 年全面实施的两孩政策对我国 3 岁以下婴幼儿托育服务发展做出了明确的战略规划，即合理配置 3 岁以下婴幼儿照护、学前教育的资源，引导和鼓励社会力量创办普惠性托儿所和幼儿园等服务机构，增强社区 3 岁以下婴幼儿照护服务功能。

随后，国务院发布的《关于促进 3 岁以下婴幼儿照护服务发展的指导意见》为健全托育服务的政策体系、标准规范体系和服务供给体系指明了方向。各地政府结合本地实际情况出台了一系列托育服务政策，以推动托育服务行业规范化、标准化发展。例如，南京市政府办公厅于 2020 年印发了《南京市促进 3 岁以下婴幼儿照护服务发展实施方案》，上海市政府于 2018 年印发了《关于促进和加强本市 3 岁以下幼儿托育服务工作的指导意见》，上海市普陀区人民政府办公室于 2021 年印发了《普陀区托育服务三年行动计划（2021—2023 年）》，等等。

2. 我国托育服务行业的现状

我国托育服务行业的现状可以从家庭需求、行业状况和政策环境三个方面来阐述。

在家庭需求方面，继 2016 年两孩政策实施之后，中共中央、国务院于 2021 年 6 月 26 日印发了《关于优化生育政策促进人口长期均衡发展的决定》，明确了三孩政策及其配套支持措施，这极大地增强了家庭的生育意愿。与此同时，延迟退休对家庭照护婴幼儿的传统模式产生了较大冲击，职业保姆费用的日益上涨抑制了市场化照护作用的发挥，这使得专业化托育服务体系建设势在必行。此外，随着人们对婴幼儿早期发展认知的提高，整个社会对专业化托育服务的需求增加，使得专业化的托育服务成为一种趋势。

托育服务供需失衡

2016 年上半年，国家卫生计生委选取北京、沈阳、上海等 10 个城市开展了“城市家庭 3 岁以下婴幼儿托育服务需求调查”，同时走访了沈阳、南京、武汉、重庆、西安 5 个城市的 13 个居委会、12 所幼儿园（含托班）。调研发现，社会呈现出家庭规模小型化、结构核心化和居住方式分离化的特点，女性职业发展意愿强烈，家庭照料能力弱化，科学育儿观念快速发展，托育成本上升，这使得 3 岁以下婴幼儿家庭对托育服务的需求不断增加。与此同时，我国城市地区托育服务供给严重不足，3 岁以下婴幼儿在各类托育机构的实际入托率仅为 4.1%，远远不能满足现实需求。

（资料来源：中国人口与发展研究中心，有改动）

在行业状况方面，我国现有的托育机构数量不足，服务质量参差不齐，相关法规和行业标准缺乏。市场上服务于 3 岁以下婴幼儿的机构更多的是早教机构，但是早教机构不等同于托育机构，不能满足家庭对托育服务的需求。同时，近年来发生在托育机构的多起虐童事件极大地影响了公众对托育服务质量的信任，这使得整治托育服务乱象、提高托育服务质量迫在眉睫。此外，由于托育服务相关法规、标准的缺乏，托育服务出现了机构模式多样、服务水平参差不齐的现象。

政策环境可以从机构建设和人才培养两个方面分析。在托育机构建设方面，国务院为促进婴幼儿照护服务的发展，于 2019 年提出相关指导意见，要求加强对社区婴幼儿照护的支持力度，规范发展多种形式的婴幼儿照护服务机构；国家卫生健康委对托育机构的设置标准和管理规范做出了明确的规定；国家发展改革委、国家卫生健康委印发了《支持社会力量发展普惠托育服务专项行动实施方案（试行）》，该方案极大地激发了社会力量对托育服务事业的参与积极性。在托育服务人才培养方面，国家卫生健康委办公厅发布的《托育机构负责人培训大纲（试行）》和《托育机构保育人员培训大纲（试行）》确立了托育机构负责人和保育人员的岗位培训制度。同时，教育部将婴幼儿托育服务与管理专业列入了 2021 年的《职业教育专业目录》，旨在为托育服务行业培养高素质技术技能人才，提高托育服务的质量和水平。综上所述，我国托育服务的政策环境一直在不断改善，有利于婴幼儿照护服务的专业化和规范化发展。

托育服务人才培育紧跟时代

教育部发布的《职业教育专业目录》（2021 版）中，健康管理与促进类专业中新增了婴幼儿托育专业。其中，高等职业教育本科新增了婴幼儿发展与健康管理专业，高等职业教育专科将原来的幼儿发展与健康管理专业更名为婴幼儿托育服务与管理专业，中等职业教育也同步增加了婴幼儿托育专业。

中高职一体化的专业设置为学生的职业发展打开了通路，开启了我国高水平婴幼儿照护服务专业人才的培养之旅。

（二）我国托育服务行业主要的政策法规

1. 我国托育服务行业的主要政策

我国现行的托育服务政策主要如下。

✧ 《关于促进 3 岁以下婴幼儿照护服务发展的指导意见》：该指导意见由国务院办公厅于 2019 年 5 月 9 日发布。为满足人民群众对婴幼儿照护服务的需求，该指导意见提出了促进婴幼儿照护服务发展的主要任务和保障措施（见图 0-7）。

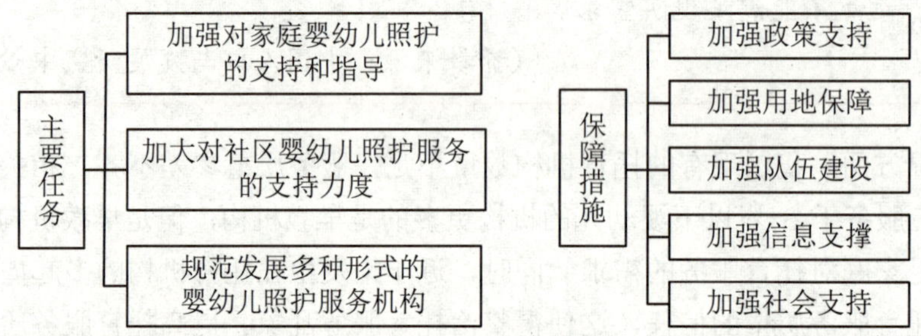

图 0-7 婴幼儿照护服务发展的主要任务和保障措施

✧ 《支持社会力量发展普惠托育服务专项行动实施方案（试行）》：该实施方案由国家发展改革委、国家卫生健康委于 2019 年 10 月 9 日联合发布。其目的是激发社会力量参与积极性，着力增加 3 岁以下婴幼儿普惠性托育服务的有效供给。

✧ 《关于促进养老托育服务健康发展的意见》：该意见由国务院办公厅于 2020 年 12 月 31 日发布，对托育机构的政策体系建设、服务供给、发展环境和监管服务进行了全方位部署。

✧ 《中华人民共和国国民经济和社会发展第十四个五年规划和 2035 年远景目标纲要》：该文件由全国人民代表大会于 2021 年 3 月 11 日发布，它要求健全支持婴幼儿照护服务和早期发展的政策体系，积极发展多种形式的婴幼儿照护服务机构，推进婴幼儿照护服务专业化、规范化发展。

✧ 《"十四五"积极应对人口老龄化工程和托育建设实施方案》：该实施方案由国家发展改革委、民政部和国家卫生健康委于 2021 年 6 月 17 日联合发布，它提出了托育服务体系的建设任务和建设标准。

中共中央、国务院《关于优化生育政策促进人口长期均衡发展的决定》

✧ 《关于优化生育政策促进人口长期均衡发展的决定》：该决定由中共中央、国务院于 2021 年 6 月 26 日发布，它要求建立健全托育服务支持政策和标准规范体系，大力发展多种形式的普惠托育服务，加强普惠托育服务综合监管，推动普惠托育服务体系的发展。

✧ 《中国儿童发展纲要（2021—2030年）》：该纲要由国务院于2021年9月27日发布。它根据我国儿童发展的实际情况，提出了我国儿童新时期发展的领域、主要目标和策略举措。其总体目标是促使保障儿童权利的法律法规政策体系更加健全，促进儿童发展的工作机制更加完善。

✧ 《“十四五”国民健康规划》：该规划由国务院办公厅于2022年5月20日发布，它要求完善托育机构设置标准和管理规范，建立健全备案登记、信息公示和质量评估等制度，研究制定托育服务从业人员学历教育和相关职业标准，加快推进托育服务专业化、标准化和规范化发展。

2. 我国托育服务行业的主要法规

我国现行的托育服务法规主要如下。

✧ 《儿童权利公约》：该公约于1990年9月2日正式生效，是一部有关保障儿童权利且具有法律约束力的国际公约，涵盖所有人权范畴，目的是保障儿童各个方面的权益。

✧ 《中华人民共和国未成年人保护法》：这是我国为保护未成年人合法权益，促进未成年人全面发展而颁布的法规。该法于1991年9月4日颁布，分别于2006年、2012年、2020年进行了修订。它从家庭、学校、社会、网络、政府、司法、法律责任等多个方面对我国未满18周岁的公民进行保护。

✧ 《中华人民共和国教师法》：该法是为了维护教师的合法权益，保障教师待遇，加强教师队伍规范化管理制定的，于1993年10月31日颁布，并于2009年8月27日进行了修正，适用于在各级各类学校和其他教育机构中专门从事教育教学工作的教师。

✧ 《中华人民共和国教育法》：该法是我国教育工作的根本大法，于1995年3月18日颁布，分别于2009年、2015年、2021年进行了修正，如图0-8所示。它既适用于我国境内的各级各类教育（包括学前教育、初等教育、中等教育、高等教育），也适用于托育服务。这部法律对学校及其他教育机构、教师及其他教育工作者、受教育者等相关人员的权益做了规定。

图0-8 中华人民共和国教育法

✧ 《中华人民共和国人口与计划生育法》：该法是为了实现人口与经济、社会、资源、环境的协调发展，推行计划生育制定的，于2001年12月29日颁布，分别于2015年、2021年进行了修正。它要求托育机构的设置和服务要符合托育服务相关标准和规范。

✧ 《中华人民共和国劳动合同法》：该法是为了完善劳动合同制度，明确劳动合同双方当事人的权利和义务而颁布的，于2007年6月29日发布，并于2012年进行了修正。它对订立、履行、变更、解除或终止劳动合同做了规定。

✧《保安服务管理条例》：该条例于2009年10月13日颁布，分别于2020年、2022年进行了修订。它对保安服务公司、自行招用保安员的单位、保安员、保安服务、保安培训单位、监督管理、法律责任等做了规定，也适用于托育机构。

✧《托儿所幼儿园卫生保健管理办法》：该管理办法由原卫生部、教育部于2010年9月6日发布，自2010年11月1日起施行，对促进托儿所、幼儿园卫生保健管理工作具有重要作用。

✧《托儿所幼儿园卫生保健工作规范》：该规范由原卫生部于2012年5月9日发布，其内容全面涵盖托儿所、幼儿园卫生保健工作的管理和服务，强调卫生保健工作的科学性、可行性和可操作性。

✧《托儿所、幼儿园建筑设计规范》（2019年版）：该规范是我国住房和城乡建设部发布的行业标准，由中华人民共和国住房和城乡建设部于2019年8月29日发布，自2019年10月1日起实施，对托儿所、幼儿园的建筑设计安全、卫生和使用功能等方面的内容做了详细规定。

✧《托育机构设置标准（试行）》：该标准由国家卫生健康委于2019年10月8日发布，明确规定了托育机构的设置要求、场地设施、人员规模的相关标准。

✧《托育机构管理规范（试行）》：该规范由国家卫生健康委于2019年10月8日发布，对托育机构的备案管理、收托管理、保育管理、健康管理、安全管理、人员管理和监督管理做出了明确规定。

✧《托育机构登记和备案办法（试行）》：该办法由国家卫生健康委办公厅、中央编办综合局、民政部办公厅、市场监督总局办公厅于2019年12月19日联合发布，明确规定了不同类型托育机构登记和备案管理的相关要求。

✧《托育机构婴幼儿伤害预防指南（试行）》：该指南由国家卫生健康委办公厅于2021年1月12日发布，对窒息、跌倒伤等3岁以下婴幼儿常见伤害预防提供了技术指导和参考，目的是进一步提高托育机构服务质量，保障婴幼儿安全健康成长。

✧《托育机构保育指导大纲（试行）》：该大纲由国家卫生健康委于2021年1月12日发布，明确规定了不同月龄婴幼儿的保育目标与要求，为托育机构科学、规范地照护婴幼儿提供了技术指导和参考。

✧《托育机构负责人培训大纲（试行）》和《托育机构保育人员培训大纲（试行）》：这两份大纲由国家卫生健康委办公厅于2021年8月19日发布，确立了托育机构负责人和保育人员的培训目标、培训内容、培训原则和培训考核制度。

✧《托育机构婴幼儿喂养与营养指南（试行）》：该指南由国家卫生健康委办公厅于2021年12月28日发布，明确规定了不同月龄婴幼儿的喂养与营养要点、食育工作应遵循的原则、膳食管理的相关要求。

✧《托育综合服务中心建设指南（试行）》：该指南由国家卫生健康委办公厅于2021年12月30日发布，它对项目的构成与建设规模、选址与规划布局、建筑与建筑设备、相关指标等方面做出了规定，为托育综合服务中心的建设提供了技术指导。

✧《托育机构消防安全指南（试行）》：该指南由国家卫生健康委办公厅和应急管理部办

公厅于 2022 年 1 月 14 日联合发布，对托育机构的消防安全基本条件、消防安全管理、用火用电用气安全管理、易燃可燃物安全管理和安全疏散管理做出了明确规定。

✧ 《关于做好托育机构卫生评价工作的通知》：该通知由国家卫生健康委办公厅于 2022 年 7 月 28 日发布，明确规定了托育机构备案相关卫生评价的基本要求，以及备案流程与管理要求。

✧ 《托育从业人员职业行为准则（试行）》：该准则由国家卫生健康委办公厅于 2022 年 11 月 23 日发布，它对规范托育服务从业人员的职业行为有重要作用。

此外，托育服务法规还包括各地出台的地方性法规和地方政府规章等。例如，北京市卫生健康委员会、中共北京市委机构编制委员会办公室、北京市民政局、北京市市场监督管理局于 2020 年 9 月 28 日联合发布了《北京市托育机构登记和备案实施细则（试行）》，广西壮族自治区卫生健康委员会于 2021 年 9 月 7 日发布了《广西示范性托育机构评估办法（试行）》，等等。

三、托育服务从业人员职业道德

（一）托育服务从业人员职业道德的含义

1. 道德与职业道德的含义

《现代汉语词典》（第 7 版）对“道德”的解释是“社会意识形态之一，是人们共同生活及其行为的准则和规范。道德通过人们的自律或通过一定的舆论对社会生活起约束作用”。一般来说，人们认为道德是由一定的经济关系所决定的特殊意识形态，是以善恶评价为标准，依靠传统习惯、社会舆论和内心信念维持的，调整人与人之间、个人与社会之间关系的行为规范的总和。具体来说，道德的含义可以从以下四个方面来理解。

（1）道德的核心内容是人与人之间、个人与社会之间的关系。道德以规范、规则的形式传递社会的正面价值取向，可被个体内化为信仰、观念和品德，对个体的思想、行为加以规范和约束，以维持个体之间的和谐关系和良好的社会秩序，促进个人道德修养与社会公正建设的互利共生。

（2）道德的调节手段是传统习惯、社会舆论和内心信念。与法律手段相比，道德是一种弹性调节手段，具有灵活性。当传统习惯、社会舆论与内心信念相抵触时，内心信念往往起决定性作用。

（3）道德的评价标准是善与恶。善恶的标准具有历史性和相对性，道德依据特定社会或阶级的善恶标准对人们的言行进行评价，通过赞扬、褒奖，或者批评、谴责促使人们规范自己的言行。

（4）道德既是一种社会规范，也是一种个体观念、品质和修养。道德作为调节个体与社会关系的社会规范的总和，具有复杂性、具体性和多元性，每个社会阶段都会形成与社会发展相适应的核心价值规范体系，其在个体身上通常表现为道德观念、道德品质、道德修养和道德行为。

职业道德是社会道德的重要组成部分，是人们在从事某一职业时应遵循的道德规范和行业行为规范。它在职业活动中形成和发展，用以调节职业活动中的道德关系和利益关系，是社会道德原则和规范在一定的职业行为和职业关系中的特殊表现。

2. 托育服务从业人员职业道德的含义

在理解托育服务从业人员职业道德的含义之前，需要先了解托育服务从业人员的定义。托育服务从业人员是指在托育机构或其他保育场所中，从事婴幼儿生活照料、安全看护、营养喂养和早期智力发展工作的人员，主要包括托育机构的负责人、保育人员、保健人员和保安人员等。托育服务从业人员的服务对象是婴幼儿及其法定监护人，工作的核心是为服务对象提供照护服务和指导。托育服务从业人员的身份决定了他们在托育活动中既要根据婴幼儿发展的年龄特点与个体差异履行照护婴幼儿的职责，促进婴幼儿全面发展，又要注重对婴幼儿家庭照护进行指导，这就对托育服务从业人员的职业道德提出了较高的要求。

托育服务从业人员的专业理念

托育服务从业人员职业道德是指托育服务从业人员在从事托育服务工作的过程中所必须遵守的基本道德规范和行为准则，以及在此过程中形成的道德观念、情操和品质。它是相关从业人员职业素质的重要组成部分，深刻影响着托育服务活动的质量。

托育服务从业人员职业道德包括意识和行为两大部分。一方面，职业道德意识支配着托育服务从业人员的职业道德行为；另一方面，职业道德行为又可以反映出托育服务从业人员职业道德意识的发展程度。托育服务从业人员只有具备较高的职业道德意识水平，才能更好地实施职业道德行为，更好地适应当今托育服务的需要。

（二）托育服务从业人员职业道德的特征

托育服务从业人员职业道德的特征主要如下。

1. 职业性

托育服务从业人员职业道德的职业性主要表现为托育服务活动要求从业人员树立高尚的职业精神和职业理念，规范自己的言行举止，热爱托育服务工作，尽心尽责地为服务对象提供服务。如果一名托育服务从业人员拥有崇高的职业道德理想，散发着令人尊敬的人格魅力，那么他所践行的职业道德将产生一种强有力的力量，对婴幼儿的早期成长产生广泛而深远的影响。

2. 实践性

托育服务从业人员职业道德的实践性是指职业道德是根据职业实践经验概括出来的，符合托育服务活动规律，且从业人员需要通过实践活动将职业道德意识、情感、意志、信念等表现出来且职业道德行为应符合托育服务实践的客观规律。

托育服务从业人员首先需要在托育服务实践活动中认识和遵循托育服务活动规律，由浅入深、由表及里地掌握托育服务活动规律，然后使自身的职业道德行为与托育服务活动规律保持一致，逐步成长为合格的从业人员。

（三）托育服务从业人员职业道德的作用

概括而言，托育服务从业人员职业道德的作用主要包括调节作用、促进作用和认知作用，如图 0-9 所示。

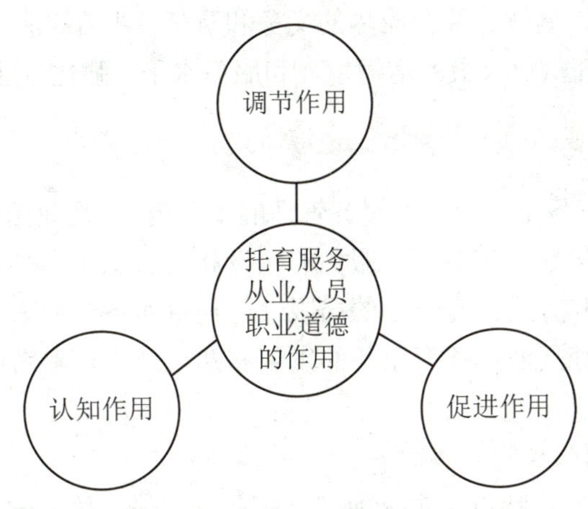

图 0-9 托育服务从业人员职业道德的作用

1. 调节作用

托育服务从业人员职业道德能通过道德评价、社会舆论、内心信念等媒介，约束和纠正从业人员的职业行为，协调托育服务活动中的各种关系。这些关系的实质是社会托育服务事业、从业人员群体、从业人员个体、婴幼儿个体、家长之间的利益关系。在复杂的托育服务环境下，这五者的利益不可能永远都是一致的，它们之间时常会产生一些矛盾和冲突。虽然相关行政部门制定了各项托育服务活动制度和各种奖惩措施，且这些制度和措施在调节各种利益关系、规范从业人员行为方面发挥了一定的作用，但这个调节力度还不够，需要一种更为有效的调节手段对托育服务活动的各个方面进行调节，这个调节手段就是托育服务从业人员职业道德。

从托育服务从业人员的角度看，职业道德通过多种媒介发挥着调节作用。托育服务从业人员可以通过内心信念对自身的情绪、心理进行调节，通过道德评价中的“自评”和“他评”对自身的道德行为进行反省和调整，进而纠正自身的不道德行为。

2. 促进作用

托育服务从业人员职业道德是从业人员职业行为的精神基础和内在动力，对托育服务工作和社会精神文明建设都具有促进作用。

首先，托育服务从业人员职业道德对托育服务工作的开展具有直接促进作用。良好的职业道德能够保证托育服务工作的顺利进行，促进婴幼儿健康成长。托育服务工作的顺利开展和婴幼儿的健康成长通常能让从业人员获得家长的感激和领导的肯定，进而促使从业人员在托育服务过程中信心倍增，干劲儿十足，并在托育服务工作中获得幸福感和成就感。

其次，托育服务从业人员职业道德对社会精神文明建设具有促进作用。其一，托育服务从业人员职业道德本身属于社会主义道德文明建设的一部分，加强从业人员职业道德建设，提高从业人员职业道德素养，对营造良好的行业风气、促进其他职业乃至整个社会的道德建设都能产生积极的影响。其二，托育服务从业人员职业道德还会对从业人员的家庭成员、亲戚朋友、左邻右舍等产生直接或间接的影响，进而对社会的精神文明建设产生促进作用。

3. 认知作用

托育服务从业人员职业道德的认知作用主要表现为职业道德能促使从业人员正确认识自己

在托育服务活动中对他人、集体、社会应尽的义务和责任，并在此基础上形成一定的道德观念和道德判断能力，从而提高从业人员的道德境界和服务水平，强化从业人员的事业心和责任感。

（四）托育服务从业人员培养职业道德的意义

3 岁以下婴幼儿照护服务是生命周期服务管理的重要内容，是我国积极应对人口老龄化国家战略中非常重要的环节。虽然国家对托育服务的建设和监管制定了多项政策法规，但是政策法规对社会关系的调整范围和方式具有一定的局限性。托育服务从业人员职业道德恰好可以弥补政策法规的不足，能从道德层面对托育服务的发展和建设提供可参考的标准，具有非常重要的意义。

1. 有利于婴幼儿全面健康的发展

0～3 岁婴幼儿的认知发展特点决定了他们只能在吃、喝、拉、撒、睡、玩等寻常的生活细节中逐渐掌握各种生活技能，发展基本生活能力，并获得身心的健康发展。在这个阶段，婴幼儿具有较强的模仿能力，会对托育服务从业人员的言语、行为及生活习惯进行模仿和吸收内化。因此，托育服务从业人员良好的职业道德能对婴幼儿产生良好的导向作用，对婴幼儿健康发展有非常重要的意义。

具体而言，在托育服务活动中，托育服务从业人员良好的职业道德能对婴幼儿人格、心理品质、思想品德、行为习惯等多方面的健康发展产生积极的影响。例如，托育服务从业人员文明的言谈举止能促进婴幼儿良好行为习惯的形成，从业人员良好的品德能对婴幼儿良好思想品德的形成和心智的发展产生积极的作用，从业人员良好的人格、品性、情操对婴幼儿健康人格的形成有重要影响，从业人员良好的心理素质能对婴幼儿良好心理品质的形成产生促进作用，等等。

2. 有利于托育服务行业的健康发展

托育服务从业人员良好的职业道德有利于提高托育服务行业的服务质量，促进托育服务行业的健康发展。首先，托育服务从业人员职业道德标准能提高托育服务行业的准入门槛，有效地将缺乏职业道德的从业者拒之门外，筛选出真正热爱托育服务行业、符合托育服务行业准入标准的从业人员。其次，托育服务从业人员职业道德能有效地避免道德失范现象，增强从业人员抵制诱惑的决心，有利于托育服务行业整体服务质量的提升。最后，托育服务从业人员职业道德能强化从业人员的职业认同感和社会责任感，增强托育服务人才队伍的稳定性和托育服务内容的连续性，提高托育服务行业的信誉度和经济效益。

项目一

创办托育机构——托育机构相关的政策法规

项目导读

托育服务是一项造福百姓的事业，托育服务从业人员肩负重任，要为推动托育服务高质量发展不懈努力，谱写托育服务事业的新篇章。在进入托育服务行业之前，从业人员首先应了解托育机构和人员方面的政策法规。其中，托育机构方面的政策法规不仅是托育机构的行为准绳，也是托育机构提供高质量托育服务的有效保障。创办托育机构必须遵守国家有关规定，这样才能确保托育服务的质量，优化托育服务资源的配置，促进托育服务事业的发展。

本项目将从托育机构的设置、建筑设施、备案登记及人员规模四个方面，介绍托育机构方面的政策法规。

学习目标

知识目标

- 了解托育机构的设置规定和建筑设施规定。
- 熟悉托育机构备案登记的规定。
- 了解托育机构人员规模的规定。

技能目标

- 能够正确判断托育机构的建筑设置是否合规。
- 能够按照法律规定准备托育机构的备案材料。
- 能够分析托育机构工作人员的配置是否合理合法。

素质目标

- 正确理解关于托育机构的政策法规，树立合法从业的理念。

任务一 了解托育机构的设置规定

任务导入

托育机构应设在何处?

刘女士想自己创办一家托育机构。在打算落实这一想法时，她遇到了这样的难题：将托育机构设在哪里呢？带着这个疑问，刘女士进行了一系列的考察。

经过一段时间的实地考察，刘女士筛选出几处可用于创办托育机构的地方。

(1) 老式居民楼的一楼：有附带的小花园，环境清幽，且租金便宜，但是有约占一半面积的房间晒不到太阳。

(2) 位于居民区中心位置的平房：是闲置的社区服务用房，采光良好，且有相应的外部活动场地，但租金稍贵。

(3) 临街的独栋小院：面积较大，距离附近的居民小区较近，交通便利，小院门口有比较宽敞的停车位，租金较贵。

(4) 位于商场一楼的店面：包含一楼的户外区域，有档次，人流量较大，租金较贵。

面对以上备选方案，刘女士犯了难：哪个方案符合托育机构的设置规定且租金压力适中？托育机构内部应当如何规划布局？

任务清单

假设你是刘女士，你会选择哪套方案？会如何规划托育机构的内部布局？请带着这些疑问完成以下任务。

(1) 了解托育机构的概念和设置托育机构的基本要求。

(2) 熟悉托育机构的建设标准。

引导问题 1：托育机构选址应当符合哪些政策法规的规定？

引导问题 2：托育机构的建筑物应由哪些部分组成？各部分的建设和规划布局应符合哪些规定？

引导问题 3：托育机构的室外场地和绿地应符合哪些规定？

一、托育机构的概念

根据《托育机构设置标准（试行）》第三条的规定，托育机构是指经有关部门登记、卫生健康部门备案，为 3 岁以下婴幼儿提供全日托、半日托、计时托、临时托等托育服务的机构。托育机构的主要业务如下：为家长提供代为收托养育婴幼儿的服务，指导家长学习保育照护内容和方法，增强家庭的科学育儿能力。

互动空间

托育机构与早教中心有什么区别与联系？请结合生活实例谈谈你的看法。

二、托育机构设置的基本要求

《托儿所、幼儿园建筑设计规范》（2019 年版）第 3.1.1 条规定："托儿所、幼儿园建设基地的选择应当符合当地总体规划和国家现行有关标准的要求。"同时，《托育机构设置标准（试行）》的第四条至第十条对托育机构设置的基本要求做了如下规定。

（1）城乡区域托育机构的设置要求。城乡区域的托育机构设置应综合考虑区域发展特点，根据经济社会发展水平、工作基础和群众需求，科学规划，合理布局；要发挥城乡社区公共服务设施的婴幼儿照护服务功能，加强社区托育机构与社区服务中心（站）及社区卫生、文化、体育等设施的功能衔接。此外，城镇的托育机构建设要充分考虑进城务工人员随迁婴幼儿的照护服务需求，农村的托育机构建设应当纳入农村社区综合服务设施建设规划。

（2）新建居住区、已建成居住区托育机构的设置要求。新建居住区应当规划建设与常住人口规模相适应的托育机构，老城区和已建成居住区应当采取多种方式完善托育机构，以满足居民需求。

（3）工作场所托育机构的设置要求。国家鼓励通过市场化方式，采取公办民营、民办公助等多种形式，在就业人群密集的产业聚集区域和用人单位建设完善托育机构。用人单位可以单独或联合其他单位共同举办托育机构，在工作场所为职工提供福利性托育服务，有条件的可向附近居民开放。

三、托育机构的建设标准

（一）选址

托育机构选址首先要考虑机构资质的合法性。根据《托育机构设置标准（试行）》第十二条的规定，托育机构的场地应当选择自然条件良好、交通便利、符合卫生和环保要求的建设用地，远离对婴幼儿成长有危害的建筑、设施及污染源，满足抗震、防火、疏散等要求。

《托儿所、幼儿园建筑设计规范》（2019 年版）第 3.1.2 条对托育机构的基地做了如下规定。

（1）应建设在日照充足、交通方便、场地平整、干燥、排水通畅、环境优美、基础设施完善的地段。

（2）不应置于易发生自然地质灾害的地段。

（3）与易发生危险的建筑物、仓库、储罐、可燃物品和材料堆场等之间的距离应符合国家现行有关标准的规定。

（4）不应与大型公共娱乐场所、商场、批发市场等人流密集的场所相毗邻。

（5）应远离各种污染源，并应符合国家现行有关卫生、防护标准的要求。

（6）园内不应有高压输电线、燃气、输油管道主干道等穿过。

（二）场地与规划布局

根据《托育机构设置标准（试行）》第十一条的规定，托育机构应当有自有场地或租赁期不少于3年的场地。根据《托儿所、幼儿园建筑设计规范》（2019年版）第3.1.3条和第3.2.1条的规定，托育机构的服务半径宜为300 m。其总平面布置应包括建筑物、室外活动场地、绿化、道路布置等内容，设计应功能分区合理，方便管理，朝向适宜，日照充足，创造符合幼儿生理、心理特点的环境空间。同时，该规范第3.2.6条还规定托育机构的基地周围应设围护设施，围护设施应安全、美观，并应防止幼儿穿过和攀爬。

此外，托育机构的建筑物、室外场地的规划布局应符合相应的规定。

托育贴士

托育机构宜建在居住区内或居住区附近，且服务半径不宜过大，以便于家长接送婴幼儿。同时，由于婴幼儿身体抵抗力弱，适应外界环境的能力较差，所以托育机构的建筑要封闭，基地周围要设置围墙，以确保婴幼儿的安全。

模范风采

扫码阅读托育机构坚定践行“为党育人、为国育才”初心使命、全面落实立德树人根本任务的故事，传承崇高信仰，坚定理想信念。

环境巧育儿，润物细无声

1. 建筑物的规定

托育机构负责人应该根据招生规模合法合规地选择建筑形式。根据《托儿所、幼儿园建筑设计规范》（2019年版）第3.2.2条的规定，四个班及以上的托育机构建筑应独立设置。三个班及以下的，可以与居住、养老、教育、办公的建筑合建，但应符合以下规定：① 合建的既有建

筑应经有关部门验收合格，符合抗震、防火等安全方面的规定，其基地应符合本规范第 3.1.2 条的规定；② 应设独立的疏散楼梯和安全出口；③ 出入口应设置人员安全集散和车辆停靠的空间；④ 应设独立的室外活动场地，场地周围应采取隔离措施；⑤ 建筑出入口及室外活动场地范围内应采取防止物体坠落措施。

托育机构在进行规划布局时，应该充分考虑空间布局的安全性和舒适性，创造适合婴幼儿生活的环境。根据《托儿所、幼儿园建筑设计规范》（2019 年版）第 4.1.1 条和第 4.1.2 条的规定，托育机构的建筑应由生活用房（见图 1-1）、服务管理用房和供应用房等部分组成，宜按生活单元组合方法进行设计，各班生活单元应保持使用的相对独立性。

图 1-1 生活用房

托育贴士

生活用房是供婴幼儿班级生活和多功能活动的空间。

生活单元是供婴幼儿班级独立生活的空间。

根据该规范第 4.1.3B 条、第 3.2.8 条、第 3.2.8A 条、第 3.2.9 条及第 4.1.17A 条的规定，托育机构生活用房应该布置在首层，如果布置在首层确有困难，可以将托大班布置在二层，其人数不应超过 60 人，并应符合有关防火安全疏散的规定。活动室、寝室及具有相同功能的区域，应布置在当地最好朝向的位置，冬至日底层满窗日照时间不应小于 3 h。需要获得冬季日照的婴幼儿生活用房窗洞开口面积不应小于该房间面积的 20%。夏热冬冷、夏热冬暖地区的婴幼儿生活用房不宜朝西向，当不可避免时，应该采取遮阳措施。此外，厨房、卫生间、试验室、医务室等使用水的房间不应设置在婴幼儿生活用房的上方。

根据该规范第 3.2.5 条的规定，托育机构供应区内宜设置杂物院，并应与其他部分相隔离。杂物院应设置单独的出入口。

此外，根据该规范第 4.1.13 条的规定，婴幼儿经常通行和安全疏散的走道不应设有台阶，当有高度差时，应该设置防滑坡道。安全疏散走道的墙面距地面 2 m 以下的部位不应设有壁柱、管道、消火栓箱、灭火器、广告牌等突出物。

2. 室外场地的规定

托育机构的室外场地包括室外活动场地、车库、出入口、绿地等。根据《托儿所、幼儿园建筑设计规范》（2019 年版）第 3.2.3 条的规定，托育机构室外活动场地人均面积不应小于 3 m²。城市人口密集地区改、扩建的托育机构，设置室外活动场地确有困难时，室外活动场地人均面积不应小于 2 m²。室外活动场地应有一半以上的面积在标准建筑日照阴影线之外；地面应该平整，防滑，无障碍，无尖锐突出物，并宜采用软质地坪。

根据《托育机构设置标准（试行）》第十六条的规定，托育机构应当设有室外活动场地，配备适宜的游戏设施（见图 1-2），且有相应的安全防护设施，在保障安全的前提下，可利用附近的公共场所和设施。

图 1-2　游戏设施

根据《托儿所、幼儿园建筑设计规范》（2019 年版）第 4.5.8 条的规定，当托育机构场地内设汽车库时，汽车库应与婴幼儿活动区域分开，应设置单独的车道和出入口，并符合现行行业标准和国家标准的规定。同时，根据该规范第 3.2.7 条和第 3.2.6 条后段的规定，托育机构出入口不应直接设置在城市干道一侧，其出入口应设置供车辆和人员停留的场地，且不应影响城市道路交通。出入口处还应该设置大门和警卫室，警卫室对外应有良好的视野。

实例评析

花园里的托育园

某托育园地处城市人口密集区域，是一个独立的二层花园合院。该托育园开设了 8 个班，有 140 个托位。托育园的室内区域设有婴幼儿生活用房、服务管理用房和供应用房，同时配备了空调系统、监控系统、音响系统、空气能温水循环系统等，为婴幼儿提供了舒适的园所环境。

该托育园的室外活动区域是一个大院子，其面积为 400 m^2，院内有一棵老杉树，且阳光充足，可以让婴幼儿充分享受空气浴和日光浴。院内还设置了沙池、滑梯、彩色跑道等游乐设施。

该托育园的园长表示，他们将继续坚持以爱为本、精细服务的原则，为园内的婴幼儿创造安全、专业、优质的托育环境。

评析： 案例中，托育园的场地设置符合法律规定，且建筑设置形式符合“四个班以上的托育机构建筑应独立设置”的规定；室内布局合理，符合《托儿所、幼儿园建筑设计规范》（2019 年版）的规定；室外活动场地的人均面积达到了 2.86 m^2，符合《托儿所、幼儿园建筑设计规范》（2019 年版）的要求。户外活动场地日照充足，配备了适合婴幼儿的游乐设施，能满足婴幼儿的室外活动需求。

（资料来源：澎湃新闻网，有改动）

根据《托儿所、幼儿园建筑设计规范》（2019 年版）第 3.2.4 条的规定，托育机构场地内绿地率不应小于 30%，宜设置集中绿化用地。绿地内不能种植有毒、带刺、有飞絮、病虫害多、有刺激性的植物。

对于托育机构的场地设置和规划布局，各地还会根据当地实际情况制定相应的细则，以便更好地贯彻国家的政策。

《湖南省托育机构设置标准细则（试行）》的部分规定

该细则规定，托育机构设置应当遵循婴幼儿成长特点及发展规律，最大限度地保护婴幼儿的安全和健康。同时，该细则根据湖南省的实际情况对托育机构的场地设置和规划布局做出了相应的规定。

一、关于托育机构场地设置的规定

（1）托育机构应当有自有场地或租赁期不少于3年（自申请开办托育机构之日起）的场地。

（2）托育机构用房应设置在二层及以下安全无污染、空气流通、日照充足、交通方便、排水流畅、场地平整干燥、基础设施完善、环境适宜、符合卫生和环保要求的宜建地带，远离对婴幼儿成长有危害的建筑、设施及污染源。婴幼儿生活用房不应设置在地下室或半地下室，设置在建筑的首层确有困难时，可将托大班布置在二层，其人数不应超过60人，设置区域应形成独立防火分隔，且具备独立的安全出口和疏散楼梯。

二、关于托育机构规划布局的规定

（1）托育机构应当设立卫生室或保健室，具体负责卫生保健工作。卫生室应当取得卫生健康行政部门颁发的“医疗机构执业许可证”。保健室不得开展诊疗活动，其配置应当符合保健室设置基本要求。收托 2 岁以下婴幼儿的，应当设置符合有关规定要求的母婴室、配乳室。

（2）托育机构应当设有带隔离设施的独立室外活动场地或者光照充足的多功能室内阳光房，配备适宜的玩具和游戏设施，且有相应的安全防护措施。在保障安全的前提下，可利用机构附近的公共场地作为室外活动场地。

（3）托育机构应当配有防暑保暖、卫生消毒、安全防护、符合规范的报警监控等设备。办公室内应设有监控视频观察区，对托育机构内所有场所（成人洗手间及更衣间除外）进行无死角监控。

任务实施

托育机构人物访谈

任务目的

通过人物访谈，加深对托育机构设置要求的认识，熟悉托育机构的场地标准，增强依法设置托育机构的意识。

任务描述

选择附近的一家托育机构（可以是托儿所、亲子园，也可以是幼儿园开办的托班），对托育机构的负责人进行访谈。访谈内容如下。

（1）负责人在创办托育机构前做了哪些准备工作？

（2）负责人选址时考虑了哪些因素？

（3）负责人是如何对托育机构进行规划布局的？

（4）负责人在创办托育机构的过程中遇到了哪些问题？是如何解决这些问题的？

（5）负责人在创办托育机构的过程中积累了什么经验？

访谈的要求如下。

（1）访谈前做好访谈准备。如果被访谈者同意，则可准备录音工具。

（2）访谈要紧紧围绕访谈目的进行，不可偏离访谈主题。

（3）访谈结束后，根据访谈过程和结果写一份访谈报告（800 字左右）。

任务准备

全班学生以小组为单位，每组 4～6 人，各组选出 1 名组长。由组长组织小组成员分工协作完成资料搜集（如被访谈者背景及托育机构历史等）、访谈题目设计等准备工作。

实施记录

各组根据访谈任务和目的，选择合适的访谈方式，设计至少 10 个访谈问题，并将访谈情况记录在表 1-1 中。

表 1-1　访谈记录

访谈时间	
访谈地点	
访谈方式	□电话访谈　　□面对面访谈　　□书面访谈
被访谈者的基本信息	
访谈内容	访谈问题及被访谈者回答如下：
心得体会	

任务评价

各组成员可参考表1-2所列的评价标准对任务实施过程和结果进行评价，并请老师进行点评。

表1-2　任务实施评价表

评价项目	评价标准	分值	评价分数		教师点评
			自评	互评	
准备工作（15%）	提前约定访谈时间和地点，提前了解被访谈者的基本信息，准备好访谈记录工具	5分			
	访谈问题设计合理，紧扣访谈主题	10分			
技能实操（50%）	小组分工明确，组员之间配合良好	5分			
	能准确搜集与托育机构设置相关的政策法规资料，并对所搜集的资料进行分析整理	15分			
	善于运用层层追问的方法来挖掘被访谈者创办托育机构背后的故事	10分			
	遇到被访谈者不愿直面回答的问题时，能采用迂回式提问的方式，从侧面了解相关信息	10分			
	熟练掌握设置托育机构的基本要求，能准确判断所访机构的选址、场地与规划布局是否符合相关规定	10分			
结果呈现（35%）	访谈时，能准确、恰当地进行提问，时间控制合理	10分			
	访谈报告结构清晰，逻辑严谨，总结全面	15分			
	增强了依法设置托育机构的意识	10分			
总评	自评（40%）+互评（60%）=	教师（签名）:			

任务二　熟悉托育机构的建筑设施规定

 任务导入

响应政策号召，创新公办托育

某市某高新技术产业开发区依托优质公办幼儿园的资源优势，将园区内的“四点半课堂”（即社区在儿童放学后至家长下班前这段时间内为辖区儿童免费提供课业辅导、托管、兴趣培养等活动的服务平台）改为托育园，创新打造了该市首家面向产业园区企业的公办公建托育园。

该区“创新公办托育”的实践，是优化营商环境、营造良好发展生态的务实之举，为建设普惠公平、安全可靠的“一老一小”服务体系探索了道路，积累了经验。

“托育不同于托管，3 岁以内的婴幼儿需要更专业的陪护与看护，对环境的要求也更高。”该区管理委员会企业服务部的王某介绍，改造前，团队跑遍全区品牌托育机构，以学习相关经验；当设计方案确定后，团队先后联合该市规划和自然资源局区分局、区住房和城乡建设局、区卫生健康委员会、区市场监督管理局等多个部门召开专题会，确保所有细节符合行业标准。

精心打造的托育园，处处透露着细致与贴心：教室里的用具全部贴上了防撞条，以防婴幼儿在嬉闹中受伤；所有桌凳都十分轻便，婴幼儿能轻易拎起，有利于婴幼儿在生活中锻炼运动协调能力；卫生间冲洗区特意安装了防滑把手，并且按照性别进行了区域划分，能保证婴幼儿冲洗时的安全，培养婴幼儿的性别意识；教室顶部最初是镂空设计，但考虑到传染病的预防问题，最终将其改为封闭式设计；室内外监控全覆盖，能确保婴幼儿照护监督无死角，最大限度地保障婴幼儿的安全。

（资料来源：人民网，有改动）

任务清单

通过上述案例可知，托育机构的建筑设计必须符合国家法律规定和行业标准。这些规定和标准主要明确了哪些事项？请带着这个疑问，完成以下任务。

（1）熟悉托育机构房屋建筑的行业标准。

引导问题 1：托育机构的生活用房应由哪些部分组成？各部分应设置哪些区域？

引导问题 2：托育机构生活用房的使用面积应符合哪些规定？

引导问题 3：托育机构的服务管理用房应由哪些部分组成？各部分的设置应符合哪些规定？

引导问题 4：托育机构的供应用房应符合哪些规定？

（2）明确托育机构设备设施的相关规定。

引导问题 5：托育机构的建筑设备应符合哪些规定？

引导问题 6：托育机构的房间设施应符合哪些标准？

一、托育机构房屋建筑的规定

托育机构的建筑无论是自有还是租赁，都应当符合有关工程建设的国家标准、行业标准。

（一）一般规定

托育机构建筑设计案例

根据《托儿所、幼儿园建筑设计规范》（2019 年版）第 4.1.4 条的规定，托育机构的建筑造型和室内设计应符合幼儿的心理和生理特点。婴幼儿身体的发育尚未成熟，动作还不十分协调，安全防护意识弱，同时又对身边的事物有强烈的好奇心，这很容易引发安全事故。因此，托育机构负责人应该坚持保障婴幼儿安全的原则，在设计托育机构的建筑时，确保婴幼儿经常接触到的门、窗、扶手、台阶等设施都符合国家有关标准。

根据《托儿所、幼儿园建筑设计规范》（2019 年版）第 4.1.5 条及第 4.1.8 条至 4.1.12 条的部分规定，托育机构的建筑设计应符合如下规定。

（1）当托育机构建筑的窗台面距楼地面的高度低于 0.9 m 时，应采取防护措施。

（2）婴幼儿出入的门，在距离地面 0.6 m 处宜加设婴幼儿专用拉手；门的双面均应平滑、无棱角；门下不应设门槛；平开门距离楼地面 1.2 m 以下部分应设防止夹手设施；不应设置旋转门、弹簧门、推拉门，不宜设金属门；生活用房开向疏散走道的门均应向人员疏散方向开启，开启的门扇不应妨碍走道疏散通行；门上应设观察窗，观察窗应安装安全玻璃。

（3）托育机构的外廊、室内回廊、内天井、阳台、上人屋面、平台、看台及室外楼梯等临空处都应设置防护栏杆，栏杆应使用坚固、耐久的材料制作。防护栏杆的高度应从可踏部位顶面起算，且净高度不小于 1.3 m。防护栏杆必须采用防止婴幼儿攀登和穿过的构造，当采用垂直杆件做栏杆时，其杆件净距离不应大于 0.09 m。

（4）距离地面高度 1.3 m 以下，婴幼儿经常接触的室内外墙面，宜采用光滑易清洁的材料；墙角、窗台、暖气罩、窗口竖边等阳角处应做成圆角。

（5）楼梯除设成人扶手外，应在梯段两侧设婴幼儿扶手，其高度宜为 0.6 m；楼梯踏步面应采用防滑材料，踏步踢面不应漏空，踏步面应做明显警示标识。

（6）婴幼儿使用的楼梯，当楼梯井净宽度大于 0.11 m 时，必须采取防止婴幼儿攀滑措施。楼梯栏杆应采取不易攀爬的构造，当采用垂直杆件做栏杆时，其杆件净距不应大于 0.09 m。

（二）生活用房的规定

根据《托儿所、幼儿园建筑设计规范》（2019 年版）第 4.2.1 条的规定，托育机构的生活用房应由乳儿班、托小班、托大班组成，各班应为独立使用的生活单元。生活用房宜设公共活动空间。

该规范第 4.2.3 条、第 4.2.3A 条、第 4.2.3B 条、第 4.2.3C 条、第 4.2.3D 条对乳儿班和托小班的生活用房做了如下规定。

（1）乳儿班和托小班应包括睡眠区、活动区、配餐区、清洁区、储藏区等，托小班还应设置卫生间（见图 1-3），且各区最小使用面积应符合相关规定，如表 1-3 所示。

图 1-3　卫生间

表 1-3　乳儿班和托小班各区最小使用面积

各区名称	最小使用面积/m^2	
	乳儿班	托小班
睡眠区	30	35
活动区	15	35
配餐区	6	6
清洁区	6	6
卫生间	—	8
储藏区	4	4

（2）乳儿班和托小班应设置喂奶室，其使用面积不宜小于 10 m^2，并应符合下列规定：① 应临近婴幼儿生活空间；② 应设置开向疏散走道的门；③ 应设尿布台、洗手池，宜设成人厕所。

（3）乳儿班和托小班生活单元各功能分区之间宜采取分隔措施，并应互相通视。

（4）乳儿班和托小班活动区地面应做暖性、软质面层；距地 1.2 m 的墙面应做软质面层。

托大班应包括活动室、寝室、卫生间和衣帽储藏间等。根据该规范第 4.2.2 条和第 4.3.3 条的规定，托大班生活用房的使用面积及要求宜与幼儿园生活用房相同，如表 1-4 所示。

表 1-4　托大班生活单元房间的最小使用面积

房间名称		房间最小使用面积/m^2
活动室		70
寝室		60
卫生间	厕所	12
	盥洗室	8
衣帽储藏间		9

知识链接

乳儿班和托小班生活单元功能分区的相关规定

根据《托儿所、幼儿园建筑设计规范》（2019 年版）第 4.2.5A 条的规定，乳儿班和托小班生活单元各功能分区应符合下列规定。

（1）睡眠区应布置供每个婴幼儿使用的床位，不应布置双层床，床位四周不宜贴靠外墙。

（2）配餐区应临近对外出入口，并设有调理台、洗涤池、洗手池、储藏柜等，应设加热设施，宜设通风或排烟设施。

（3）清洁区应设淋浴、尿布台、洗涤池、洗手池、污水池、成人厕位等设施。

（4）成人厕位应与幼儿卫生间隔离。

根据《托儿所、幼儿园建筑设计规范》（2019 年版）第 4.2.5B 条的规定，托小班卫生间内应设适合幼儿使用的卫生器具，坐便器高度宜为 0.25 m 以下。每班至少设 2 个大便器、2 个小便器，便器之间应设隔断；每班至少设 3 个适合幼儿使用的洗手池，高度宜为 0.4～0.45 m，宽度宜为 0.35～0.4 m。

课证对接

托育机构生活用房的相关规定是保育员职业技能认定考试的考查要点。

（三）服务管理用房的规定

服务管理用房是用于对外联系、对内开展婴幼儿保健和教育服务管理工作的空间。根据《托儿所、幼儿园建筑设计规范》（2019 年版）第 4.4.1 条的规定，服务管理用房应包括晨检室（厅）、保健观察室、教师值班室、警卫室、储藏室、园长室、所长室、财务室、教师办公室、会议室、教具制作室等房间，且各房间的最小使用面积应符合规定。根据该规范第 4.4.1 条的条文说明，规模较小的托育机构，考虑管理需要，可将服务管理用房进行增减或合并使用，合用的房间面积也可以适当减少。

托育贴士

晨检室是供婴幼儿入园时进行健康检查的空间。

保健观察室是供病儿进行临时隔离、观察、治疗的空间。

根据该规范第 4.4.2 条的规定，托育机构应该在室内外过渡处设置门厅（门厅是婴幼儿入园时必须经过的空间），门厅内部应该设置晨检室和收发室，宜设置展示区、婴幼儿和成年人使用的洗手池、婴幼儿车存储等空间，并设卫生间，以满足婴幼儿和家长的需求。

知识链接

托育机构保健观察室的设置规定

根据《托儿所、幼儿园建筑设计规范》（2019 年版）第 4.4.4 条的规定，保健观察室应符合以下规定。

（1）应设有一张幼儿床的空间。

（2）应与幼儿生活用房有适当的距离，并应与幼儿活动路线分开。

（3）宜设单独出入口。

（4）应设给水、排水设施。

（5）应设独立的厕所，厕所内应设幼儿专用蹲位和洗手盆。

（四）供应用房的规定

供应用房是供托育机构人员开展饮食、饮水、洗衣等后勤服务工作的空间。根据《托儿所、幼儿园建筑设计规范》（2019 年版）第 4.5.1 条的规定，供应用房宜包括厨房、消毒室、洗衣间、开水间、车库等房间。其中，厨房应自成一区，并与婴幼儿生活用房保持一定的距离。同时，根据该规范第 4.5.6 条和第 4.5.7 条的部分规定，托育机构应设置玩具、图书、衣被等物品的专用消毒间，寄宿制的托育机构应设置集中洗衣房。

《甘肃省托育机构设置标准细则（试行）》的部分规定

二、托育机构设施设备的规定

根据《托育机构设置标准（试行）》第十四条和第十七条的规定，托育机构的房屋装修、设施设备、装饰材料等，应当符合国家相关安全质量标准和环保标准，并定期进行检查维护。托育机构应当设置符合标准要求的安全防护设施设备。下面将从建筑设施及设备、房间设备两个方面介绍托育机构设施设备的相关规定。

（一）建筑设施及设备的规定

根据《托儿所、幼儿园建筑设计规范》（2019 年版）第 6.1.1 条至第 6.3.9 条的规定，托育机构的给水排水、供暖通风与空气调节、供电设施、智能化系统应符合相应的标准。

1. 给水排水

根据《托儿所、幼儿园建筑设计规范》（2019 年版）第 6.1.1 条的规定，托育机构建筑应设置给水排水系统，且设备选型和系统配置应适合婴幼儿的需要。用水量标准、系统选择和水质应符合国家现行有关标准的规定。

（1）给水系统的规定。根据该规范第 6.1.3 条、第 6.1.4 条的规定，托育机构建筑给水系统的压力应满足给水用水点配水器具的最低工作压力要求。当压力不能满足要求时，应设置系统增压给水设备，并应符合下列规定：① 当设有二次供水设施时，供水设施不应对水质产生污染；② 当设置水箱时，应设置消毒设备，并宜采用紫外线消毒方式；③ 加压水泵应选用低噪声节能型产品，加压泵组及泵房应采取减振防噪措施；④ 消防水池、各种供水机房、各种换热机房及变配电房间等不得与婴幼儿生活单元贴邻设置。

同时，托育机构建筑给水系统入户管的给水压力不应大于 0.35 MPa；当水压大于 0.35 MPa 时，应设置减压设施。

（2）饮用水和热水供应系统的规定。根据该规范第 6.1.11 条和第 6.1.12B 条的规定，托育机构建筑应设置饮用水开水炉，宜采用电开水炉。开水炉应设置在专用房间内，并应设置防止婴幼儿接触的保护措施。不应设置管道直饮水系统。

根据该规范第 6.1.5 条的规定，托育机构宜设置集中热水供应系统，也可采用分散制备热水或预留安装热水供应设施的条件。当设置集中热水供应系统时，应采用混合水箱单管供应定温热水系统。当采用太阳能、空气源热泵等制备热水时，热水温度低于 60℃的系统应设置辅助加

热设施。

（3）给水排水系统的其他规定。根据该规范第 6.1.8 条、第 6.1.10 条、第 6.1.12A 条的规定，托育机构建筑内单独设置的清扫间、消毒间应配备给水和排水设施。消火栓系统、自动喷水灭火系统及气体系统灭火设计等，应符合国家现行有关防火标准的规定。当设置消火栓灭火设施时，消防立管阀门布置应避免婴幼儿碰撞，并应将消火栓箱暗装设置。单独配置的灭火器箱应设置在不妨碍通行处。托育机构不应设置中水系统。

托育贴士

中水，也称再生水，是指经过处理的生活污水、工业废水、雨水等，水质介于清洁水和污水之间，可以用来灌溉田地、冲洗厕所、回补地下水等。

2. 供暖通风与空气调节

根据《托儿所、幼儿园建筑设计规范》（2019 年版）第 6.2.1 条至第 6.2.3 条、第 6.2.5 条及第 6.2.6 条的规定，托育机构应该根据所在区域的条件设置集中供暖设施或单元式供暖装置，采用低温地面辐射供暖设备、散热器、电采暖设备等供暖时，应确保供暖设备符合相关规定。根据该规范第 6.2.9 条的规定，托育机构房间的供暖设计温度宜符合表 1-5 的规定。

表 1-5　托育机构房间的供暖设计温度

房间名称	室内设计温度/℃
活动室、寝室、保健观察室、晨检室（厅）、办公室	20
睡眠区、活动区、喂奶室	24
盥洗室、厕所	22
门厅、走廊、楼梯间、厨房	16
洗衣房	18
淋浴室、更衣室	25

根据该规范第 6.2.11 条的规定，托育机构建筑通风设计应符合相关规定，托育机构房间的换气次数和人员所需最小新风量应分别符合表 1-6 和表 1-7 的规定。

表 1-6　托育机构房间的换气次数规定

房间名称	换气次数/(次/h)
活动室、寝室、睡眠区、活动区、喂奶室	3～5
卫生间	10
多功能活动室	3～5

表 1-7 托育机构人员所需最小新风量规定

房间名称	新风量/［m^3/（h·人）］
活动室、寝室、活动区、睡眠区	30
保健观察室	38
多功能活动室	30

根据该规范第 6.2.13 条至第 6.2.15 条的规定，托育机构可以通过开窗、安装电风扇、设置空调设施等方式进行空气调节，从而实现基本热舒适的要求。其中，电风扇与空调的安装应该符合相关规定。

课证对接

托育机构建筑通风的相关规定是保育员职业技能认定考试的考查要点。

3．供电设施

根据《托儿所、幼儿园建筑设计规范》（2019 年版）第 6.3.1 条的规定，活动室、寝室、图书室、美工室等婴幼儿用房，宜采用防频闪性能好、带防护功能的节能光源。根据该规范第 6.3.5 条和第 6.3.6 条的规定，托育机构的房间内应该设置安全型插座，插座回路与照明回路应该分开设置。婴幼儿活动场所不宜安装配电箱、控制箱等电气装置；当不能避免时，应该采取相应的安全防护措施。

4．智能化系统

根据《托儿所、幼儿园建筑设计规范》（2019 年版）第 6.3.7 条和第 6.3.8 条的规定，托育机构应该设置电话系统、计算机网络系统、广播系统、有线电视系统、教学多媒体设施，充分利用互联网、大数据、物联网、人工智能等技术，推动线上线下融合。托育机构的园区大门、建筑物出入口、楼梯间、走廊、厨房等应该设置视频安防监控系统，财务室、建筑物出入口、楼梯间、厨房、配电间等处宜设置入侵报警系统，周界宜设置入侵报警系统、电子巡查系统，加强安全监督和防控。

实例评析

争当托育服务行业高标准的实践者

某托育机构坐落于某市主城区的城市广场，宽敞舒适，装修精美，充分考虑了婴幼儿成长和发展的特点，拥有“托育业高标准践行者”的美誉。

该托育机构内部设置了互联网系统、新风系统、净水系统、空调系统等设施。生活用房里配备了触控式电子白板、钢琴与乐器等设备，并用书柜等家具巧妙地分隔出阅读区、美工区、活动区等功能区域。

该托育机构的负责人表示，他们一直以来秉承“专业、有爱、科学”的初心，力争以过硬的服务帮助年轻父母缩短脱离工作岗位的时间，减轻老人隔代照护的压力，从而发挥

更好的社会效用。

评析：案例中的托育机构建筑设备齐全，符合《托儿所、幼儿园建筑设计规范》（2019 年版）的有关要求。其中，所安装的互联网系统，便于线上线下托育服务活动的开展；新风系统和空调系统能满足托育机构日常通风和空气调节的需要。

（资料来源：今日头条，有改动）

（二）房间设备的规定

托育机构在选择婴幼儿使用的家具、玩具时，除了考虑安全问题，还应考虑婴幼儿的成长特点。根据《托育机构设置标准（试行）》第十五条的规定，托育机构应当配备符合婴幼儿月龄特点的家具、用具、玩具（见图 1-4）、图书和游戏材料等，并确保其符合国家相关安全质量标准和环保标准。

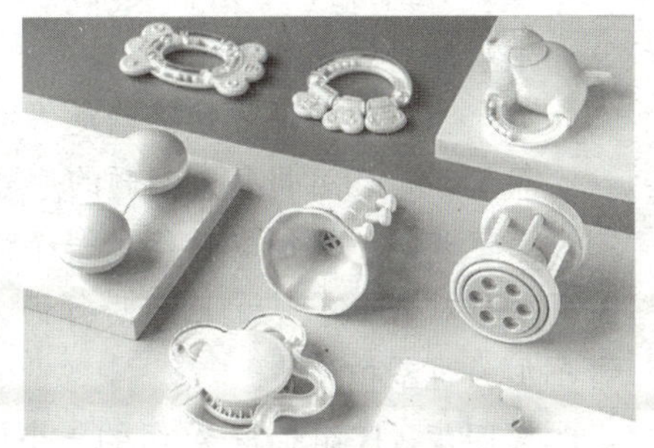

图 1-4　玩具

实例评析

形态多样的图书

某托育机构在阅读区为婴幼儿准备了形态多样的图书，以照顾不同月龄婴幼儿的智力发展特点。

该托育机构负责人介绍，他们为 8 个月以内的婴幼儿准备了厚实、无毒、安全的绘本，这些图书以黑、白、灰三种颜色为主；为 8 个月至 1 岁的婴幼儿准备了不同形态的绘本，如数字书、字母书、形状书、立体书、布书等，这些图书的颜色更加丰富；为 1 岁至 3 岁的婴幼儿准备了故事简化的绘本，用于培养他们的初步理解能力。

评析：案例中，托育机构在为婴幼儿选择图书时充分考虑了不同月龄婴幼儿的兴趣和理解能力，并且确保了婴幼儿图书的材料符合质量标准和环保要求。

任务实施

创造良好环境，呵护幼儿成长——“你问我答”活动

任务目的

通过“你问我答”活动，加深对托育机构房屋建筑和设施设备相关规定的理解，增强依法规划、配备托育机构建筑设施及设备的意识。

任务描述

请以“创造良好环境，呵护幼儿成长”为主题，举办“你问我答”活动。全班学生先自行分组，然后每两个组为一对，开展“你问我答”活动，并做好活动记录。活动的要求如下。

（1）活动前，各组需要设计 15 个与托育机构建筑设施、设备相关的问题，题目内容应涵盖相关政策法规的重要知识点；准备好问题的参考答案。

（2）活动前，各组需要确定 1 名记录员。

活动的大致流程如下。

第一步，各组通过抽签确定“你问我答”活动的 A 组和 B 组。

第二步，各组将每个问题的序号写在不同的纸条上，叠好纸条并打乱顺序。

第三步，A 组抽取 B 组的一个问题，并在 A 组内部进行讨论，然后由 A 组代表进行答题。B 组成员对 A 组代表的回答进行评分。评分标准：每题 10 分，答对加 10 分，回答不完整或答错不加分也不扣分。

第四步，B 组抽取 A 组的一个问题，重复第三步。由各组的记录员对本组抽题、答题、评分的情况进行记录。

第五步，重复第三步和第四步，直到 A、B 两组的问题全部被抽完。

第六步，将答题总得分排名前三的小组的活动简报展示在班级宣传栏中。其中，各组的活动简报由各组成员根据活动记录编写。

任务准备

全班学生每 4～6 人为一组，各组选出 1 名组长，由组长组织小组成员分工协作完成资料搜集、题目设计等准备工作，并将设计的题目及其相应答案填入表 1-8 中。

表 1-8 设计的题目及其答案

序号	题目	答案
1		
2		
3		
4		
5		
6		
7		
8		
9		
10		
11		

续表

序号	题目	答案
12		
13		
14		
15		

实施记录

各组按照活动要求开展活动，并将活动情况记录在表1-9中。

表1-9 “你问我答”活动记录

活动时间	
活动地点	
对手组组号	
活动内容	抽中的问题及答题情况如下：
活动心得	

任务评价

各组成员可参考表1-10所列的评价标准对“你问我答”活动情况进行评价，并请老师进行点评。

表1-10 任务实施评价表

评价项目	评价标准	分值	评价分数		教师点评
			自评	互评	
准备工作（15%）	提前准备好活动素材	5分			
	问题设计合理，非常契合活动主题	10分			
技能实操（60%）	小组分工明确，组员之间配合良好	10分			
	能熟练掌握托育机构房屋建筑的一般规定，搜集与托育机构建筑设施、设备相关的政策法规资料，并能对所搜集的资料进行分析整理	15分			

续表

评价项目	评价标准	分值	评价分数		教师点评
			自评	互评	
技能实操（60%）	能明确活动的性质和目的，熟悉托育机构的生活用房、服务管理用房、供应用房及设备设施的相关规定，精心设计各个知识点的相关问题，并给出参考答案	20 分			
	能解答所抽问题，且条理清晰，逻辑严谨	15 分			
结果呈现（25%）	活动简报总结全面，生动形象	15 分			
	增强了依法规划、配备托育机构建筑设施及设备的意识	10 分			
总评	自评（40%）+互评（60%）=	教师（签名）：			

任务三 熟悉托育机构的备案登记规定

任务导入

没有“身份证”的托育机构

案例 1：某市卫生监督执法支队在对辖区内的托育机构开展监督检查时发现，某托育机构正在为 3 岁以下的婴幼儿提供托育服务，其营业执照核准的经营范围包括“托育服务”项目，但该机构自开业以来，一直未向辖区卫生健康委申请备案。与此同时，执法人员还发现该托育机构的部分工作人员没有获得健康合格证明，也就是说该机构不满足备案登记的条件。因此，执法人员当场给予该机构行政处罚，并责令其尽快办理托育机构备案手续。

案例 2：某市卫生监督执法人员在对辖区内新开的托育机构进行资质审查时发现，某托育机构未办理登记备案手续。经过询问，执法人员了解到该托育机构是某大型连锁托育机构新设立的分支机构，因大型机构已在相关部门进行备案，故该分支机构没有再次办理备案手续。执法人员当场告知该分支机构的负责人，托育机构新设立的分支机构也应依法进行备案登记。随后，执法人员依法责令该分支机构暂停营业、限期完成备案登记手续的办理。

任务清单

假设你是上述两个案例中的托育机构负责人，你将如何完善备案手续？如何获取所需的备案资料？请带着这些疑问完成以下任务。

（1）熟悉托育机构的备案登记规定。

引导问题 1：不同类型的托育机构登记注册应分别遵从哪些规定？

引导问题 2：托育机构备案申请的流程是怎样的？

（2）了解托育机构变更和注销登记的相关规定。

引导问题 3：托育机构在哪些信息发生变化时需要变更备案信息？

引导问题 4：托育机构停止提供托育服务或停业时应该办理哪些手续？

托育机构是提供婴幼儿照护服务的机构，其运营必须符合法律规定。备案登记是托育机构运营的首要条件，只有经过相关部门的备案登记，托育机构才可以向社会大众提供托育服务。

一、托育机构的登记注册

按照性质的不同，托育机构可分为事业单位性质的托育机构、社会服务机构性质的托育机构和营利性托育机构。无论是哪种性质的托育机构，都要进行登记和备案。根据《托育机构登记和备案办法（试行）》第四条的规定，事业单位性质的托育机构向县级以上机构编制部门申请审批和登记；社会服务机构性质的托育机构向县级以上民政部门申请注册登记；营利性托育机构向县级以上市场监督管理部门申请注册登记。

托育贴士

在登记程序上，审批成立的流程比注册成立的流程更严格，因为审批不仅要符合国家规定的设立条件和设置标准，还要受到规划布局、资金配置等多方面因素的限制。

根据《托育机构登记和备案办法（试行）》第五条和第六条的规定，托育机构在登记时，应在业务范围或经营范围中明确托育服务内容，申请登记的名称中可以包含“托育”字样。在托育机构登记完成后，登记机关应当及时通过共享、交换等方式，将托育机构登记信息推送至同级卫生健康部门。

视野纵横

《广西托育机构设置与管理实施办法（试行）》中关于托育机构命名的规定

《广西托育机构设置与管理实施办法（试行）》第十九条对托育机构的命名做了更加详细的规定，相关规定如下。

托育机构名称应当符合相关命名规范，不得冠以“中国”“中华”“全国”“国际”“世界”“全球”“示范”等字样。经有关部门登记、注册的机构名称受法律保护。

申请登记事业单位性质托育机构的，机构名称为“行政区划+字号+托育园”，宗旨和业务范围中应明确托育服务内容。

申请注册非营利社会服务性质托育机构的，机构名称为“行政区划+字号+托育园”，业务范围为“托育服务”。

申请注册营利性托育机构的，机构名称为“行政区划+字号+托育+组织形式”，经营范围为“托育服务”。

二、托育机构的备案申请

已登记注册的托育机构，由其所在辖区的县级卫生健康部门负责备案。根据2021年修订的《中华人民共和国人口与计划生育法》第二十八条第三款的规定，托育机构的设置和服务应当符合托育服务相关标准和规范。托育机构应当向县级人民政府卫生健康主管部门备案。根据《托育机构登记和备案办法（试行）》第八条的规定，托育机构负责人应登录托育机构备案信息系统（见图1-5），在线填写托育机构备案书、备案承诺书，并提交以下材料扫描件。

湖南省托育机构备案材料的相关规定

（1）营业执照或其他法人登记证书。
（2）托育机构场地证明。
（3）托育机构工作人员专业资格证明和健康合格证明。
（4）评价为“合格”的《托幼机构卫生评价报告》。
（5）消防安全检查合格证明。
（6）法律法规规定的其他相关材料。

图1-5　托育机构备案信息系统

此外，提供餐饮服务的托育机构，还应当提交“食品经营许可证”。

托育机构备案申请的完整流程如图 1-6 所示。

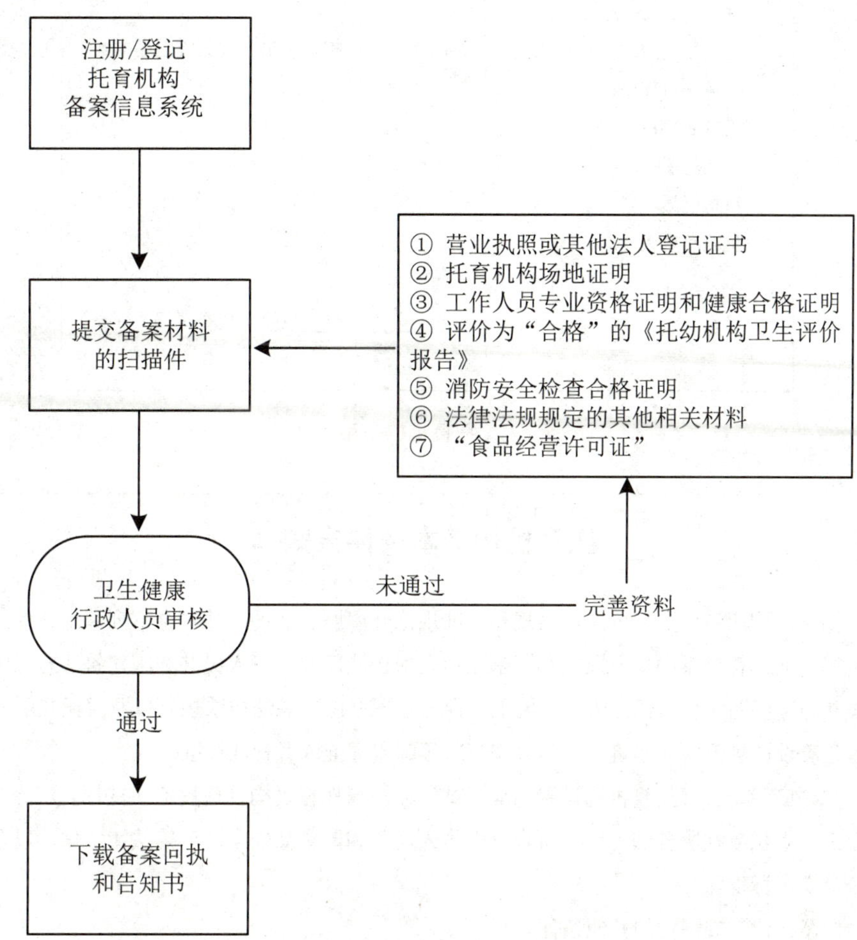

图 1-6 托育机构备案流程

托育机构提交备案材料并取得备案登记部门的备案回执后，才能开展托育服务活动。根据《托育机构登记和备案办法（试行）》第九条的规定，卫生健康部门在收到托育机构的申请材料后，应当在 5 个工作日内向申请备案的托育机构提供备案回执和托育机构基本条件告知书。如果托育机构备案内容不符合设置标准和管理规范，卫生健康部门应当在接收备案材料之日起 15 个工作日内通知申请备案的托育机构，说明理由并向社会公开。托育机构备案回执和托育机构基本条件告知书如图 1-7 和图 1-8 所示。

根据《中华人民共和国人口与计划生育法》第四十一条第一款的规定，托育机构违反托育服务相关标准和规范的，由卫生健康主管部门责令改正，给予警告；拒不改正的，处 5 000 元以上 5 万元以下的罚款；情节严重的，责令停止托育服务，并处 5 万元以上 10 万元以下的罚款。

托育机构备案回执

编号：______________

____年____月____日报我委（局）的《托育机构备案书》收到并已备案。

备案项目如下：

机构名称：

机构住所：

机构性质：

机构负责人姓名：

______________卫生健康委（局）（章）

年　　月　　日

图 1-7　托育机构备案回执

托育机构基本条件告知书

托育机构应当依照相关法律法规和标准规范开展服务活动，并符合下列基本条件：

一、应当符合《中华人民共和国未成年人保护法》《中华人民共和国建筑法》《中华人民共和国消防法》《托儿所幼儿园卫生保健管理办法》等法律法规，以及《托儿所、幼儿园建筑设计规范》《建筑设计防火规范》等国家标准或者行业标准。

二、应当符合《托育机构设置标准（试行）》《托育机构管理规范（试行）》等要求。

三、提供餐饮服务的，应当符合《中华人民共和国食品安全法》等法律法规，以及相应食品安全标准。

四、法律法规规定的其他条件。

图 1-8　托育机构基本条件告知书

实例评析

向未备案的托育机构说“不”

浙江省宁波市前湾新区事业发展卫生监督科接到群众举报，群众称位于该辖区某购物中心附近的一家托育机构存在安全隐患，并对该机构的营业资质提出质疑。接报后，执法人员立即赶赴现场检查。

当执法人员抵达时，该托育机构正开门营业，3 名保育老师正带领 8 名幼儿开展户外活动。当执法人员要求机构负责人杨老师出示相关证件时，对方表示只能出示营业执照，无法出示当地卫生健康部门审核的备案证明。杨老师解释说，他们不了解托育机构备案的相关规定。执法人员当即告知杨老师，开办托育机构要向所在地的卫生健康主管部门备案，

违反相关标准和规范的，由卫生健康主管部门责令改正，并给予警告，拒不改正的，将处5 000元以上5万元以下的罚款；情节严重的，责令停止营业，并处5万元以上10万元以下的罚款。随后，执法人员责令杨老师于6个月内完成备案整改，并给予警告处罚。

评析：托育机构获得营业执照，并不能代表其具有合法合规的开办条件。托育机构必须进行备案登记，向机构所在地的卫生健康主管部门提交备案材料，在获得备案回执和托育机构基本条件告知书后，才能正式向社会提供托育服务。

（资料来源：前湾导刊，有改动）

根据中共中央、国务院《关于优化生育政策促进人口长期均衡发展的决定》的规定，地方政府要承担监管责任，建立健全登记备案制度、信息公示制度、评估制度，加强动态管理，建立机构关停等特殊情况应急处置机制。同时，《托育机构登记和备案办法（试行）》第十二条规定："省级卫生健康、编制、民政、市场监管部门可结合当地实际情况制定实施细则。"

为贯彻落实以上政策精神，规范托育机构备案管理，促进托育服务工作健康有序发展，多地相继制定了符合本地实际情况的托育机构备案实施细则，对备案标准、备案流程、备案材料准备等做了详细规定。例如，湖南省卫生健康委、中共湖南省委机构编制委员会办公室、湖南省民政厅、湖南省市场监督管理局联合发布了《湖南省托育机构登记和备案办法（试行）》，成都市卫生健康委员会发布了《成都市托育机构备案办事指南（2022年修订）》，等等。

三、托育机构的变更和注销登记

《托育机构登记和备案办法（试行）》第十条规定："托育机构变更登记、注销登记后，应当及时登录托育机构备案信息系统向卫生健康部门变更备案信息或报送注销信息。"例如，当机构名称、地址、负责人、服务形式、托位数量等已备案的重要信息发生变化时，托育机构应该及时向原备案部门办理备案信息变更手续；托育机构设立分支、连锁机构的，新开设的分支、连锁托育机构需要按照相关流程进行登记和备案；托育机构停止提供托育服务或者停业的，应当妥善安置收托的婴幼儿和工作人员，并及时向原备案部门办理注销登记。

互动空间

某托育机构近年来生源比较充足，于是，该托育机构在原来托班规模的基础上，增加了每个班级的托位数量，扩大了经营规模。据了解，该托育机构扩大招生后，托位数量达到了75个。在这种情况下，该托育机构是否需要向原备案部门办理备案信息变更手续？其法律依据是什么？

视野纵横

托育机构备案的常见问题

1. 托育机构备案多久能通过？

符合要求的：卫生健康部门在收到托育机构备案材料后，应当在5个工作日内提供备案回执和托育机构基本条件告知书。

不符合要求的：卫生健康部门发现托育机构备案内容不符合设置标准和管理规范的，应当自接收备案材料之日起15个工作日内通知备案机构。

材料不全的：在收到备案材料后，卫生健康部门应一次性告知申请人需要补正的全部内容。

2. 提交备案申请资料后，需要修改备案信息怎么办？

提交备案申请资料后，如果卫生健康行政部门工作人员暂未进行审核，那么托育机构可撤回备案申请并修改相关信息。

如果卫生健康行政部门工作人员已开始审核，那么托育机构不可再进行备案申请修改。

3. 托育机构备案材料审核未通过怎么办？

如果审核没通过，那么申请备案的托育机构不得从事3岁以下婴幼儿托育服务。

卫生健康部门对接收的托育机构备案材料的完整性和真实性进行审核。对于不符合备案要求的，卫生健康部门会将需要完善的信息告知申请人，申请人可根据审核意见进行整改完善，然后重新提交备案申请，直到符合备案要求。

（资料来源：健康武平微信公众号，有改动）

任务实施

“备案登记依法办”情景表演

任务目的

通过情景表演，加深对托育机构登记注册规定的认识，熟悉托育机构的备案资料及备案流程，树立依法从业意识。

任务描述

假设你要创办一家托育机构（机构的形式和规模自定），现在需要办理备案登记手续。为此，你会做哪些准备呢？请以“备案登记依法办”为主题，开展情景表演。表演分组进行，表演顺序由各小组抽签决定，每组的表演时长为3～5分钟。在表演开始前，各组将情景剧的名称写到黑板上。

任务准备

全班学生每4～6人为一组，各组选出1名组长，由组长组织小组成员分工协作完成资料搜集、情景设计、剧本创作等准备工作。

实施记录

首先，各组将模拟创设的托育机构信息填入表1-11的托育机构备案书中。然后，各组按照活动要求进行表演，并将剧本大纲和表演实况记录到表 1-12 中。

表 1-11　托育机构备案书

______卫生健康委（局）：

经______（登记机关名称）批准，______（托育机构名称）已于____年__月__日依法登记成立，现向你委（局）进行备案。本机构备案信息如下：

机构名称：

机构住所：

登记机关：

统一社会信用代码：

机构负责人姓名：

机构负责人身份证件号码：

机构性质：□营利性　□非营利性

服务范围：□全日托　□半日托　□计时托　□临时托

服务场所性质：□自有　□租赁

机构建筑面积：

室内使用面积：

室外活动场地面积：

收托规模：　　　人

编班类型：□乳儿班　□托小班　□托大班　□混合编班

联系人：

联系方式：

请予以备案。

备案单位：　（章）

年　月　日

表 1-12　剧本大纲和表演实况记录

实施项目	实况记录		备注
剧本创作	确定情景剧名称		
	确定剧本内容	1. 确定故事发生的时间和地点 2. 确定故事背景 3. 确定完整的故事线	
	确定剧本角色及其扮演者		

续表

实施项目	实况记录	备注
表演实况	1. 小组抽签决定表演顺序 2. 小组成员上台表演 3. 表演所涉及的托育服务政策法规如下 4. 表演结束后，观众反馈表演效果	
心得体会		

任务评价

各组成员可以从办事流程、备案材料、人物表演、分工合作等方面对任务实施过程和结果进行评价，请老师进行点评，并将评分情况填入表1-13中。

表1-13 任务实施评价表

评价项目	评价标准	分值	评价分数		教师点评
			自评	互评	
准备工作（15%）	提前确定剧本名称、内容和角色	5分			
	剧本内容情节完整，有创意	10分			
技能实操（60%）	小组分工明确，组员之间配合良好	5分			
	能准确搜集与托育机构备案登记相关的资料，并能对所搜集的资料进行分析整理	15分			
	能赋予情景剧本以感情色彩	10分			
	表演时能灵活运用托育机构备案登记规定的相关知识巧妙地应对各种情况	15分			
	明确托育机构的备案申请流程、变更和注销登记的规定	15分			
结果呈现（25%）	演员精神饱满，仪态大方得体；表演节奏紧凑，富有感染力，在规定时间内结束表演	10分			
	增强了合法合规地创办托育机构的意识	15分			
总评	自评（40%）+互评（60%）=	教师（签名）:			

任务四 了解托育机构规模的相关规定

 任务导入

托育机构负责人的沉思

李某曾是一名金牌育儿嫂，有非常丰富的婴幼儿照护经验。在国家对托育服务提供政策支持和社会对婴幼儿照护服务的需求增加的形势下，她打算自己创办一家托育机构。

说干就干，李某信心满满地按照国家相关规定装修好了用于开展托育服务活动的各种功能房，招聘了几名保育人员，并亲自对保育人员进行了培训。做好了这些安排之后，她就开始想象家长们在托育机构开业之后踊跃报名的情景。

然而，在招生时，咨询的家长很多，为婴幼儿办理入托手续的家长却寥寥无几。经过询问，李某才知道，原来家长们虽然对托育机构的保育人员非常满意，但是经过几天的观察发现机构内只有保育人员，并没有看到保健人员、保安人员等工作人员，家长们担心托育机构不能保障婴幼儿的健康和安全，很难下决心缴费。

得知这一反馈后，李某陷入了沉思：托育机构应配备哪些人员？各类人员应配备多少人呢？

 任务清单

请带着以上疑问，完成以下任务。

（1）了解托育机构收托规模的相关规定。

引导问题 1：托育机构应设置哪些班型？每个班型的收托规模应符合哪些规定？

（2）熟悉托育机构从业人员规模的相关规定。

引导问题 2：托育机构应设置哪些岗位？

引导问题 3：托育机构各种岗位的人员规模应符合哪些规定？

一、托育机构的收托规模

婴幼儿照护服务不仅事关婴幼儿的健康成长，还关系到千家万户的福祉与国家民族的未来。托育机构的班级规模必须符合国家相关标准和规范。当然，托育机构在扩大婴幼儿托位规模的

同时，要保证婴幼儿得到高质量、全方位的照护。

根据《托育机构设置标准（试行）》第十九条的规定，托育机构的班型设置包括乳儿班、托小班和托大班三种。其中，乳儿班收托6～12个月的婴幼儿，每班婴幼儿数量不超过10人；托小班收托12～24个月的婴幼儿，每班婴幼儿数量不超过15人；托大班收托24～36个月的婴幼儿，每班婴幼儿数量不超过20人。对于18个月以上的婴幼儿，托育机构可以设置混合编班，每班婴幼儿数量不超过18人。

此外，托育机构也可以根据婴幼儿的个体发展情况灵活编班。例如，有的婴幼儿14个月了，还不会独立行走，托育机构可以将其继续编排在乳儿班，直到其能独立行走并具有一定的语言理解能力后，再升入托小班。有的婴幼儿10个月就学会了说一些简单的词语，并会独立行走，托育机构可以将其提前编排进托小班，便于安排其与其他婴幼儿一起开展活动。

实例评析

超额招生要不得

某托育机构的招生宣传显示，机构内设有5个班，乳儿班计划招生10人，两个托小班计划招生30人，两个托大班计划招生40人。然而，在实际的托育服务活动中，有家长发现，每个托大班平均多出了7名婴幼儿，与此同时，每个班配置的保育人员并没有增加。在这种情况下，保育人员很有可能出现照应不周、顾此失彼的问题。对此，家长们感到担忧，并对该托育机构的婴幼儿照护服务失去了信心。

评析：案例中的托育机构擅自扩大招生规模，不符合《托育机构设置标准（试行）》关于收托规模的规定。该托育机构应该暂停营业并立即整改，并按照婴幼儿数量配备相应的保育人员。

二、托育机构从业人员规模

托育机构要想充分发挥婴幼儿照护服务功能，除了要提供良好的环境、设备设施等方面的保障外，还要拥有一定规模的从业人员。具体而言，托育机构应该根据机构规模设置相应的岗位，并配备足够数量的从业人员，以便最大限度地保护婴幼儿的安全和健康，满足其生理发展和心理发展的需求。根据《托儿所、幼儿园建筑设计规范》（2019年版）第1.0.3条的规定，托育机构的规模应符合表1-14的规定。

表1-14　托育机构规模

规模	班数/班
小型	1～3
中型	4～7
大型	8～10

根据《托育机构设置标准（试行）》第十八条第一款的规定，托育机构应当根据场地条件，合理确定收托婴幼儿规模，并配置综合管理、保育照护、卫生保健、安全保卫等工作人员。下面主要介绍保育人员、保健人员、保安人员和炊事人员的配备规模。

扫一扫

《湖南省托育机构设置标准细则（试行）》关于人员规模的规定

（一）保育人员规模

根据《托育机构设置标准（试行）》第二十条的规定，乳儿班、托小班、托大班的保育人员与收托婴幼儿的人数比例应分别不低于 1∶3，1∶5，1∶7。根据该标准第十八条第三款前段的规定，保育人员主要负责婴幼儿日常生活照料，安排游戏活动，促进婴幼儿身心健康，养成良好行为习惯。

实例评析

分工明确，幼有所“育”

某托育机构位于一栋单独的小洋楼内。据园长王老师介绍，园内有 24 个孩子，她根据孩子的年龄分班，托小班 9 个孩子，托大班 15 个孩子。每班都有 3 名保育老师。在开展托育服务时，王老师会按照保育老师的年龄安排保育工作：20 多岁的老师有活力，主要负责组织婴幼儿游戏、比赛等活动；30 多岁的老师大多养育过孩子，较有耐心，主要负责组织婴幼儿绘画、阅读等活动；40 多岁的老师在孩子吃喝拉撒上更有经验，主要负责组织婴幼儿休息、进餐等活动。当其中一名保育老师组织婴幼儿活动时，其他两名保育老师会在一旁协助，以保证托育服务活动的顺利开展。

评析：婴幼儿的自理能力较弱，其日常活动的开展需要保育人员的帮助。一名保育人员能同时照护的婴幼儿有限，在收托规模为 24 人的托育机构中，3 名保育人员同时照护一个班级的婴幼儿，能保证婴幼儿的发展需求及时得到满足。

（资料来源：齐鲁晚报，有改动）

（二）保健人员规模

为了给婴幼儿创造良好的生活环境，预防和控制传染性疾病，减少疾病的发生，保证婴幼儿的身心健康，托育机构应该配备符合国家规定的保健人员。根据《托儿所幼儿园卫生保健管理办法》第十二条的规定，托育机构的卫生保健人员应当按照收托 150 名婴幼儿至少设 1 名专职卫生保健人员的比例配置；收托 150 名以下婴幼儿的，应当配备专职或者兼职卫生保健人员。

实例评析

幼有所“保”

“妮妮再见，要乖乖听老师的话哦。”每天，“90 后”妈妈王女士都会准时把 2 岁的女儿送到家门口的托育机构，在看着孩子进入活动室后，王女士便安心地去上班了。最近，王女士遇到了一件“糟心事”——女儿妮妮从托育机构回来后就发烧了。王女士对此感到疑惑，女儿早上出门时还蹦蹦跳跳的，为什么会突然发烧呢？经打听得知，这家托育机构的保健人员一个星期前离职了。之后，该机构未及时招聘保健人员，机构的晨检和卫生保健工作都由保育人员兼任，然而保育人员没有及时发现并隔离感冒的孩子，导致妮妮被传染了。王女士觉得在这种情况下，孩子的健康状况很难得到保障。因此，王女士联合其他孩子的家长向托育机构负责人赵老师反映了这个问题，赵老师表示一定会尽快配备专职保健人员。

评析：托育机构应根据收托情况配置至少 1 名专职或兼职保健人员。在托育机构提供托育服务期间，保健人员必须在岗，对婴幼儿进行晨午检，及时发现、处理传染病隐患，确保托育机构内卫生、安全，保证婴幼儿身心健康。

（三）保安人员规模

为了避免危险的人、事、物给托育机构内的婴幼儿和从业人员带来危害，托育机构应该配备保安人员。根据《托育机构设置标准（试行）》第二十二条的规定，独立设置的托育机构应当至少有 1 名保安人员在岗。

（四）炊事人员规模

为了保证婴幼儿的膳食安全和营养需求，设有厨房或食堂的托育机构应该配备符合国家规定的炊事人员。根据《托儿所幼儿园卫生保健工作规范》第三部分“新设立托幼机构招生前卫生评价”关于食堂卫生的规定，提供每日三餐一点的托育机构，炊事人员与婴幼儿的配备比例应当达到 1∶50；提供每日一餐二点或二餐一点的，炊事人员与婴幼儿的配备比例应当达到 1∶80。

任务实施

撰写招聘启事

任务目的

通过撰写托育机构人才招聘启事，加深对托育机构收托规模和从业人员规模相关规定的认识，增强依法办托的观念。

任务描述

假设你要创办一家托育机构，现在需要进行人员招聘。请根据托育机构的预设规模写一份人才招聘启事，内容包括托育机构的创办宗旨、收托规模、岗位设置、从业人员规模等。

任务准备

在进行人员招聘前，你需要先巩固一下托育机构收托规模和从业人员规模的相关规定，并搜集自己所在地的相关政策法规资料，将相关信息填入表 1-15。

表 1-15 托育机构规模信息

班级		姓名		学号		指导教师	
政策法规类型		政策法规名称		收托规模规定		从业人员规模规定	
国家政策法规							
地方（本地）政策法规							

实施记录

全班学生根据托育机构的预设岗位设计招聘要求，并将表 1-16 补充完整。

表 1-16 人才招聘启事

序号	项目名称		项目内容
1	托育机构创办宗旨		
2	环境创设		
3	收托规模		
4	岗位 1	名称	
		人数	
		要求	
	岗位 2	名称	
		人数	
		要求	
	岗位 3	名称	
		人数	
		要求	
	岗位 4	名称	
		人数	
		要求	

续表

序号	项目名称		项目内容
4	岗位5	名称	
		人数	
		要求	
5	活动心得		

任务评价

各位同学可参考表1-17所列的评价标准对任务实施过程和结果进行评价，并请老师进行点评。

表1-17 任务实施评价表

评价项目	评价标准	分值	评价分数		教师点评
			自评	互评	
准备工作（15%）	提前了解本地的托育机构规模方面的政策法规	15分			
技能实操（50%）	能准确搜集与托育机构规模相关的政策法规资料，并能对所搜集的资料进行分析整理	15分			
	能熟练掌握托育机构收托规模和从业人员规模的相关规定，并能将托育机构预设的招聘岗位及人员要求等内容有条理地写出来	20分			
	能对照招聘岗位人员要求，反思自己的不足，并有针对性地学习相关知识和技能，为从事托育服务工作做准备	15分			
结果呈现（35%）	托育机构的情况介绍清晰、完整	5分			
	托育机构人才招聘启事内容全面，收托规模、人员岗位及数量安排合理	15分			
	增强了依法创办托育机构的意识	15分			
总评	自评（40%）+互评（60%）=	教师（签名）：			

项目检测

一、单项选择题

1. 下列选项中，不属于常见托育形式的是（　　）。

A. 全日托　　B. 半日托　　C. 假期托　　D. 临时托

2. 托育机构应当有自有场地或租赁期不少于（　　）年的场地。

A. 1年　　B. 2年　　C. 3年　　D. 4年

3.（　　）个班级以上的托育机构建筑应独立设置。

A. 2　　B. 3　　C. 4　　D. 5

4. 托育机构乳儿班睡眠区的最小使用面积是（　　）m^2。

A. 20　　B. 30　　C. 35　　D. 40

5. 创办营利性托育机构时，申请人应依法向（　　）申请注册登记。

A. 县级卫生健康行政部门

B. 县级以上市场监督管理部门

C. 县级以上机构编制部门

D 县级以上民政部门

6. 下列选项中，不属于托育机构备案时必须提交的材料是（　　）。

A. 评价为“合格”的《托幼机构卫生评价报告》

B. 托育机构场地证明

C. 营业执照或其他法人登记证书

D. 食品经营许可证

7. 卫生健康部门在收到托育机构的备案申请材料后，应在（　　）个工作日内向申请备案的托育机构提供（　　）和托育机构基本条件告知书。

A. 5　营业执照　　B. 5　备案回执

C. 15　营业执照　　D. 15　备案回执

8. 托育机构违反托育服务相关标准和规范的，由（　　）责令改正，给予警告。

A. 卫生健康主管部门　　B. 市场监督行政主管部门

C. 地方政府　　D. 街道办事处

9. 托育机构在变更登记、注销登记后，应及时登录托育机构备案信息系统向（　　）变更备案信息或报送注销信息。

A. 卫生健康部门　　B. 市场监督行政主管部门

C. 民政部门　　D. 街道办事处

10. 托育机构收托150名婴幼儿时应至少设（　　）名（　　）卫生保健人员。

A. 1　兼职　　B. 1　专职

C. 2　兼职　　D. 4　专职

11. 提供每日三餐的托育机构，炊事人员与婴幼儿的配比应达到（　　）。

A. 1∶80　　B. 1∶30　　C. 1∶40　　D. 1∶50

12. 根据相关规定，托育机构托大班婴幼儿的数量不得超过（　　）人。

A. 10　　B. 15　　C. 20　　D. 25

二、简答题

1. 什么是托育机构？

2. 托育机构的总平面布置应包含哪些部分？

3. 托育机构的室外活动场地的面积应符合哪些规定？

4. 托育机构乳儿班、托小班、托大班的生活用房应分别由哪些部分组成？

5. 简述托育机构房间供暖设计温度、换气次数、人员所需最小新风量的规定。

6. 简述托育机构的备案流程。

项目综合评价

全班同学每4～6人一组，各组成员结合课前、课中和课后的学习情况和项目检测的情况，按照表1-18的评价标准对该项目的学习效果进行自评和互评，并请老师进行总体评价。

表1-18 项目综合评价表

考核内容	评价标准	分值	评价得分		
			自评	互评	师评
过程与方法考核（25%）	课前积极预习，并搜集、整理与设置托育机构相关的资料	5分			
	认真思考任务导入中的提问，积极参与课堂互动活动，并踊跃发表自己的看法	10分			
	善于利用互联网搜集托育服务行业的相关信息，并懂得归纳总结	10分			
知识与技能考核（45%）	能简要阐述托育机构选址、场地规划的相关要求	5分			
	能正确判断托育机构的建筑与设施设备是否符合相关标准，并能指出整改方向	10分			
	明确托育机构的备案流程，能够根据托育机构的实际情况准备备案材料	15分			
	能够根据托育机构的预设规模，依法、合理地设置收托规模和从业人员规模	15分			
综合素养考核（30%）	能够认识到依法设置托育机构的重要性，并增强依法办园意识	10分			
	能积极学习托育服务政策法规，响应“实施积极应对人口老龄化国家战略”的号召	10分			
	能审时度势，自觉确立投身于托育服务事业的奋斗目标	10分			
总评	自评（30%）+互评（30%）+师评（40%）=	教师（签名）：			

项目二

2 管理托育机构——托育管理相关的政策法规

项目导读

托育服务行业的健康发展，有利于改善民生福祉，促进家庭和谐，更有利于培育经济发展新动能。托育服务从业人员要为建设规范化、系统化、专业化的托育服务体系不懈努力，从而促进托育服务行业的健康发展。托育服务行业的健康发展离不开科学、规范的托育管理，从业人员在进入托育服务行业之前应先了解托育管理相关的政策法规，具体包括从业人员管理、婴幼儿托育服务管理、家托沟通管理及托育机构监督管理四个方面的政策法规。

学习目标

知识目标

- 熟悉托育服务从业人员管理的相关规定。
- 掌握婴幼儿托育服务管理的相关规定。
- 熟悉家托沟通管理的相关规定。
- 了解托育机构监督管理的相关规定。

技能目标

- 能够判断托育服务从业人员培训方案是否合法合规。
- 能够根据法律规定确定婴幼儿收托、保育、健康和安全等方面管理制度的主要内容。
- 能够依照法律规定与婴幼儿家长建立多层次、多渠道的沟通机制。

素质目标

- 培养依法执业的从业理念。
- 树立正确的托育管理理念。

任务一 熟悉托育服务从业人员管理规定

任务导入

人员管理有良方，服务质量有保障

王老师是某托育机构的负责人，在管理托育机构员工的工作中表现得尤为出色。他总是说，对托育机构员工的管理从招聘时便开始了，在招聘新员工时要对应聘人员的资质进行审查，保证新招聘的员工符合国家有关规定和托育机构的具体要求。同时，促进员工的专业发展和技能提升也是员工管理中非常重要的一项工作。为了提升机构员工的专业能力、职业道德素养和心理健康水平，王老师建立了员工岗前培训制度和定期培训制度。其中，岗前培训主要包括为新入职的员工提供保育保教理论讲解和实际操作等方面的培训。定期培训主要包括定期邀请行业专家为机构员工开展专业讲座、组织员工进行技能比拼和交流等。

此外，王老师认为合格的负责人还要对托育机构员工和婴幼儿的健康负责。他会定期组织员工进行健康体检，还会组织保健人员对机构员工进行健康教育。

在王老师的管理下，托育机构的员工们对自己的职业发展充满信心，机构的服务质量和水平也得到了极大的提升。

任务清单

上述案例中，王老师的管理工作做得如何？你认为托育机构负责人应当从哪些方面管理机构的员工？应当按照哪些规定开展管理工作？请带着这些疑问完成以下任务。

（1）熟悉托育服务从业人员资质的相关规定。

引导问题 1：托育服务从业人员应该具备什么资质？

（2）熟悉托育服务从业人员培训的相关规定。

引导问题 2：托育服务从业人员的培训应当达到哪些目标？培训应当遵循哪些原则？

引导问题 3：托育服务从业人员的培训应当包括哪些内容？

（3）了解托育服务从业人员的健康管理规定。

引导问题 4：托育服务从业人员上岗前的健康检查应当符合哪些规定？

引导问题 5：托育服务从业人员的定期健康检查应当满足哪些要求？

一、托育服务从业人员的资质

托育服务从业人员是在托育机构中从事婴幼儿照护服务工作人员的总称。他们担负着照料、看护和保育婴幼儿的重任，必须具备一定的资质。国务院办公厅《关于促进 3 岁以下婴幼儿照护服务发展的指导意见》明确提出了“依法逐步实行工作人员职业资格准入制度，对虐童等行为零容忍，对相关个人和直接管理人员实行终身禁入”的主要任务，为建设一支有爱心、高水平的托育服务队伍指引了方向。

根据《托育机构管理规范（试行）》第三十三条的规定，托育服务从业人员应当具有完全民事行为能力和良好的职业道德，热爱婴幼儿，身心健康，无虐待儿童记录，无犯罪记录，并符合国家和地方相关规定要求的资格条件。《托育机构设置标准（试行）》第十八条第二款至第五款明确规定了托育服务从业人员的从业资格。

（1）托育机构负责人负责全面工作，应当具有大专以上学历，有从事儿童保育教育、卫生健康等相关管理工作 3 年以上的经历，且经托育机构负责人岗位培训合格。

（2）保育人员应当具有婴幼儿照护经验或相关专业背景，受过婴幼儿保育相关培训和心理健康知识培训。

托育贴士

根据《中华人民共和国职业分类大典》（2022 年版）的分类标准，从事婴幼儿照护服务的职业包括婴幼儿发展引导员和保育师。其中，婴幼儿发展引导员是指在家庭及相关机构、活动场所，从事 3 岁以下婴幼儿早期发展引导、家庭日常生活照护等工作，并对婴幼儿照护者提供养育指导或咨询服务的人员，其职业工种包括育婴员等。保育师是指在托育机构、幼儿园、社区、社会福利机构等保育场所，从事婴幼儿生活照料、安全看护、营养喂养和早期发展工作的人员，其职业工种包括托育师等。

（3）保健人员应当经过妇幼保健机构组织的卫生保健专业知识培训合格。

（4）保安人员应当取得公安机关颁发的“保安员证”，并由获得公安机关“保安服务许可证”的保安公司派驻。

同时，根据《托儿所幼儿园卫生保健管理办法》第十一条的规定，托育机构的卫生保健人员包括医师、护士和保健员。在卫生室工作的医师应当取得卫生行政部门颁发的“医师执业证书”，护士应当取得“护士职业证书”。在保健室工作的保健员应当具有高中以上学历，经过卫生保健专业知识培训，具有托育机构卫生保健基础知识，掌握卫生消毒、传染病管理和营养膳食管理等技能。

模范风采

扫码阅读创设托育机构的故事，学习托育从业者为梦想披荆斩棘的精神。

以匠心筑托育梦，以爱心育婴幼儿

二、托育服务从业人员的培训

国务院办公厅《关于促进 3 岁以下婴幼儿照护服务发展的指导意见》明确提出了加强队伍建设的保障措施，即“将婴幼儿照护服务人员作为急需紧缺人员纳入培训规划，切实加强婴幼儿照护服务相关法律法规培训，增强从业人员法治意识；大力开展职业道德和安全教育、职业技能培训，提高婴幼儿照护服务能力和水平”。根据《托育机构管理规范（试行）》第三十四条的规定，托育机构应当建立工作人员岗前培训和定期培训制度，通过集中培训、在线学习等方式，不断提高工作人员的专业能力、职业道德和心理健康水平。

同时，国务院办公厅《关于促进养老托育服务健康发展的意见》明确规定，要加强托育服务从业人员岗前培训、岗位技能提升培训、转岗转业培训和创业培训，加大脱贫地区相关技能培训力度，推动大城市托育服务需求与脱贫地区劳动力供给有效对接，深化校企合作，培育产教融合型企业，支持实训基地建设，推行托育“职业培训包”和“工学一体化”培训模式。

为深入贯彻国务院办公厅《关于促进 3 岁以下婴幼儿照护服务发展的指导意见》精神，切实加强托育服务人才队伍建设，国家卫生健康委办公厅制定了《托育机构负责人培训大纲（试行）》和《托育机构保育人员培训大纲（试行）》。下面根据培训大纲的内容，从培训目标、培训原则和培训内容三个方面介绍托育机构负责人和保育人员的培训。

（一）培训目标

1. 托育机构负责人的培训目标

托育机构负责人的培训目标（见图 2-1）如下。

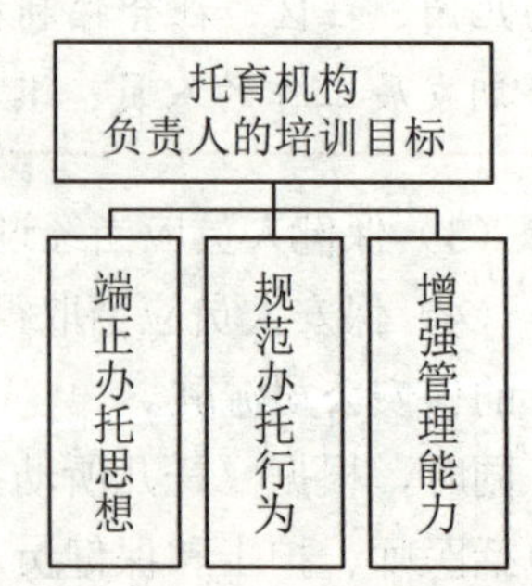

图 2-1 托育机构负责人的培训目标

（1）托育机构负责人应端正办托思想，正确理解、贯彻党和国家的托育服务方针政策。具体要求如下：① 熟悉并执行托育服务相关政策法规，增强法治意识，履行岗位职责，遵守行业规范；② 具备良好的职业道德，树立科学的儿童观、保育观。

（2）托育机构负责人应规范办托行为，具备履行岗位职责必备的基本知识与能力。具体要求如下：① 理解托育机构管理岗位的要求，能够建立信息管理制度、健康管理制度、疾病防

控和安全防护监控制度，制定安全防护、传染病防控等应急预案，确保婴幼儿的安全和健康；② 能根据婴幼儿身心发展特点和规律，制订科学的保育方案，合理安排一日生活和活动，提供支持性环境，满足婴幼儿健康成长的需要。

（3）托育机构负责人应增强管理能力，能够科学地管理托育机构。具体要求如下：① 合理规划托育机构的发展，加强保育工作的组织与管理，加强对保育人员的指导、检查和评估，引领托育机构服务质量的提升；② 与家庭、社区密切合作，整合各方资源以支持托育机构保育工作，向家长、社区提供照护服务和指导服务，帮助家庭增强科学育儿能力。

实例评析

托育质量好，家长放心托

在某市一家私立托育机构的活动室里，1 名两岁的小朋友正坐在桌椅旁专心地玩嵌板，保育人员李老师则在一旁示范指捏的动作，并耐心地讲解嵌板中不同形状的特点。李老师是去年入职该托育机构的，经过一年的系统培训，现在已经成为该机构的保育能手。李老师说，该托育机构每年都会制订工作人员培训方案，每月至少培训三次，培训内容主题包括保育、安全、卫生等。这种系统培训使该托育机构的服务质量得到了有效提升。

该托育机构的负责人张老师表示，随着机构托育服务质量的提升，前来咨询育儿技巧的家长越来越多，他们渴望能在育儿方面获得专业的指导。为此，该机构根据每个家庭的实际情况及每位家长的育儿需求，开发了能满足不同育儿需求的婴幼儿照护指导课程。同时，该托育机构还与社区开展合作，共同宣传婴幼儿照护知识。

评析：首先，专业的托育服务队伍是托育机构良性运营的基石。案例中，托育机构负责人为保育人员制订了科学的培训方案，为托育机构高质量发展提供了保障。其次，托育机构负责人的管理工作不限于机构内部管理，还包括托育机构与家庭、社区的合作管理。案例中，托育机构为家庭、社区提供了婴幼儿照护指导，为机构拓展业务、打造品牌效应打下了良好基础。

（资料来源：光明网，有改动）

2. 托育机构保育人员的培训目标

托育机构保育人员的培训目标如下。

（1）托育机构保育人员应熟悉托育服务政策法规，树立法治意识，增强规范保育意识。具体要求如下：① 熟悉托育服务相关政策法规，遵守保育人员岗位职责和基本规范；② 应具备良好的职业道德和专业认同感，树立正确的保育观念，坚持儿童优先，保障儿童权利。

（2）托育机构保育人员应强化安全保育意识，学习并掌握安全保育方法。具体要求如下：① 切实做好安全防护工作，最大限度地保护婴幼儿的安全和健康；② 掌握婴幼儿卫生保健、生活照料等保育工作的基本方法和操作规范。

（3）托育机构保育人员应掌握婴幼儿早期发展与回应性照护的知识与策略，提升科学保育素养。具体要求如下：① 合理安排婴幼儿的生活和活动，具备促进婴幼儿早期发展的能力，满足婴幼儿身体发育和心理发展的需要；② 掌握与家庭及社区沟通合作的技巧，提供科学育儿指导，及时进行专业反思。

（二）培训原则

托育机构负责人和保育人员的培训均应坚持岗位胜任、需求导向、多元方式这三个原则（见图 2-2）。

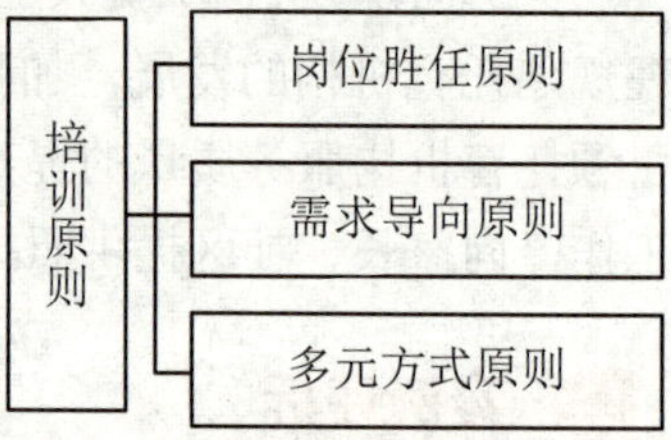

图 2-2　三个原则

（1）岗位胜任原则。托育机构负责人和保育人员的培训应分别以负责人和保育人员的岗位要求为重点，通过系统培训引导与自主学习反思相结合的方式，促使负责人和保育人员明确岗位工作任务，具备胜任岗位职责的基本知识与能力。

（2）需求导向原则。托育机构负责人和保育人员的培训应分别以管理工作、保育工作中的重点与难点为出发点，综合考虑岗位需求和发展需要，按需施教，优化培训内容，让负责人学以致用、用以促学、学用相长，确保保育人员所学即所需、所学即所用、学用相长。

（3）多元方式原则。培训可通过专题讲座、网络研修、研讨交流、案例分析、返岗实践等多种方式进行，同时借助互联网等手段，推动托育机构负责人理论学习和现场观摩相结合、线上学习与线下研修相结合，增强培训的便捷性和有效性；推动托育机构保育人员理论学习和实践观摩相结合、线上学习与线下研修相结合，提高培训实效性。

（三）培训内容

托育机构负责人和保育人员的培训内容首先应包括政策规定和法律法规。托育机构负责人和保育人员需要掌握的政策法规基本一致，两者均应掌握国务院办公厅《关于促进 3 岁以下婴幼儿照护服务发展的指导意见》等相关政策文件的规定，以及《中华人民共和国未成年人保护法》《中华人民共和国母婴保健法》《中华人民共和国母婴保健法实施办法》《托儿所幼儿园卫生保健管理办法》《托育机构设置标准（试行）》《托育机构管理规范（试行）》《托育机构保育指导大纲（试行）》《托育机构婴幼儿伤害预防指南（试行）》《婴幼儿喂养健康教育核心信息》等托育服务相关的法律法规的规定。同时，托育机构负责人还应掌握《中华人民共和国食品安全法》《托儿所、幼儿园建筑设计规范》《建筑设计防火规范》《托育机构登记和备案办法（试行）》等相关法律法规的规定。

除此之外，托育机构负责人和保育人员还应参加托育服务理论与实践的相关培训。

1. 托育机构负责人的培训内容

首先，托育机构负责人应参加托育服务理论培训，具体内容如下。

（1）职业道德。负责人的职业道德培训内容包括职业认同、岗位职责、行业规范、儿童权利、婴幼儿家庭合法权益和心理健康知识。

（2）专业理念。负责人应树立儿童观、保育观、与家庭及社区合作共育观念、医育结合理念。

（3）规范发展。负责人规范发展培训的具体内容包括登记备案、托育服务协议签订、收托健康检查、收托信息管理、信息公示、机构发展规划、机构发展反思与改进。

（4）卫生保健知识。负责人需要掌握的卫生保健知识如下：① 室内外环境卫生；② 设

施设备、用品、材料等卫生消毒；③ 婴幼儿常见疾病、传染病、伤害的预防与控制；④ 科学喂养与膳食添加；⑤ 睡眠环境与照护；⑥ 晨午检与全日健康观察；⑦ 体格锻炼；⑧ 心理行为保健；⑨ 工作人员健康管理。

（5）安全防护。托育机构负责人需要掌握的安全防护知识包括安全消防知识，食品安全知识，场地设施要求，婴幼儿适龄家具、用具、玩具、图书、游戏材料的配备要求，安全防护措施和检查，突发事件应急预案与处理。

（6）保育管理。保育管理培训的具体内容包括婴幼儿生理、心理发展知识，一日生活和活动安排与组织，生活与卫生习惯培养，动作、语言、认知、情感与社会性发展等方面的保育要点，户外活动要求与组织，游戏安排与组织，环境创设与利用。

（7）人员队伍管理。人员队伍管理培训的具体内容包括人员配备与资格要求、人员劳动合同签订、人员合法权益保障、人员职位晋升与工作激励、人员岗前培训与定期培训、人员安全与法治教育、人员专业发展规划、人员心理健康管理。

（8）外部关系管理。外部关系管理培训的具体内容包括家长会议、家长接待与咨询、家长委员会、家长开放日等与家庭合作相关的要求与策略，向家庭、社区提供照护服务和指导服务的内容与策略，配合主管部门业务指导的内容与要求。

其次，托育机构负责人还应参加托育服务实践培训，具体内容如下。

（1）机构规范设置。机构规范设置实践培训的内容是观摩和学习托育机构场地、建筑设计，以及室内外环境、设施设备、图书与游戏材料等规范设置的实践活动。

（2）日常管理制度。日常管理制度实践培训的内容如下：① 信息管理、健康管理、膳食管理、疾病防控、安全防护、人员管理、人员培训、财务管理、家长与社区联系等制度的建立与实施；② 托育机构年度工作计划的制订与定期报告；③ 托育机构质量评估制度的建立与落实。

（3）保育活动组织。保育活动组织实践培训的内容如下：① 入托、晨检、饮食、饮水、如厕、盥洗、睡眠、游戏、离托等一日生活安排与指导；② 动作、语言、认知、情感与社会性发展等保育活动的组织与指导；③ 托育机构环境创设；④ 婴幼儿照护服务日常记录和反馈；⑤ 保育人员工作的检查和评估。

（4）应急管理训练。应急管理实践培训的内容如下：① 婴幼儿常见伤害急救基本技能；② 防范、避险、逃生、自救的基本方法；③ 消防、安全保卫等演练；④ 突发意外伤害的处理程序；⑤ 安全突发事件的应急处理程序。

2. 托育机构保育人员的培训内容

首先，托育机构保育人员应参加托育服务理论培训，具体内容如下。

（1）职业道德。保育人员的职业道德培训内容包括职业规范、职业责任、儿童权利保护、专业认同、人文素养、心理健康等。

（2）专业理念。保育人员应当树立儿童观、保育观和医育结合理念等。

托育服务从业人员相关的国家职业技能标准

（3）卫生保健知识。保育人员需要掌握的卫生保健知识包括卫生与消毒、物品管理、生长发育监测、体格锻炼、心理行为保健、婴幼儿常见病的预防与管理、传染病预防与控制、健康信息收集。

（4）安全防护。保育人员需要掌握的安全防护知识包括食品安全知识、环境与设施设备防护安全、婴幼儿常见伤害的预防与急救、意外事故的报告原则与流程等。

（5）生活照料。生活照料培训的具体内容包括各月龄婴幼儿的营养与喂养要点、进餐照护、饮水照护、睡眠照护、生活卫生习惯培养、出行照护等。

（6）早期发展支持。早期发展支持培训的具体内容包括婴幼儿生理、心理发展知识，婴幼儿个体差异与支持，特殊需要婴幼儿的识别与指导，活动设计与组织等。

（7）沟通与反思。沟通与反思培训的具体内容包括日常记录与反馈，与家庭、社区的沟通合作，家庭、社区科学养育指导，保育实践反思等。

其次，托育机构保育人员还应参加托育服务实践培训，具体内容如下。

（1）卫生消毒。卫生消毒实践培训的内容如下：① 活动室、卧室等室内外环境卫生清扫、检查和预防性消毒；② 抹布、拖布等卫生洁具的清洗与存放；③ 床上用品、玩具、图书、餐桌、水杯、餐巾等日常物品的清洁与预防性消毒。

（2）健康管理。健康管理实践培训的内容如下：① 晨午检及全日健康观察；② 运动和体格锻炼；③ 健康行为养成；④ 计划免疫宣传与组织；等等。

（3）疾病防控。疾病防控实践培训的内容如下：① 发热、呕吐、腹泻、惊厥、上呼吸道感染等常见疾病的识别、预防和护理；② 手足口病、疱疹性咽炎、水痘、流感等婴幼儿常见传染病的识别、报告和隔离；③ 贫血、营养不良、肥胖等营养性疾病，先天性心脏病、哮喘、癫痫等疾病婴幼儿的登记和保育护理。

（4）安全防护。安全防护实践培训的内容如下：① 窒息、跌倒伤、烧烫伤、溺水、中毒、异物伤害、动物致伤、道路交通伤害等常见伤害急救技能；② 地震等重大自然灾害的逃生流程与演练；③ 火灾、踩踏、暴力袭击等突发事件的预防与应急处理。

（5）饮食照护。饮食照护实践培训的内容如下：① 膳食搭配，辅食添加，喂养方法；② 进餐环境创设；③ 进餐看护与问题识别；④ 独立进餐、专注进食、不挑食等饮食习惯培养；⑤ 婴幼儿水杯饮水的辅助方法；等等。

（6）睡眠照护。睡眠照护实践培训的内容如下：① 睡眠环境创设，困倦信号识别，睡眠全过程观察、记录和照护；② 规律就寝、独立入睡等睡眠习惯培养；③ 睡眠问题的识别和应对；④ 婴幼儿睡眠的个别化照护；等等。

（7）清洁照护。清洁照护实践培训的内容如下：① 刷牙、洗手、洗脸、漱口和擦鼻涕等盥洗的方法；② 便器的使用方法，尿布、纸尿裤、污染衣物的更换，便后清洁的方法，如厕习惯培养，婴幼儿大、小便异常的处理；等等。

（8）活动组织与支持。活动组织与支持实践培训的内容如下：① 一日生活和活动的安排；② 生活环境和活动环境的创设与利用；③ 活动材料的配备；④ 动作、语言、认知、情感与社会性发展等活动的组织与实施；⑤ 游戏活动的支持与引导；⑥ 婴幼儿行为观察与分析；⑦ 婴幼儿需求的识别与回应；等等。

互动空间

托育机构负责人和保育人员需要学习的政策法规有什么不同？

视野纵横

如何提升托育服务从业人员技能

2019年5月10日，国务院新闻办公室举行国务院政策例行吹风会。会议中，有记者提问：“人力资源和社会保障部将如何从学历技能提升和职业资格认定方面采取措施，来缓解婴幼儿照护和人员短缺的问题？”对此，人力资源和社会保障部职业能力建设司负责人做出了如下回答。

首先，要大规模地组织开展职业技能培训，进一步扩大相关从业人员的培训规模，提高培训质量。在组织面向各类就业群体的职业培训计划（如农民工职业技能提升计划、春潮行动、技能扶贫专项行动、下岗失业人员再就业培训行动等）过程中，要把婴幼儿照护相关人员的培训作为重点，引导社会各方面加强相关工作。国务院常务会议审议确定了实施职业技能提升行动的具体措施。下一步会有很多政策出台，这些政策都有利于进一步加强婴幼儿照护服务人员职业技能培训工作，加强培训可以扩大从业人员队伍，进而缓解婴幼儿照护人员数量短缺问题。人社系统要进一步发动和组织各方面的力量，大力开展职业技能提升行动，将婴幼儿照护相关职业纳入培训范围，努力提高婴幼儿照护从业人员相关的职业能力。

其次，要深化技能人才评价制度改革。一方面，按照规定组织好保育员、育婴员等有关职业的资格评价工作，同时还将按照国务院“放管服”改革的要求，探索推动婴幼儿照护服务人员职业技能等级认定工作。目前的工作基础是已经修订并颁布了保育员、育婴员等国家职业技能标准，并且把相关的从业人员纳入了职业技能等级试点范围。下一步，将指导用人单位和有关社会培训组织开展职业技能等级评价，为从业人员提供职业技能等级服务，促进他们提高职业能力和职业素质。

最后，进一步优化和落实有关政策。将育婴员、保育员、家政服务员等与婴幼儿照护相关的从业人员的职业培训纳入急需紧缺的职业培训目录和政府补贴的职业培训目录，按照规定落实好有关的职业培训补贴政策，吸引相关的从业人员和更多的培训机构开展相关的培训。下一步，人社系统要加大政策落实力度，把涉及婴幼儿照护从业人员的培训工作做好，进一步提高培训质量，促进这部分人员提高素质和工作质量。

（资料来源：中国政府网，有改动）

三、托育服务从业人员的健康管理

上岗前健康检查和定期健康检查是托育服务从业人员健康管理必不可少的内容。

（一）上岗前健康检查

根据《托儿所幼儿园卫生保健管理办法》第十四条第一款和第三款的规定，托育机构工作人员上岗前必须经县级以上人民政府卫生行政部门指定的医疗卫生机构进行健康检查，取得

“托幼机构工作人员健康合格证”后方可上岗。精神病患者、有精神病史者不得在托育机构工作。

此外，《托儿所幼儿园卫生保健工作规范》第三部分“新设立托幼机构招生前卫生评价”关于工作人员健康检查的内容规定，托育机构的炊事人员上岗前须取得“食品从业人员健康证”。

（二）定期健康检查

根据《托育机构管理规范（试行）》第二十八条第二款的规定，托育机构应当组织在岗工作人员每年进行 1 次健康检查；在岗人员患有传染性疾病的，应当立即离岗治疗，治愈后须持病历和医疗卫生机构出具的健康合格证明，方可返岗工作。

《托儿所幼儿园卫生保健工作规范》第二部分“卫生保健工作内容与要求”关于健康检查的内容还对托育机构从业人员的定期健康检查做了以下规定。

（1）在岗工作人员患有精神疾病者，应当立即调离托育机构。

（2）患有下列症状或疾病者须离岗，持县级以上人民政府卫生行政部门指定的医疗卫生机构出具的诊断证明，并取得“托幼机构工作人员健康合格证”后，方可返托工作：① 发热、腹泻等症状；② 流感、活动性肺结核等呼吸道传染性疾病；③ 痢疾、伤寒、甲型病毒性肝炎、戊型病毒性肝炎等消化道传染性疾病；④ 淋病、梅毒、滴虫性阴道炎、化脓性或者渗出性皮肤病等。

（3）对于体检过程中发现异常者，由体检的医疗卫生机构通知托育机构的患病工作人员到相关专科进行复查和确诊，并追访诊治结果。

若托育机构不依法进行健康检查，则应承担相应的法律责任。根据《托儿所幼儿园卫生保健管理办法》第十九条第一款第二项、第三项，以及第二款的规定，托育机构聘用未进行健康检查或者健康检查不合格的工作人员，或者未定期组织工作人员健康检查的，由卫生行政部门责令限期改正，通报批评；逾期不改的，给予警告；情节严重的，由教育行政部门依法给予行政处罚。卫生行政部门应当及时将处理结果通报教育行政部门，教育行政部门将其作为托育机构分级定类管理和质量评估的依据。

实例评析

托育服务无小事，小病小痛要重视

一天，某托育机构的保育人员王老师早上起床后感觉头昏脑涨，精神状态非常不好，早饭时还出现了呕吐现象。这一现象引起了王老师的警觉——自己可能患上了某种疾病，若该疾病具有传染性，传染给机构内的孩子就麻烦了。于是，王老师立即向机构负责人请假并去医院做了相关检查，最终确认自己患上了细菌型感冒，该疾病具有一定的传染性。王老师当即通过电话与同事做了工作交接，并返回家中休息。几天后，王老师感冒症状消失，她去医疗机构复查并确认康复后，才返回工作岗位。

评析： 0～3 岁的婴幼儿抵抗力差，托育服务从业人员应该为他们建立一道健康保护屏障。与婴幼儿共同生活的保育人员，更要时刻注意自己的健康情况，严格落实托育机构的卫生健康管理制度。案例中，王老师发现自己身体异常后及时隔离就医的行为，消除了托育机构内部传染疾病的隐患。

课证对接

保育人员上岗前体检和定期体检的相关知识是保育员职业技能认定考试的考查要点。

任务实施

“学习法律，增强意识，争当先锋”知识问答

任务目的

通过知识问答，加深对托育服务从业人员管理规定的认识，熟悉托育服务从业人员的培训内容和健康管理规定，树立依法执业的从业理念。

任务描述

请以“学习法律，增强意识，争当先锋”为主题，开展知识问答活动。活动要求如下。

（1）活动分组进行，全班学生每 3 人为一组，各组选出 1 名组长。各组准备 10 个题目及其相应的答案。

（2）所准备的题目应重点考查托育服务从业人员资质要求、培训内容和健康体检等。

（3）题目应设置必要的托育服务情景，确保情景具有合理性和代入感。

任务准备

各组成员分工协作，做好资料搜集、题目设计等准备工作，并将所设计的题目及其相应的答案填入表 2-1 中。

表 2-1 设计的题目及其答案

序号	题目	答案
1		
2		
3		
4		
5		
6		
7		
8		
9		
10		

实施记录

各组成员合作开展实践活动，并将具体的实施情况记录在表 2-2 中。

表 2-2 实施情况记录

实施项目		备注
知识问答过程	1. 各组组长将准备好的题目放入纸箱，并随机抽取题目 2. 各组成员阅读组长抽取的题目，并答题 抽到的题目： 组员的回答： 3. 活动结束后，组长对本小组的知识问答情况进行总结	
心得体会		

任务评价

各组成员可参考表 2-3 所列的评价标准对任务实施过程和结果进行评价，并请老师进行点评。

表 2-3 任务实施评价表

评价项目	评价标准	分值	评价分数		教师点评
			自评	互评	
准备工作（25%）	提前搜集与托育服务从业人员管理工作相关的政策法规资料，并对所搜集的资料进行分析整理	10 分			
	提前准备知识问答的题目及其相应的答案，题目内容全面，紧扣主题，题目中的托育服务情景合理	15 分			
技能实操（50%）	小组分工明确，组员之间配合良好	5 分			
	熟练掌握托育服务从业人员培训管理的相关规定，能准确回答与托育机构员工培训内容相关的问题	15 分			
	熟练掌握托育服务从业人员的资质要求和健康管理规定，能准确判断托育机构在特定情景下对从业人员的资质要求和健康管理是否合法合规	20 分			
	答题逻辑清晰，内容准确完整	10 分			

续表

评价项目	评价标准	分值	评价分数		教师点评
			自评	互评	
结果呈现（25%）	活动节奏合理，成员知识储备丰富，呈现了一场精彩纷呈的知识盛宴	15 分			
	树立了依法执业的从业理念	10 分			
总评	自评（40%）+互评（60%）=	教师（签名）：			

任务二 熟悉婴幼儿托育服务管理规定

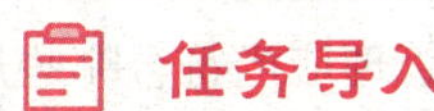

任务导入

重视健康管理，呵护幼儿成长

某托育机构在单位宣传单上写着“健康护航，快乐成长”的标语，该标语表明了该托育机构对入托婴幼儿健康的重视。该机构对婴幼儿健康的护航首先体现在入托体检管理上。每年招收婴幼儿时，该托育机构都会向家长发送入托体检的通知，入托体检通知的内容包括体检机构的名称、地址，以及体检项目和流程等。其中，体检的项目包括内科、外科、五官科、抽血化验等。只有入托体检合格的婴幼儿，才能顺利进入托育机构。对于没有按照规定进行入托体检或体检结果不合格的婴幼儿，该托育机构会通知家长暂缓婴幼儿入托，只有体检结果合格才能办理入托。

与此同时，为了进一步加强婴幼儿的健康管理，该机构每年都会组织婴幼儿进行健康体检，以便了解在托婴幼儿的生长发育情况和健康状况。对于入托体检和定期体检的结果，该托育机构会将其放入婴幼儿的健康档案，以便托育机构的保育人员和保健人员对婴幼儿进行体格发育评价、膳食营养评估等。

该托育机构的负责人赵老师表示，呵护婴幼儿健康成长是一件大事，婴幼儿健康发育是家庭、托育机构及社会的共同愿望，婴幼儿入托体检和定期体检有助于机构和家长及时了解婴幼儿的身体健康状况，进而有序地开展相关的托育服务工作，确保婴幼儿健康成长。

（资料来源：搜狐新闻，有改动）

任务清单

上述案例中，托育机构的健康管理工作起到了什么作用？你认为婴幼儿的入托体检和定期体检应符合哪些规定？婴幼儿健康档案包含哪些内容？请带着这些疑问完成以下任务。

（1）熟悉婴幼儿收托管理的规定。

引导问题 1：婴幼儿收托管理应该符合哪些规定？

（2）熟悉婴幼儿保育管理的规定。

引导问题 2：婴幼儿保育管理应当遵循哪些原则？

引导问题 3：婴幼儿保育管理应该符合哪些规定？保育管理的主要内容有哪些？

（3）了解婴幼儿健康管理和安全管理的规定。

引导问题 4：托育机构的婴幼儿健康管理应当符合哪些规定？健康管理的主要内容有哪些？

引导问题 5：托育机构的婴幼儿安全管理应当符合哪些规定？安全管理的主要内容有哪些？

婴幼儿的身体处于快速发育时期，良好的养育照护和健康管理有助于婴幼儿生理、心理和社会能力等方面的全面发展，为婴幼儿未来的健康成长奠定基础。因此，托育服务从业人员必须了解婴幼儿托育服务管理的相关规定，为婴幼儿的健康成长提供保障。下面将从婴幼儿的收托管理、保育管理、健康管理和安全管理四个方面介绍婴幼儿托育服务管理的相关规定。

一、收托管理

（一）收托管理基本规定

在收托婴幼儿时，托育机构应当从婴幼儿入托申请、托育服务协议签订、婴幼儿健康检查、入托婴幼儿信息管理制度的建立等方面做好收托管理工作，增强托育服务管理的规范性。根据《托育机构管理规范（试行）》第九条至第十二条的规定，托育机构的收托管理应遵守以下要求。

（1）婴幼儿父母或监护人（以下统称婴幼儿监护人）应当主动向托育机构提出入托申请，并提交真实的婴幼儿及其监护人的身份证明材料。

（2）托育机构应当与婴幼儿监护人签订托育服务协议，明确双方的责任、权利义务、服务项目、收费标准及争议纠纷处理办法等内容。

（3）婴幼儿进入托育机构前，应当完成适龄的预防接种（见图 2-3），经医疗卫生机构健康检查合格后方可入托；离开机构 3 个月以上的，返回时应当重新进行健康检查。

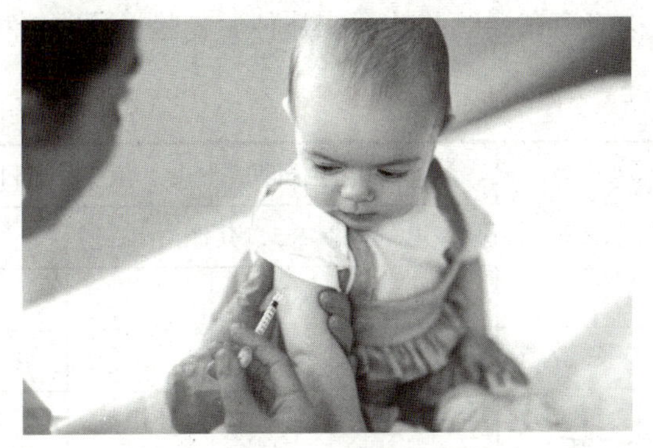

图 2-3 预防接种

南京市发布托育服务合同范本，签订托育服务协议有“样本”可依

（4）托育机构应当建立收托婴幼儿信息管理制度，及时采集、更新，定期向备案部门报送。

（二）收托管理的具体规定

1. 入托体检的管理规定

入托体检（见图 2-4）是婴幼儿收托管理的重要内容。根据《托儿所幼儿园卫生保健工作规范》第二部分“卫生保健工作内容与要求”关于儿童健康检查的规定，托育机构应确保入托体检满足如下要求。

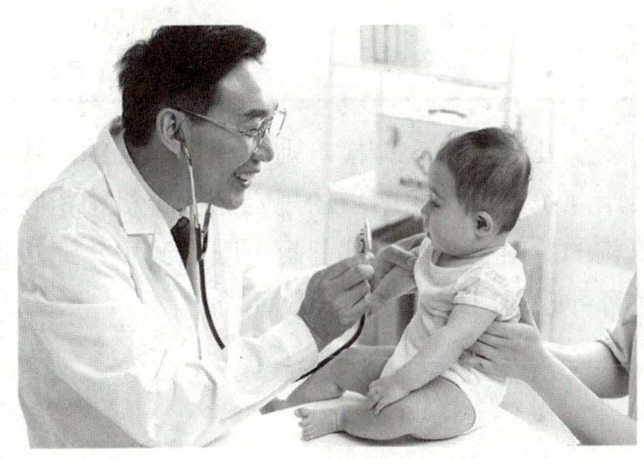

图 2-4 入托体检

（1）托育机构应当按照《托儿所幼儿园卫生保健管理办法》规定的项目开展健康检查，规范填写“儿童入园（所）健康检查表”（见表 2-4），不得违反规定擅自改变健康检查项目。承担托育机构婴幼儿入托体检的医疗卫生机构及人员应当取得相应的资格，并接受相关专业技术培训。

（2）对于婴幼儿入托体检中疑似传染病者，托育机构应当暂缓办理入托手续，告知婴幼儿监护人及时确诊治疗。

（3）婴幼儿入托时，托育机构应当查验“儿童入园（所）健康检查表”“0～6 岁儿童保健手册”“预防接种证”。

（4）发现没有“预防接种证”或未依照国家免疫规划受种的婴幼儿时，托育机构应当在 30 日内向本机构所在地的接种单位或县级疾病预防控制机构报告，督促监护人带婴幼儿到当地规定的接种单位补证或补种。托育机构应当在婴幼儿补证或补种后复验“预防接种证”。

表 2-4　儿童入园（所）健康检查表

<table>
<tr><td colspan="2">姓名</td><td></td><td>性别</td><td></td><td>年龄</td><td></td><td>出生日期</td><td colspan="3">年　月　日</td></tr>
<tr><td colspan="2">既往病史</td><td colspan="9">1．先天性心脏病　2．癫痫　3．高热惊厥　4．哮喘　5．其他</td></tr>
<tr><td colspan="2">过敏史</td><td colspan="5"></td><td colspan="2">儿童家长确认签名</td><td colspan="2"></td></tr>
<tr><td rowspan="5">体格检查</td><td>体重</td><td>kg</td><td>评价</td><td></td><td>身长（高）</td><td>cm</td><td>评价</td><td></td><td>皮肤</td><td></td></tr>
<tr><td rowspan="2">眼</td><td>左</td><td rowspan="2">视力</td><td>左</td><td rowspan="2">耳</td><td>左</td><td rowspan="2">口腔</td><td colspan="2">牙齿数</td><td></td></tr>
<tr><td>右</td><td>右</td><td>右</td><td colspan="2">龋齿数</td><td></td></tr>
<tr><td>头颅</td><td></td><td>胸廓</td><td></td><td>脊柱四肢</td><td></td><td></td><td colspan="2">咽部</td><td></td></tr>
<tr><td>心肺</td><td></td><td>肝脾</td><td></td><td>外生殖器</td><td></td><td></td><td colspan="2">其他</td><td></td></tr>
<tr><td rowspan="2">辅助检查</td><td colspan="2">血红蛋白（Hb）</td><td colspan="3"></td><td colspan="3">丙氨酸氨基转移酶（ALT）</td><td colspan="2"></td></tr>
<tr><td colspan="2">其他</td><td colspan="8"></td></tr>
<tr><td colspan="2">检查结果</td><td colspan="4"></td><td colspan="2">医生意见</td><td colspan="3"></td></tr>
<tr><td colspan="6">医生签名：
体检日期：　　年　　月　　日</td><td colspan="5">检查单位：
（检查单位盖章）</td></tr>
</table>

若托育机构不依法对婴幼儿进行入托体检，则应承担相应的法律责任。根据《托儿所幼儿园卫生保健管理办法》第十九条第一款第四项的规定，托育机构招收未经健康检查或健康检查不合格的婴幼儿入托育机构的，由卫生行政部门责令限期改正，通报批评；逾期不改的，给予警告；情节严重的，由教育行政部门依法给予行政处罚。

课证对接

托育机构婴幼儿入托体检的相关知识是保育员职业技能认定考试的考查要点。

2．离托、返托和转托的管理规定

除入托体检外，托育机构在婴幼儿离托、返托和转托时也应依法进行健康管理。根据《托儿所幼儿园卫生保健管理办法》第十八条第二款的规定，托育机构发现在托的婴幼儿患疑似传染病时应当及时通知其监护人离托诊治。患传染病的患儿治愈后，凭医疗卫生机构出具的健康证明方可入托。

根据《托儿所幼儿园卫生保健工作规范》第二部分“卫生保健工作内容与要求”关于传染病预防与控制的规定，托育机构内发生传染病时，管理人员应当按照以下规定做好防控管理并办理婴幼儿的离托、返托手续。

（1）发生传染病期间，托育机构应当加强晨午检和全日健康观察，并采取必要的预防措施，保护易感婴幼儿。对于发生传染病的班级，按要求进行医学观察，医学观察期间使该班与其他班相对隔离，不办理入托手续和转托手续。

(2) 患传染病的婴幼儿隔离期满后，凭医疗卫生机构出具的痊愈证明方可返托。根据需要，来自疫区或有传染病接触史的婴幼儿，检疫期过后方可入托。

此外，根据该规范关于健康检查的相关规定，转托的婴幼儿持原托育机构提供的“儿童转园（所）健康证明”“0～6 岁儿童保健手册”可直接转托。“儿童转园（所）健康证明”的有效期为 3 个月。

实例评析

规范收托管理，保障幼儿健康

为了加强收托管理，确保婴幼儿的安全和健康，某托育机构制订了患病婴幼儿离托和返托的管理制度，并针对该管理制度进行了宣贯培训，号召托育机构的工作人员做好外防输入、内防扩散两大环节的相关工作，一旦发现婴幼儿患疑似传染病，就要及时通知婴幼儿家长进行离托诊治，同时对患病婴幼儿所在班级进行彻底消毒，并对该班级的婴幼儿进行检疫。同时，再三强调，当患病婴幼儿痊愈后，相关工作人员要严格按照相关规定为其办理返托手续，确保其经过医疗卫生机构复查并获得疾病痊愈证明后再准许其返托。

一次，保育人员杨老师在组织托小班婴幼儿用餐时，发现幼儿小杰出现发热、鼻塞、精神不振的症状，怀疑小杰患上了某种传染性疾病。于是，杨老师按照托育机构患病婴幼儿离托和返托管理制度的相关规定，将小杰带到托育机构的保健室进行隔离。保健人员王老师经过检查，初步诊断小杰得了流行性感冒，该病具有强传染性。杨老师得知后，立即通知了小杰的家长前来将小杰带到医院做进一步的诊治。

随后，杨老师在王老师的配合下，对托小班的环境进行了彻底消毒，并对托小班的其他婴幼儿进行了为期一周的医学观察，没有再发现相关病例后才结束医学观察。两个星期后，小杰痊愈了。杨老师按照患病婴幼儿返托管理规定，确认小杰经过医疗卫生机构的复查并获得了医疗卫生机构开具的疾病痊愈证明后，为小杰办理了返托手续。

评析：案例中，该托育机构不仅制订了患病婴幼儿离托和返托制度，还开展了制度宣贯培训，增强了托育机构工作人员的制度执行力，这表明该托育机构的收托管理工作做得非常到位。托育机构的杨老师在发现小杰疑似患传染性疾病时快速进行应对，避免了流行性感冒在托育机构内的暴发。

课证对接

托育机构婴幼儿定期体检的相关知识是保育员职业技能认定考试的考查要点。

二、保育管理

保育是婴幼儿照护服务的重要组成部分，是生命周期服务管理的重要内容。托育机构的保育管理在整个托育服务工作中占据重要地位。下面将从保育管理的原则、基本规定和具体规定三个方面介绍婴幼儿托育服务的保育管理。

(一)保育管理原则

根据《托育机构保育指导大纲(试行)》第一章的相关规定,托育机构保育管理应当遵循以下四项原则。

(1)尊重儿童。“坚持儿童优先,保障儿童权利。尊重婴幼儿的成长特点和发展规律,关注个体差异,促进每个婴幼儿全面发展。”这要求托育机构在制订保育方案时以婴幼儿为主,遵循婴幼儿发展的年龄特点和个体差异,通过多种途径促进婴幼儿的身体发育和心理发展。

(2)安全健康。“最大限度地保护婴幼儿的安全和健康,切实做好托育机构的安全防护、营养膳食、疾病防控等工作。”这要求托育机构为婴幼儿提供健康、安全的活动环境,配置符合婴幼儿月龄特点的安全防护措施,制订科学营养的膳食计划和疾病防控应急预案,确保婴幼儿的安全和健康。

(3)积极回应。“提供支持性环境,敏感观察婴幼儿,理解其生理和心理需求,并及时给予积极适宜的回应。”这要求托育机构根据婴幼儿的生理和心理发展需求,创造丰富的语言环境和身体活动环境,支持婴幼儿主动探索、操作体验和互动交流,满足婴幼儿的好奇心和探索欲。

(4)科学规范。“按照国家和地方相关标准和规范,合理安排婴幼儿的生活和活动,满足婴幼儿生长发育的需要。”这要求托育机构遵守托育服务的相关政策法规,制订科学的保育方案,合理安排婴幼儿的一日生活和活动,丰富婴幼儿的直接经验。

实例评析

细心观察,积极回应

某托育机构在保育管理工作中一直坚持践行积极回应的原则,并组织机构内的保育人员参加了回应性照护的系统培训。经过培训,该机构的保育人员在开展保育保教活动时都能对婴幼儿的生理需求和心理需求做出及时而恰当的回应。

嘟嘟是该机构托小班的幼儿,入托以来的表现一直很不错。一次,嘟嘟在参加追逐游戏时突然哭起来。保育人员张老师在排除了他身体不适的原因后,向嘟嘟的家长反映了这个情况。通过与家长聊天,张老师了解到,嘟嘟前几天在家玩耍时因被邻居家的小鸡追赶而受到了惊吓,这可能是他参加追逐游戏时突然大哭的原因。找准原因后,张老师便时刻关注嘟嘟的情绪反应,并及时地予以接纳和安抚。在接下来的一段时间内,每次开展追逐游戏时,张老师一发现嘟嘟撇嘴巴,便立即上前抱着嘟嘟,并告诉他老师会一直陪着他、保护他;午休时,张老师会陪在嘟嘟身边,一看到嘟嘟皱眉,便一边轻拍嘟嘟的后背,一边小声地说:“嘟嘟别怕,老师会保护你。”张老师良好的回应性照护让嘟嘟得到了情感上的滋养,并重获了安全感。几天后,乖巧快乐的嘟嘟又回来了。

评析: 案例中的张老师在积极回应婴幼儿这方面做得很好,这得益于托育机构对保育工作管理有方。

(资料来源:潇湘晨报,有改动)

（二）保育管理基本规定

托育机构负责人负责婴幼儿保育工作的组织与管理，应当根据婴幼儿身心发展特点和规律制订科学的保育管理方案。根据《托育机构管理规范（试行）》第十六条至第二十二条的规定，托育机构应当按照以下规定进行婴幼儿保育管理。

（1）托育机构应当科学合理地安排婴幼儿的生活，做好饮食、饮水、喂奶、如厕、盥洗、清洁、睡眠、穿脱衣服、游戏活动等服务。

（2）托育机构应当顺应喂养，科学地制定食谱，保证婴幼儿膳食平衡。对于有特殊喂养需求的婴幼儿，托育机构应要求婴幼儿监护人提供书面说明。

（3）托育机构应当保证婴幼儿每日户外活动（见图 2-5）不少于 2 小时，寒冷、炎热季节或特殊天气情况下可酌情调整。

图 2-5　户外活动

（4）托育机构应当以游戏为主要活动形式，促进婴幼儿在身体发育、动作、语言、认知、情感与社会性等方面的全面发展。

（5）游戏活动应当重视婴幼儿的情感变化，注重与婴幼儿面对面、一对一的交流互动，动静交替，合理搭配多种游戏类型。

（6）托育机构应当提供适宜的刺激，丰富婴幼儿的直接经验，支持婴幼儿主动探索、操作体验、互动交流和表达表现，发挥婴幼儿的自主性，保护婴幼儿的好奇心。

（三）保育管理的具体规定

根据《托育机构保育指导大纲（试行）》第二章的规定，托育机构在婴幼儿托育服务中应当从营养与喂养、睡眠、生活与卫生习惯、动作、语言、认知、情感与社会性等方面做好保育管理工作。

1. 营养与喂养管理

托育机构应根据婴幼儿的成长与发育需求，对婴幼儿的营养与喂养进行管理。具体要求如下：① 制订膳食计划和科学食谱，为婴幼儿提供与年龄发育特点相适应的食物，确保婴幼儿规律进餐，并为有特殊饮食需求的婴幼儿提供喂养建议；② 为婴幼儿创造安静、轻松、愉快的进餐环境，协助婴幼儿进食，并鼓励婴幼儿表达需求、及时回应，顺应喂养，不强迫进食；③ 有效地控制婴幼儿的进餐时间，加强进餐看护，避免发生伤害事件。

实例评析

定制分类食谱，确保幼儿健康成长

餐点时间占据了婴幼儿在托时间的很大比例，营养与喂养管理是托育机构保育管理的重要内容。为了让婴幼儿规律进餐、营养均衡、健康成长，某托育机构在婴幼儿的营养与喂养管理上下足了功夫。

为了减少由节气变更导致的婴幼儿生病或产生不适的概率，该托育机构根据营养学理论与二十四节气保健养生理论，以应季食材为主要材料，开发了适合婴幼儿体质的节气食谱。例如，立春时，为婴幼儿准备脆生生的萝卜、小油菜、菠菜等时令蔬菜，以增强婴幼儿的身体抵抗力，防止婴幼儿因气温不稳定而感冒；立夏时，为婴幼儿准备黄瓜、莴笋、空心菜等蔬菜，以增强婴幼儿身体的水分，防止婴幼儿因天气干燥而上火。

与此同时，该托育机构根据在托婴幼儿晨检结果、定期体检结果和儿童发育曲线图，对体弱儿进行科学分析，并将其分为肥胖幼儿、挑食偏食易感型幼儿、病弱幼儿等不同类型，进而对婴幼儿的饮食做了有针对性的调整，制订了特殊食谱。

对于肥胖幼儿，该托育机构在选用食材时会用鸡胸肉替换五花肉，用蔬菜豆腐汤替换排骨汤等，以便循序渐进地改善他们的体质。

对于偏食的幼儿，该托育机构设计了一系列品尝游戏，旨在让婴幼儿从尝一尝某种食物慢慢转变为喜欢吃某种食物。例如，在餐前引导过程中，老师利用婴幼儿的好奇心开展猜谜活动，将偏食婴幼儿不喜欢吃的胡萝卜、芹菜、香菇等蔬菜分成小块放在一起，请他们随机品尝一个蔬菜块，然后猜一猜自己吃的是什么蔬菜。

通过科学的营养与喂养管理，该托育机构的在托婴幼儿不再经常生病，一些家长还反馈自己的孩子不怎么挑食了，而且保育人员在年终的婴幼儿体检中发现，所有的婴幼儿都长高长壮了。

评析：营养与喂养管理的目的是促进婴幼儿健康地生长发育，并帮助他们培养良好的饮食习惯。案例中，托育机构开发的一系列科学食谱，充分考虑了婴幼儿的生长发育特点，满足了婴幼儿的营养需求。

（资料来源：食育网，有改动）

2．睡眠管理

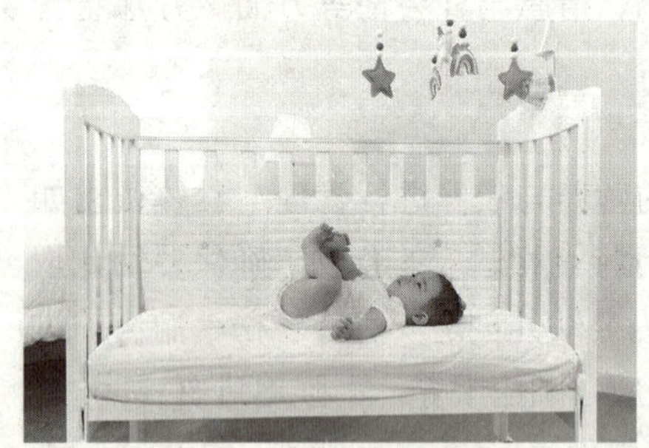

图 2-6　良好的睡眠环境

良好的睡眠有利于婴幼儿的大脑发育，可以促进婴幼儿健康成长。托育机构要为婴幼儿提供安全舒适的睡眠环境，做好睡眠管理工作。具体要求如下：① 为婴幼儿提供良好的睡眠环境（见图 2-6）和设施，确保室内温湿度适宜，在白天睡眠期间不过度遮蔽光线，设立独立床位，保障安全、卫生；② 加强睡眠过程中的巡视与照护，注意观察婴幼儿睡眠时的面色、呼吸、睡姿，避免发生伤害事件；③ 关注个体差异及睡眠问题，采取适宜的照护方式。

3．生活与卫生习惯管理

良好的生活和卫生习惯是保证婴幼儿身体健康的必要条件。托育机构应从以下几方面做好婴幼儿生活与卫生习惯的保育管理工作：① 保持生活场所的安全卫生，预防异物吸入、烧烫伤、跌落伤、溺水、中毒等伤害事件发生；② 逐渐培养婴幼儿在生活中的良好习惯，做好回应性照护，引导其逐步形成规则意识和安全意识；③ 注意培养婴幼儿良好的用眼习惯，限制其观看屏幕的时间；④ 注意培养婴幼儿良好的口腔卫生习惯，预防龋齿；⑤ 在各生活环节中做好观察，

对于精神状态不良、烦躁、咳嗽、打喷嚏、呕吐等表现的婴幼儿，要加强看护，必要时应及时隔离，并联系其家长。

4. 动作管理

精细动作的发展对于婴幼儿身体发育和智力发展有非常重要的作用。托育机构应采取有效措施，做好婴幼儿动作的保育管理工作。具体要求如下。

（1）在各个生活环节，创造丰富的身体活动环境，确保活动环境和材料安全、卫生。

（2）充分利用日光、空气和水等自然条件，引导婴幼儿进行身体锻炼，保证充足的户外活动时间。

（3）安排类型丰富的活动和游戏，并保证婴幼儿每日有强度、频次适宜的大运动活动。做好运动中的观察及照护，避免发生伤害事件。

（4）关注患病婴幼儿。对于处于急慢性疾病恢复期的婴幼儿，应及时调整活动强度和时长；对于运动发育迟缓的婴幼儿，应给予针对性指导，及时转介。

5. 语言管理

语言是婴幼儿表达需求、交流思想的重要工具，与婴幼儿认知、情感与社会性的发展密切相关。因此，托育机构要重视对婴幼儿语言能力的培养，做好婴幼儿语言方面的保育管理工作。具体要求如下：① 创设丰富的语言环境（见图 2-7），提供正确的语言示范，保持与婴幼儿的交流与沟通，引导其倾听、理解和模仿语言；② 为不同月龄婴幼儿提供合适的儿歌、故事和图画书，培养其早期阅读兴趣和习惯；③ 关注语言发展迟缓的婴幼儿，并给予个别指导。

图 2-7 语言环境

6. 认知管理

0～3 岁阶段是婴幼儿认知能力迅速发展的时期，这一阶段的认知能力发展情况对其今后的认知能力发展具有重要影响。托育机构应让婴幼儿在丰富而适宜的探索环境中发展认知能力，在观察、动手操作和思考中认识世界。具体而言，托育机构在开展婴幼儿认知能力的保育管理工作时应遵守以下要求：① 创设环境，促进婴幼儿通过视、听、触摸等多种感觉活动与环境充分互动，使其丰富认识和记忆经验；② 保护婴幼儿对周围事物的好奇心和求知欲，耐心回应婴幼儿的问题，鼓励他们自己寻找答案；③ 在确保安全健康的前提下，支持和鼓励婴幼儿主动探索。

7. 情感与社会性管理

图 2-8　规则游戏

婴幼儿情感与社会性发展的程度直接关系到其未来人格发展的方向和水平，托育机构要认识到婴幼儿情感与社会性保育管理的重要性，并根据婴幼儿的心理发展特点，科学地开展情感与社会性的保育管理工作。婴幼儿情感与社会性的保育管理要求如下：① 观察、了解每个婴幼儿独特的沟通方式和情绪表达特点，正确判断其需求，并给予及时、恰当的回应；② 与婴幼儿建立信任和稳定的情感联结，使其有安全感；③ 建立一日生活和活动常规，开展规则游戏（见图 2-8），让婴幼儿理解和遵守规则，使其逐步树立规则意识，适应集体生活；④ 创造机会，支持婴幼儿与同伴和成人的交流互动，令其体验交往的乐趣。

三、健康管理

婴幼儿健康管理是有效地预防和控制疾病发生与传播、排除潜在安全隐患、保障婴幼儿安全和健康的重要手段。托育机构应当增强健康管理意识，从晨午检与全日健康观察、定期体检、卫生与消毒、疾病预防与控制、婴幼儿健康信息管理等方面做好健康管理工作，促进婴幼儿的身心健康。

（一）健康管理基本规定

根据《托育机构管理规范（试行）》第二十三条至第二十七条的规定，托育机构应当按照以下规定进行婴幼儿健康管理。

托育机构健康管理案例

（1）托育机构应当按照有关托儿所卫生保健规定，完善相关制度，切实做好婴幼儿的健康管理，做好室内外环境卫生。

（2）托育机构应当坚持晨午检和全日健康观察，发现婴幼儿身体、精神、行为异常时，应当及时通知婴幼儿监护人。

（3）托育机构发现婴幼儿遭受或疑似遭受家庭暴力时，应当依法及时向公安机关报案。

（4）托育机构应确保婴幼儿患病期间在医院接受治疗或在家护理。

（5）托育机构应当建立卫生消毒和病儿隔离制度、传染病预防和管理制度，做好疾病预防控制和婴幼儿健康管理工作。

（二）健康管理的具体规定

1. 晨午检与全日健康观察的管理

《托儿所幼儿园卫生保健工作规范》第二部分“卫生保健工作内容与要求”关于健康检查的内容，对婴幼儿的晨午检与全日健康观察做了更为具体的规定。具体而言，托育机构应当按照如下要求对婴幼儿进行晨午检与全日健康观察。

（1）做好每日晨间或午间入园检查管理。检查内容包括询问婴幼儿在家有无异常情况，观察婴幼儿精神状况、有无发热和皮肤异常，检查婴幼儿有无携带不安全物品等，若发现问题应及时处理。

（2）安排卫生保健人员对婴幼儿进行全日健康观察，内容包括饮食、睡眠、大小便、精神状况、情绪、行为等，并做好观察及处理记录。

（3）安排卫生保健人员对在托婴幼儿进行健康监测。让卫生保健人员每日深入班级巡视2次，在发现患病、疑似传染病婴幼儿时尽快将其隔离并与其家长联系，及时将患儿送到医院诊治，并追访诊治结果。

（4）做好患病婴幼儿的健康管理。安排患病婴幼儿离托休息治疗。如果托育机构接受家长委托喂药，则应当做好药品交接和登记，并请家长签字确认。

实例评析

做好健康管理第一步——晨检

为了进一步规范婴幼儿的健康管理工作，某托育机构分别从晨午检、全日健康检查、卫生与消毒、婴幼儿定期体检、婴幼儿健康信息管理等方面制订了详细的工作流程。例如，该机构明确规定了晨检的工作流程，要求保健人员严格执行“一看、二摸、三问、四查”的晨检流程，即看看孩子面色和精神是否异常；摸摸孩子的额头，检查是否有发热症状；向家长询问孩子前一天在家时的饮食和睡眠情况；检查孩子是否随身携带不安全物品。

该托育机构的保健人员都严格执行了健康检查的相关规定。就拿晨检来说，每天早上，当孩子们入园时，保健人员杨老师便会娴熟地从兜里掏出手电筒，按照“一看、二摸、三问、四查”的晨检流程，引导孩子们张开嘴巴，仔细地查看他们的喉咙情况，然后测量体温，检查皮肤等，并将检查结果记录在晨检表上。

机构负责人赵老师表示，晨检是托育机构做好健康管理的第一步。做好晨检管理，能有效预防和控制疾病在托育机构内部的发生和传播，能及时发现和处理婴幼儿携带的不安全物品，确保在托婴幼儿的安全和健康。

评析：案例中的托育机构有很强的健康管理意识，在晨检管理方面做得很到位。该机构的保健人员杨老师按照晨检管理规定，评估婴幼儿入园时的健康状况，能及时发现、处理传染病隐患或不安全因素，保障在托婴幼儿的健康和安全。

（资料来源：人民日报，有改动）

2. 定期体检管理

对婴幼儿进行定期健康检查是预防婴幼儿常见健康问题的必要策略，也是婴幼儿健康成长的重要保障。根据《托儿所幼儿园卫生保健工作规范》第二部分“卫生保健工作内容与要求”关于健康检查的规定，托育机构应当按照以下要求进行婴幼儿的定期健康检查。

（1）确保承担婴幼儿定期健康检查的医疗卫生机构及人员取得相应的资格。婴幼儿定期健康检查项目如下：测量身长（身高）、体重，检查口腔、皮肤、心肺、肝脾、脊柱、四肢等，测查视力（见图 2-9）、听力，检测血红蛋白或血常规。

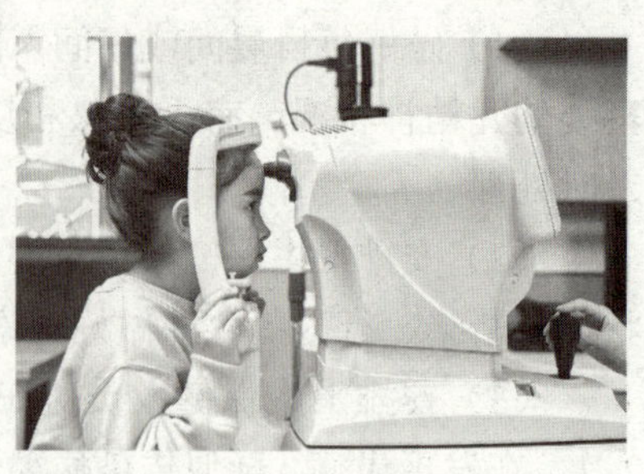
图 2-9 测查视力

（2）确保 1～3 岁婴幼儿每年健康检查 2 次，每次间隔 6 个月。其中，血红蛋白或血常规检测和听力筛查每年进行 1 次。体检后，托育机构应当及时向家长反馈健康检查的结果。

3. 卫生与消毒管理

根据《托儿所幼儿园卫生保健工作规范》第二部分“卫生保健工作内容与要求”关于卫生与消毒的规定，托育机构应当从环境卫生、个人卫生及预防性消毒三个方面进行卫生与消毒管理。

在环境卫生方面，托育机构应建立室内外环境卫生清扫和检查制度，每周全面检查 1 次并记录，在婴幼儿接触不到的地方放置防蚊虫的设备；确保室内空气清新，保持婴幼儿的床上用品、玩具、图书清洁卫生等。

图 2-10 洗手

在个人卫生方面，托育机构应确保婴幼儿日常生活用品专人专用，培养婴幼儿的良好卫生习惯，如饭前便后要洗手（见图 2-10）。同时，应规范机构工作人员的卫生习惯，使其保持仪表整洁、注意个人卫生等。

在预防性消毒方面，托育机构应定期对婴幼儿活动室、卧室进行开窗通风，确保室内空气清新；不适宜开窗通风时，应当每天对室内空气消毒 2 次。同时，托育机构要使用符合国家标准或规定的消毒器械和消毒剂，对餐桌、水杯、擦手毛巾、门把手、水龙头、床围栏、坐便器等婴幼儿经常使用或接触到的物品进行定期消毒。

课证对接

> 托育机构卫生与消毒的相关知识是保育员职业技能认定考试的考查要点。

4. 疾病预防与控制管理

《托儿所幼儿园卫生保健管理办法》第十六条规定：“托幼机构应当在疾病预防控制机构的指导下，做好传染病预防和控制管理工作。托幼机构发现传染病患儿应当及时按照法律、法规和卫生部的规定进行报告，在疾病预防控制机构的指导下，对环境进行严格消毒处理。在传染病流行期间，托幼机构应当加强预防控制措施。”同时，《托儿所幼儿园卫生保健工作规范》第二部分“卫生保健工作内容与要求”对托育机构传染病的预防与控制、常见病的预防与管理做了详细的规定。

（1）托育机构传染病的预防与控制应符合如下规定。

① 托育机构应督促家长按免疫程序和要求完成婴幼儿预防接种，让其配合疾病预防控制机构做好托育机构婴幼儿常规接种、群体性接种或应急接种工作。

② 托育机构应当建立传染病管理制度。托育机构在园内发现传染病疫情或疑似病例后，应当立即向属地疾病预防控制机构（农村乡镇卫生院防保组）报告。

③ 托育机构各班级老师应每日登记本班婴幼儿的出勤情况。对因病缺勤的婴幼儿，应当了解婴幼儿的患病情况和可能的原因，对疑似患传染病的，要及时报告给托育机构疫情报告人。机构疫情报告人接到报告后应当及时追查婴幼儿的患病情况和可能的病因，以便尽早发现传染病人。

④ 托育机构在园内发现疑似传染病例时，应当及时设立临时隔离室，对患儿采取有效的隔离控制措施。临时隔离室内环境、物品应当便于实施随时性消毒与终末消毒，控制传染病在园内暴发和续发。

⑤ 托育机构应当配合当地疾病预防控制机构对被传染病病原体污染（或可疑污染）的物品和环境实施随时性消毒与终末消毒。

⑥ 发生传染病期间，托育机构应当加强晨午检和全日健康观察，并采取必要的预防措施，保护易感婴幼儿。按要求对发生传染病的班级进行医学观察，确保医学观察期间该班与其他班相对隔离，不办理入托手续和转托手续。

⑦ 托育机构应当组织卫生保健人员定期对婴幼儿及其家长开展预防接种和传染病防治知识的健康教育，增强其防护能力和意识。传染病流行期间，加强对家长的宣传工作。

⑧ 对于患传染病的婴幼儿、来自疫区或有传染病接触史的婴幼儿，托育机构应按照有关规定办理返托手续或入托手续。

（2）托育机构常见病的预防与管理应符合如下规定。

① 托育机构应当通过健康教育普及卫生知识，培养婴幼儿良好的卫生习惯；引导婴幼儿加强体格锻炼，增强婴幼儿体质，提高他们对疾病的抵抗能力。

② 托育机构应当定期开展婴幼儿眼、耳、口腔保健，发现视力低下、听力异常、长有龋齿等问题的婴幼儿时，督促家长及时带患病婴幼儿到医疗卫生机构进行诊断及矫治。

③ 托育机构应对贫血、营养不良、肥胖等患营养性疾病的婴幼儿进行登记管理，对中重度贫血和营养不良的婴幼儿进行专案管理，督促家长及时带患病婴幼儿进行治疗和复诊。

④ 托育机构应对患有先天性心脏病、哮喘、癫痫等疾病的婴幼儿，以及有药物过敏史或食物过敏史的婴幼儿进行登记，加强对他们的日常健康观察和保育护理工作。

⑤ 托育机构应重视婴幼儿心理行为保健，开展婴幼儿心理卫生知识的宣传教育，发现存在心理行为问题的婴幼儿时应及时告知家长到医疗保健机构进行诊疗。

课证对接

托育机构传染病预防与控制、常见病预防与控制的相关知识是保育员职业技能认定考试的考查要点。

5. 婴幼儿健康信息管理

根据《托儿所幼儿园卫生保健工作规范》第二部分“卫生保健工作内容与要求”关于信息收集的规定，托育机构应当建立婴幼儿健康档案，档案应当真实、完整、字迹清晰，其内容应包括托育机构工作人员健康合格证、婴幼儿入托健康检查表、婴幼儿健康检查表或手册、婴幼儿转托健康证明。同时，托育机构应当对卫生保健工作进行记录，内容包括出勤情况、晨午检与全日健康观察、膳食管理、卫生消毒、营养性疾病情况、常见病的预防与管理、传染病的预防与控制、伤害预防和健康教育等。工作记录应当及时归档，至少保存 3 年。

此外，托育机构应组织机构工作人员定期对婴幼儿出勤、健康检查、膳食营养、常见疾病和传染病等进行统计分析，掌握婴幼儿健康及营养状况。有条件的机构可应用计算机软件对婴幼儿体格发育评价、膳食营养评估等卫生保健工作进行管理。

根据《托儿所幼儿园卫生保健管理办法》第二十一条第一款的规定，托育机构未按照规定履行卫生保健工作职责，造成传染病流行、食物中毒等突发公共卫生事件的，卫生行政部门、教育行政部门依据相关法律法规给予处罚。

四、安全管理

国务院办公厅《关于促进 3 岁以下婴幼儿照护服务发展的指导意见》明确要求“落实各类婴幼儿照护服务机构的安全管理主体责任，建立健全各类婴幼儿照护服务机构安全管理制度，配备相应的安全设施、器材及安保人员。依法加强安全监管，督促各类婴幼儿照护服务机构落实安全责任，严防安全事故发生”。这要求托育机构将安全管理放在机构日常管理工作的首要位置。

（一）安全管理基本规定

根据《托育机构管理规范（试行）》第二十九条至第三十二条的规定，托育机构应当按照以下规定进行安全管理。

（1）托育机构应当落实安全管理主体责任，建立健全安全防护措施和检查制度，配备必要的安保人员和物防、技防设施。

（2）托育机构应当建立完善的婴幼儿接送制度，婴幼儿应当由婴幼儿监护人或其委托的成年人接送。

（3）托育机构应当制订重大自然灾害、传染病、食物中毒、踩踏、火灾、暴力等突发事件的应急预案，定期对工作人员进行安全教育和突发事件应急处理能力培训。托育机构应当明确专兼职消防安全管理人员及管理职责，加强消防设施维护管理，确保用火用电用气安全。托育机构工作人员应当掌握急救的基本技能和防范、避险、逃生、自救的基本方法，在紧急情况下必须优先保障婴幼儿的安全。

（4）托育机构应当建立照护服务、安全保卫等监控体系。监控报警系统确保 24 小时设防，婴幼儿生活和活动区域应当全覆盖。监控录像资料保存期不少于 90 日。

托育贴士

托育机构在制订应急疏散预案时，可参考《中小学幼儿园应急疏散演练指南》中的一些常规应急预案及演练要点，结合实际情况进行修改和补充。在开展应急疏散演练时，可联合相关部门和专业机构，组织托育机构的工作人员和婴幼儿进行，并根据演练中发现的问题及时调整和完善应急疏散预案。

此外，《保安服务管理条例》第四条规定："保安服务公司和自行招用保安员的单位应当建立健全保安服务管理制度、岗位责任制度和保安员管理制度，加强对保安员的管理、教育和培训，提高保安员的职业道德水平、业务素质和责任意识。"自行招用保安人员的托育机构应按照上述规定制订保安服务管理制度。

互动空间

某托育机构的婴幼儿接送制度规定"家长必须凭借接送卡接送婴幼儿"，但此项规定在具体实施过程中遭到了一些婴幼儿家长的反对。这些家长认为他们和托育机构的老师已经很熟了，接送孩子时没有必要出示接送卡，而且平日出门容易忘带接送卡。在这种情况下，托育机构应如何有效地落实婴幼儿接送制度呢？请说说你的想法。

（二）安全管理的具体规定

1．伤害预防管理

在托育服务活动中，伤害（如窒息、跌倒伤、烧烫伤、溺水、中毒、异物伤害、道路交通伤害等）是婴幼儿面临的重要威胁。婴幼儿伤害事件的发生与婴幼儿自身生理特点和行为特点、被照护情况、环境等诸多因素有关。托育机构应当最大限度地保护婴幼儿的安全，切实做好伤害防控工作，建立伤害防控监控制度，制订伤害防控应急预案，重点开展以下五个方面的工作：① 根据现有法律和相关规定要求，落实安全管理的主体责任，健全细化安全防护制度，认真执行各项安全措施；② 排查并去除托育机构内环境安全隐患，提升环境安全水平；③ 规范和加强对婴幼儿的照护；④ 开展针对工作人员、家长及婴幼儿的伤害预防教育和技能培训；⑤ 加强对工作人员的急救技能培训，配备基本的急救物资。

根据《托儿所幼儿园卫生保健工作规范》第二部分"卫生保健工作内容与要求"关于婴幼儿伤害预防的规定，托育机构的各项活动应当以婴幼儿安全为前提，建立定期安全排查制度，落实预防婴幼儿伤害的各项措施。

同时，根据《托育机构婴幼儿伤害预防指南（试行）》对 3 岁以下婴幼儿常见伤害类型预防指导的规定，托育机构应当从以下七个方面做好伤害预防管理。

（1）婴幼儿窒息预防管理。托育机构应制订和落实预防婴幼儿窒息的管理细则，主要内容如下：① 婴幼儿生活环境和娱乐运动设备导致窒息风险的定期排查和清除；② 婴幼儿睡眠、喂养照护与管理；③ 婴幼儿服饰、玩具安全管理；④ 工作人员预防婴幼儿窒息的安全教育和技能培训。

（2）婴幼儿跌倒伤预防管理。托育机构应制订和落实预防婴幼儿跌倒伤的管理细则，主要内容如下：①《托儿所、幼儿园建筑设计规范》（2019 年版）相关条文的执行安排；② 婴幼儿生活环境和娱乐运动设备跌倒伤风险的定期排查和清除；③ 婴幼儿玩耍娱乐、上下楼、睡眠（见图 2-11）等活动的安全照护与管理；④ 婴幼儿服饰、玩具安全管理；⑤ 工作人员预防婴幼儿跌倒伤的安全教育和

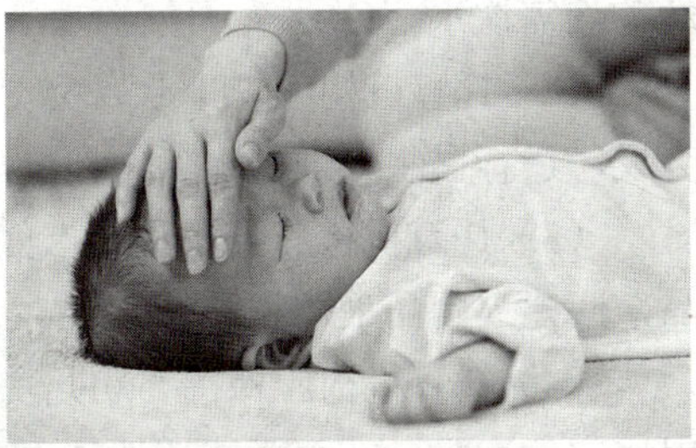

图 2-11　睡眠

技能培训。

（3）婴幼儿烧烫伤预防管理。托育机构应制订和落实预防婴幼儿烧烫伤的管理细则，主要内容如下：①《托儿所、幼儿园建筑设计规范》（2019 年版）相关条文的执行安排；② 婴幼儿生活环境烧烫伤风险的定期排查和清除；③ 婴幼儿进食、玩耍娱乐、洗浴清洁等活动照护与管理；④ 婴幼儿玩具用品、电器、取暖设备安全管理；⑤ 工作人员预防婴幼儿烧烫伤的安全教育和技能培训。

（4）婴幼儿溺水预防管理。托育机构应制订和落实预防婴幼儿溺水的管理细则，主要内容如下：① 婴幼儿生活环境溺水风险的定期排查和清除；② 婴幼儿洗浴清洁、玩耍等活动照护与管理；③ 工作人员预防婴幼儿溺水的安全教育和技能培训。

（5）婴幼儿中毒预防管理。托育机构应制订和落实预防婴幼儿中毒的管理细则，主要内容如下：① 婴幼儿生活环境中毒风险的定期排查和清除；② 婴幼儿安全用药；③ 工作人员预防婴幼儿中毒的安全教育和技能培训。

（6）异物伤害预防管理。托育机构应制订和落实预防婴幼儿异物伤害的管理细则，主要内容如下：① 婴幼儿生活环境异物伤害风险的定期排查和清除；② 婴幼儿饮食、玩耍等活动照护与管理；③ 婴幼儿食物、玩具、儿童用品安全管理；④ 工作人员预防婴幼儿异物伤害的安全教育和技能培训。

（7）道路交通伤害预防管理。托育机构应制订和落实预防婴幼儿道路交通伤害的管理细则，主要内容如下：① 托育机构车辆安全要求和管理制度，携带婴幼儿出行安全管理制度；② 托育机构内车辆行驶、停放安全管理制度，运输婴幼儿出行车辆驾驶员的资质要求，儿童安全座椅安全使用要求；③ 工作人员预防婴幼儿道路交通伤害的安全教育和技能培训。

课证对接

托育机构伤害预防管理的相关知识是保育员职业技能认定考试的考查要点。

2. 食品安全管理

根据《托儿所幼儿园卫生保健工作规范》第二部分“卫生保健工作内容与要求”关于膳食管理的规定，托育机构食堂应当按照《中华人民共和国食品安全法》及其实施条例等有关法律法规的要求，取得“餐饮服务许可证”，建立健全各项食品安全管理制度。同时，托育机构的食品安全管理还应符合下列规定。

（1）托育机构应当为婴幼儿提供符合国家《生活饮用水卫生标准》的生活饮用水，保证婴幼儿按需饮水。

（2）托育机构应安排专人负责婴幼儿膳食，建立有家长代表参加的膳食委员会并定期召开会议，进行民主管理；将工作人员与婴幼儿膳食严格分开。

（3）托育机构应当在具有“食品生产许可证”或“食品流通许可证”的单位采购婴幼儿食品，应建立食品采购和验收记录。

（4）托育机构应保持婴幼儿食堂内外环境整洁；确保食品加工用具生熟标识明确、分开使用、定位存放；在食堂或清洗消毒间集中清洗消毒餐饮具、熟食盛器，消毒后保洁存放；确保库存食品有序分类、注有标识、注明保质日期、定位储藏。

（5）托育机构应确保加工食物的安全与卫生，禁止加工变质、有毒、不洁、超过保质期的食物，不得制作和提供冷荤凉菜。同时，做好食品留样管理，留样食品按品种分别盛放于清洗消毒后的密闭专用容器内，在冷藏条件下存放 48 小时以上；确保每样品种不少于 100 克，以满足检验需要，并做好记录。

课证对接

托育机构婴幼儿食品采购与加工管理的相关知识是育婴员职业技能认定考试的考查要点。

3．消防安全管理

《托育机构消防安全指南（试行）》对托育机构的消防安全管理做了如下规定。

（1）托育机构应落实全员消防安全责任制。法定代表人、主要负责人或实际控制人是本机构的消防安全第一责任人，消防安全管理人应负责具体落实消防安全职责。托育服务从业人员应落实本岗位的消防安全责任。托育机构与租赁场所的业主方、物业方在租赁协议中应明确各自的消防安全责任。

（2）托育机构应制订安全用火用电用气、防火检查巡查、火灾隐患整改、消防培训演练等消防安全管理制度。

（3）托育机构应严格落实防火巡查、检查要求，及时发现并纠正违规用火用电用气和锁闭安全出口等行为，对检查发现的火灾隐患，应及时予以整改。

（4）托育机构应定期开展消防安全培训，从业人员培训合格后方可上岗，上岗后每半年至少接受一次消防安全培训，尤其是加强协助婴幼儿疏散逃生技能的培训。

（5）托育机构应定期检验维修消防设施，至少每年开展一次全面检测，确保消防设施完好有效，不得遮挡、损坏、挪用消防设施器材。

此外，该指南还对托育机构的用火用电用气安全管理、易燃可燃物安全管理、安全疏散管理和应急处置管理做了具体规定。托育机构应当按照该指南的规定，做好托育机构的消防安全管理工作，确保婴幼儿的安全。

任务实施

制订“婴幼儿托育服务管理制度”

任务目的

通过制订管理制度，加强对婴幼儿托育服务管理的认识，熟练掌握婴幼儿收托管理、保育管理、健康管理和安全管理的相关规定，增强依法执业的意识。

任务描述

假设你是一家托育机构的负责人，请根据婴幼儿托育服务管理的相关规定，制订“婴幼儿托育服务管理制度”。制度名称和内容可自行拟定，也可从下列制度清单中选择一项：婴幼儿一日生活制度、婴幼儿接送制度、婴幼儿收托制度、婴幼儿睡眠制度、婴幼儿饮食制度、婴幼儿游戏制度、婴幼儿信息管理制度、婴幼儿伤害预防制度等。

活动分组进行，全班学生先自行分组，每组选出 1 名组长。完成制度编写后，各组在班级内进行分享，并说明制度的制订思路。各小组组长担任评委，对每个小组制订的制度进行评选投票，并将票数排名前三的制度贴在班级宣传栏内进行为期一周的展示。

任务准备

全班学生每 3 人为一组，各组组长组织小组成员分工协作完成资料搜集、分类整理、思路设计等准备工作。

实施记录

各组合作完成制度的拟定任务，并将任务实施的相关情况记录在表 2-5 中。

表 2-5　实施情况记录

<table>
<tr><th colspan="2">实施项目</th><th>备注</th></tr>
<tr><td>制度名称</td><td></td><td></td></tr>
<tr><td>制订过程</td><td>1. 确定制度的指导思想、适用范围和目标
2. 编写制度草案。草案的整体框架如下
3. 组内讨论并修改草案，形成最终的制度</td><td></td></tr>
<tr><td>班级分享过程</td><td>1. 确定分享顺序
2. 小组成员简述制度的制订思路
3. 组长投票评选各组制订的制度
各组组长有且仅有三次投票机会，且不参与评选自己小组制订的制度
4. 分享活动结束后，将排名前三的制度方案粘贴在班级宣传栏内</td><td></td></tr>
<tr><td>心得体会</td><td colspan="2"></td></tr>
</table>

任务评价

各组成员可参考表 2-6 所列的评价标准对任务实施过程和结果进行评价，并请老师进行点评。

表 2-6 任务实施评价表

评价项目	评价标准	分值	评价分数		教师点评
			自评	互评	
准备工作（10%）	提前确定制度的名称、指导思想、适用范围和目标	5 分			
	提前搜集托育服务管理制度的相关资料，做好编写准备	5 分			
技能实操（65%）	小组分工明确，组员之间配合良好	5 分			
	熟练掌握婴幼儿收托管理、保育管理、健康管理和安全管理的相关规定，在制订制度的过程中，能合理提出质疑，积极参与讨论	15 分			
	能准确搜集与婴幼儿托育服务管理相关的政策法规资料及其他相关资料，并对所搜集的资料进行分类整理	15 分			
	能对所搜集到的资料进行归纳总结，并用精练的语言表述出来	15 分			
	能精心打磨制度中的每一项内容，使制度内容层次分明、条理清晰	15 分			
结果呈现（25%）	制度条文简明扼要，内容清晰，逻辑严谨，操作性强	15 分			
	增强了依法执业的意识	10 分			
总评	自评（40%）+互评（60%）=	教师（签名）：			

任务三 熟悉家托沟通管理规定

任务导入

家托共同努力，解决宝宝挑食难题

刘老师是某托育机构托大班的保育人员。该托育机构托大班的一名幼儿妮妮给刘老师带来了困扰：妮妮只喜欢吃饼干和糕点，不吃从没见过的食物、颜色太深的食物、难咀嚼的食物等。如果强制她吃某种食物，她就会大喊大叫，甚至哭闹。这种行为还会引起其他幼儿的效仿。刘老师意识到了妮妮挑食的严重性，决定和妮妮的家长好好聊聊。

与妮妮家长沟通后，刘老师了解到，妮妮养成挑食习惯的主要原因有以下两点：第一，妮妮的父母平时工作较忙，妮妮在家的饮食都由其奶奶包办，而奶奶十分溺爱妮妮，完全根据妮妮的喜好安排饮食；第二，妮妮体弱多病，在她上托小班期间，其家人经常在午餐时间将其接走，托小班的保育老师没有发现和纠正妮妮的挑食习惯。针对以上情况，刘老师为妮妮的家长讲解了科学的幼儿饮食观，并强调了其重要性，让家长认识到幼儿长期挑食带来的负面影响，最后与妮妮的家长达成了一致意见，打算共同帮助妮妮养成良好的饮食习惯。

在刘老师和妮妮家长的共同努力下，妮妮的饮食习惯得到了很大的改善。

（资料来源：参考网，有改动）

任务清单

对于上述案例，你认为刘老师与妮妮家长的沟通、合作起到了哪些作用？你认为托育机构应该怎样进行家托沟通？家托沟通管理包括哪些内容？请带着这些疑问完成以下任务。

（1）熟悉日常家托联系的相关法律规定。

引导问题 1：日常家托联系管理包括哪些内容？

（2）熟悉家长委员会的相关法律规定。

引导问题 2：家长委员会具有哪些职责？

（3）了解家长开放日和家庭照护指导的相关法律规定。

引导问题 3：托育机构的家庭开放日具有哪些作用？

引导问题 4：托育机构提供的家庭照护指导包括哪些内容？

“家庭为主，托育补充”是国务院办公厅《关于促进 3 岁以下婴幼儿照护服务发展的指导意见》关于促进婴幼儿照护服务发展的基本原则之一，家庭对婴幼儿照护负主体责任，发展婴幼儿照护服务的重点是为家庭提供科学养育指导，并为确有困难的家庭或婴幼儿提供必要的服务。根据《托育从业人员职业行为准则（试行）》的规定，托育服务从业人员要注重与婴幼儿家庭密切合作，保持经常性良好沟通，传播科学育儿理念，提供家庭照护指导服务。

由此可见，家托沟通是托育机构管理的重要内容之一。下面将从日常家托联系、家长委员会、家长开放日及家庭教育指导四个方面介绍家托沟通管理的相关法律规定。

一、日常家托联系管理

《托育机构管理规范（试行）》第十三条第一款规定：“托育机构应当建立与家长联系的制度，定期召开家长会议，接待来访和咨询，帮助家长了解保育照护内容和方法。”日常家托联系能帮助家长及时、准确、全面地了解托育机构工作人员对婴幼儿的照护情况，同时让工作人员了解家庭在照护婴幼儿的过程中遇到的问题和困难，及时地为家长提供有针对性的指导和帮助。托育机构应加强托育机构工作人员和婴幼儿家长之间的日常联系，做好日常家托联系管理。

日常家托联系管理的内容主要包括反馈婴幼儿情况、了解家长需求、公示托育机构服务项目等。

（1）反馈婴幼儿情况。根据《托育机构管理规范（试行）》第二十二条的规定，托育机构应当建立照护服务日常记录和反馈制度，定期与婴幼儿监护人沟通婴幼儿发展情况。

（2）了解家长需求。国务院办公厅《关于促进3岁以下婴幼儿照护服务发展的指导意见》提出了“加强对家庭的婴幼儿早期发展指导，通过入户指导、亲子活动（见图2-12）、家长课堂等方式，利用互联网等信息化手段，为家长及婴幼儿照护者提供婴幼儿早期发展指导服务，增强家庭的科学育儿能力”的主要任务。据此，托育机构应当切实了解婴幼儿家长在实际照护婴幼儿时遇到的难题和疑惑，并安排机构工作人员对家长进行指导。

图2-12　亲子活动

（3）公示托育机构的服务项目。根据《托育机构管理规范（试行）》第十五条的规定，托育机构应当建立信息公示制度，定期公示收费项目和标准、保育照护、膳食营养、卫生保健、安全保卫等情况，接受监督。

二、家长委员会的建立

《托育机构管理规范（试行）》第十三条第二款规定：“托育机构应当成立家长委员会，事关婴幼儿的重要事项，应当听取家长委员会的意见和建议”。同时，教育部于2012年2月17日发布了《关于建立中小学幼儿园家长委员会的指导意见》，该意见对建立家长委员会的意义，以及家长委员会的基本职责、组建、作用等做出了明确规定。托育机构可参照该指导意见的规定组建家长委员会并确定其基本职责。

（1）组建家长委员会。托育机构应组织婴幼儿家长，按照一定的民主程序，本着公正、公平、公开的原则，在自愿的基础上，选举出能代表全体家长意愿的在托婴幼儿家长组成家长委员会；确保家长委员会成员持有正确的育儿理念，掌握科学的保育和照护方法，热爱托育服务工作，富有奉献精神，有一定的组织和协调能力，善于听取意见，办事公道，责任心强，能赢得广大家长的信赖。

（2）确定家长委员会的基本职责。家长委员会的基本职责主要包括以下三个方面。

① 参与托育机构的管理。家长委员会应对托育机构的工作计划和重要决策，特别是事关婴幼儿和家长切身利益的事项，提出意见和建议；对托育机构的婴幼儿照护管理工作予以支持，进行积极配合；对托育机构开展的托育服务活动进行监督，帮助托育机构改进工作。

② 参与托育机构的照护服务工作。家长委员会应为托育服务活动提供支持，为托育机构提供志愿服务，宣传正确的照护理念和科学的育儿方法。

③ 促进托育机构与家长之间的有效沟通。家长委员会应向家长通报托育机构近期的重要工作和准备采取的重要举措，听取并转达家长对托育机构工作的意见和建议；及时地向托育机构反映家长的意愿，听取并转达托育机构对家长的希望和要求，促进托育机构和家长的相互理解。

家长委员会是托育机构与家长之间、家长与家长之间沟通的桥梁，托育机构要按照相关规定组建家长委员会，并确保家长委员会按照相关规定履行职责。

三、家长开放日的设立

《托育机构管理规范（试行）》第十三条第三款规定："托育机构应当建立家长开放日制度"。家长开放日是托育机构定期或不定期地向婴幼儿家长开放，届时邀请家长来托育机构观摩和参观的活动日。家长开放日的活动内容可包括观摩婴幼儿在托活动、展示婴幼儿能力、开展亲子活动等，目的是让家长能亲身参与和体验婴幼儿照护活动。家长开放日的活动形式是丰富多样的，托育机构应在活动过程中及时准确地记录家长的反馈意见。

家长开放日能让婴幼儿家长深入了解婴幼儿在托的情况，了解机构工作人员的专业水平，并向机构工作人员学习照护理念、照护方法和技能，同时也便于托育机构收集家长意见。托育机构做好家长开放日的管理，可以帮助家长和托育机构工作人员不断积累婴幼儿照护经验，促进家托之间的良好沟通。

四、家庭照护指导的开展

家庭照护指导是托育机构工作人员向家长普及婴幼儿照护知识和方法的系列活动。国务院办公厅印发的《"十四五"国民健康规划》明确提出了"加强对家庭的婴幼儿早期发展指导，研究出台家庭托育点管理办法，支持隔代照料、家庭互助等照护模式，鼓励专业机构和社会组织提供家庭育儿指导服务。支持'互联网+托育服务'发展，打造一批关键共性技术网络平台及直播教室，支持优质机构、行业协会开发公益课程，增强家庭的科学育儿能力"的规划。这要求托育机构作为专业的婴幼儿照护机构为家庭提供育儿指导服务。

同时，《全国家庭教育指导大纲（修订）》提出，家庭教育指导工作应坚持思想性、科学性、儿童为本、家长主体四大原则。托育机构应结合 0～3 岁婴幼儿的发展特点和家庭照护现状分析来确定家庭照护指导的内容，并根据《全国家庭教育指导大纲（修订）》中家庭教育指导的相关规定来开展家庭照护指导工作。

托育贴士

0～3 岁婴幼儿的身心发展特点如下：① 身高和体重迅速增长，神经系统结构发展迅速；② 感知觉飞速发展；③ 发育遵循由头至脚、由大动作至小动作的发展原则，逐步掌握人类行为的基本动作；④ 语言能力迅速发展；⑤ 表现出一定的交往倾向，乐于探索世界；⑥ 对家长有强烈依赖感；⑦ 道德发展处于前道德期（即无道德观念和意识）。

具体而言，托育机构在开展家庭照护指导工作时应把握以下要点。

（1）提倡母乳喂养。指导乳母加强乳房保健，在产后尽早用正确的方法哺乳；指导乳母在睡眠、情绪和健康等方面保持良好状态，科学饮食，增加营养；指导家长在母乳不充分的阶段采取科学的混合喂养，适时添加辅食。

（2）鼓励家长主动学习婴幼儿日常养育和照护的科学知识与方法。具体包括引导家长带领婴幼儿开展适当的运动、游戏，增强婴幼儿体质；指导家长培养婴幼儿卫生习惯，做好婴幼儿生长发育监测，学会倾听、分辨和理解婴幼儿的多种表达方式；等等。

（3）制订生活规则。指导家长根据婴幼儿的成长规律及特点制订日常生活规则，按照规则指导婴幼儿的行为；指导家长采用鼓励、表扬等正面教育为主的方法，培养婴幼儿健康生活方式。

（4）丰富婴幼儿感知经验。指导家长创设婴幼儿充分活动的空间与条件，充分利用日常生活环境中的物品和现象，让婴幼儿在爬行、观察、听闻、触摸等活动过程中获得各种感知经验，促进感官能力发展。

（5）关注婴幼儿需求。指导家长为婴幼儿提供抓握、把玩、涂鸦、拆卸等活动的机会、工具和材料，用多种形式发展婴幼儿的小肌肉精细动作和大肌肉活动能力；指导家长分享婴幼儿的快乐，满足婴幼儿好奇、好玩的认知需要，激发婴幼儿的想象力和好奇心。

（6）提供言语示范。指导家长为婴幼儿创设宽松愉快的语言交往环境，通过表情、肢体、语言等多种方式与婴幼儿交流；指导家长提高自身语言表达素养，为婴幼儿提供良好的言语示范；指导家长为婴幼儿的语言学习提供丰富的机会，运用多种方法鼓励婴幼儿表达；指导家长积极回应婴幼儿，鼓励婴幼儿之间的模仿和交流。

（7）增强安全意识。增强家长有效看护意识，指导家长消除居室和周边环境中的危险因素，防止婴幼儿意外伤害的发生。

（8）加强亲子陪伴。指导家长认识陪伴对婴幼儿成长的重要性，学会建立良好的亲子依恋关系，不用电子产品代替家长陪伴婴幼儿，多与婴幼儿一起进行亲子阅读（见图 2-13）；指导家长学习亲子沟通的技巧，与婴幼儿建立开放的沟通模式；指导家长关注、尊重、理解婴幼儿的情绪，合理对待婴幼儿的过度情绪化行为，有针对性地实施适合婴幼儿个性的教养策略，培育婴幼儿良好情绪；指导家长处理好多子女家庭的亲子关系、子女间的关系，让每个婴幼儿都得到健康发展。

图 2-13　亲子阅读

（9）注重发挥家庭各成员角色的作用。指导家长积极发挥父亲在家庭教育中的作用；让家长了解父辈祖辈联合教养幼儿的正面价值，适度发挥祖辈参与的作用，引导祖辈树立正确的教养理念。

（10）做好入托准备。指导家长认识婴幼儿社会性发展的重要性，珍视托育机构照护的价值。入托前，指导家长有意识地培养婴幼儿一定的生活自理能力及对简单规则的理解能力；入托后，指导家长与托育机构工作人员积极沟通，共同帮助婴幼儿适应入托环境，平稳度过入托分离焦虑期。

家庭教育指导活动能为家长提供学习婴幼儿照护知识的渠道，能有效推动家托共育，有利于婴幼儿的健康成长。托育机构应按照相关规定制订家庭教育指导制度，做好家庭照护指导工作。

知识链接

家庭指导教育的核心理念

根据《全国家庭教育指导大纲（修订）》的规定，托育机构应围绕以下核心理念开展家庭指导教育。

（1）家庭教育是学校教育和社会教育的基础。

（2）家庭教育重在教孩子如何做人。

（3）家长是家庭教育的责任主体。

（4）家庭教育是家长和孩子共同成长的过程。

（5）家庭建设是家庭教育的重要保障。

（6）尊重儿童成长规律是家庭教育的前提。

（7）尊重和保护儿童权利是家庭教育的基础。

（8）家庭、学校、社会是促进儿童健康成长的共同体。

任务实施

“规范家托沟通管理，丰富家托共育形式”情景表演

任务目的

通过情景表演，加深对日常家托联系管理的认识，明确家托沟通的重要性，增进对家长开放日制度的理解。

任务描述

请以“规范家托沟通管理，丰富家托共育形式”为主题，进行情景表演。活动的要求如下。

（1）设计托育服务情景（如向家长反馈婴幼儿情况、组织家长建立家长委员会、开展家长

开放日活动、指导家长学习婴幼儿照护知识等)，所设计的情景应突显托育机构家托沟通管理工作的重要性。

（2）根据家托沟通管理的相关规定开展情景表演，确保表演贴合活动主题。

表演分组进行，表演顺序由各小组抽签决定，每组的表演时长为3～5分钟。

任务准备

全班学生每4～6人为一组，各组选出1名组长，由组长组织小组成员分工协作完成情景构思、剧本设计等准备工作。

实施记录

各组根据活动要求设计情景表演剧本，并将剧本大纲和表演实况记录填入表2-7中。

表2-7　剧本大纲和表演实况记录

实施项目	实况记录		备注
剧本创作	情景剧名称		
	剧本内容	1．确定故事发生的时间和地点 2．确定故事线	
	剧本角色及其扮演者		
表演实况	1．简述情景表演的整体情况 2．对情景表演所要表达的主题和所要突显的知识要点进行简要说明 3．记录表演效果和观众反应		
心得体会			

任务评价

各组成员可参考表2-8所列的评价标准对任务实施过程和结果进行评价，并请老师进行点评。

表2-8　任务实施评价表

评价项目	评价标准	分值	评价分数		教师点评
			自评	互评	
准备工作（15%）	提前确定剧本名称、内容和角色	5分			
	剧本内容有创意，情节完整	10分			

续表

评价项目	评价标准	分值	评价分数		教师点评
			自评	互评	
技能实操（55%）	小组分工明确，组员之间配合良好	5分			
	熟练掌握管理日常家托联系、建立家长委员会、设立家长开放日、开展家庭照护指导的相关规定，并能根据家托沟通管理的相关规定设计托育服务情景	20分			
	在活动中，能明确家长委员会的职责，充分发挥家长开放日的作用，并能将家庭照护指导的要点融入情景表演	15分			
	能运用所学知识巧妙地应对表演情景中的各种情况	15分			
结果呈现（30%）	表演时吐字清晰，节奏紧凑，富有感染力；演员精神饱满，仪态大方得体；在规定时间内结束表演	15分			
	加深了对家托沟通管理规定的认识，增强了“家托沟通，共同照护”的意识	15分			
总评	自评（40%）+互评（60%）=	教师（签名）：			

任务四　了解托育机构监督管理规定

任务导入

监督管理为托育服务保驾护航

为了进一步规范托育机构的日常管理，切实提升3岁以下婴幼儿照护服务水平，某市某区卫生计生监督所组织执法人员对辖区内托育机构开展了专项卫生监督检查。

执法人员通过实地查看、查阅资料、现场提问等方式，对托育机构备案情况、保健室设置及设施配备、从业人员及其资质、托育机构卫生保健工作制度建立与落实、入托和在托婴幼儿的体检、生活饮用水（桶装水）卫生情况、食堂食品留样及记录、传染病防控、物资储备、突发公共卫生事件应急处置等内容进行了监督检查。针对检查中发现的问题，执法人员向存在问题的托育机构下达了《卫生监督意见书》，同时提出了整改意见，责令其限期整改，并对其进行跟踪复查。对于拒不整改或整改不到位的托育机构，执法人员将依法进行处罚，并在官方网站上进行公示曝光。

执法人员表示，此次卫生监督检查行动查出了不少有问题的托育机构，今后卫生计生监督所将进一步加大监督检查力度，确保婴幼儿照护服务符合国家相关标准和规范，并严格落实安全防护措施，有效管控安全风险，严守健康和安全底线，为辖区内 3 岁以下婴幼儿照护服务保驾护航。

（资料来源：漯河市郾城区人民政府网，有改动）

任务清单

你认为上述案例中该市某区卫生计生监督所的监督检查起到了哪些作用？托育机构的监督管理涉及哪些方面的内容？这些方面分别由哪些机构负责？请带着这些疑问完成以下任务。

（1）熟悉托育机构监督管理的相关规定。

（2）掌握托育机构监督管理的基本规范。

引导问题 1：托育机构的自我监督管理和社会监督管理应符合哪些规定？

引导问题 2：托育机构应接受哪些职能部门的监督管理？

一、托育机构监督管理的相关规定

中共中央、国务院《关于优化生育政策促进人口长期均衡发展的决定》对综合监管普惠托育服务体系做出了如下规定："各类机构开展婴幼儿照护服务必须符合国家和地方相关标准和规范，并对婴幼儿安全和健康负主体责任。地方政府要承担监管责任，建立健全登记备案制度、信息公示制度、评估制度，加强动态管理，建立机构关停等特殊情况应急处置机制。"

同时，国务院办公厅《关于促进 3 岁以下婴幼儿照护服务发展的指导意见》对婴幼儿照护服务的监督管理做了如下规定："建立健全业务指导、督促检查、考核奖惩、安全保障和责任追究制度，确保各项政策措施、规章制度落实到位。按照属地管理和分工负责的原则，地方政府对婴幼儿照护服务的规范发展和安全监管负主要责任，制定婴幼儿照护服务的规范细则，各相关部门按照各自职责负监管责任。对履行职责不到位、发生安全事故的，要严格按照有关法律法规追究相关人员的责任。"该意见要求各地"积极发挥工会、共青团、妇联、计划生育协会、宋庆龄基金会等群团组织和行业组织的作用，加强社会监督，强化行业自律，大力推动婴幼儿照护服务的健康发展"。

因此，托育机构要按照规定接受来自职能部门和社会的监督，规范地组织和开展婴幼儿照护服务。同时，根据《托育机构管理规范（试行）》的相关规定，托育机构还应做好自我监督管理。

二、托育机构监督管理的基本规范

（一）自我监督管理

《托育机构管理规范（试行）》第三十七条规定："托育机构应当加强党组织建设，积极支持工会、共青团、妇联等组织开展活动。托育机构应当建立工会组织或职工代表大会制度，依法加强民主管理和监督。"这要求托育机构建立工会组织或员工代表大会制度，切实保障员工参与托育机构的民主管理和民主监督的权利，保证员工对托育机构重大事项决策的知情权和民主参与权。

《托育机构管理规范（试行）》第三十八条规定："托育机构应当制订年度工作计划，每年年底向卫生健康部门报告工作，必要时随时报告。"这要求托育机构制订年度工作计划，明确员工职责，加强机构各部门的平行监督，并按照计划开展托育服务工作。

（二）职能部门监督管理

国务院办公厅《关于促进 3 岁以下婴幼儿照护服务发展的指导意见》提出了"婴幼儿照护服务发展工作由卫生健康部门牵头，发展改革、教育、公安、民政、财政、人力资源社会保障、自然资源、住房城乡建设、应急管理、税务、市场监管等部门要按照各自职责，加强对婴幼儿照护服务的指导、监督和管理"的组织实施意见。同时，《托育机构管理规范（试行）》第三十九条规定："各级妇幼保健、疾病预防控制、卫生监督等机构应当按照职责加强对托育机构卫生保健工作的业务指导、咨询服务和监督执法。"

根据以上规定，托育机构应依法接受卫生健康部门、疾病预防控制机构、食品药品监督管理部门、应急管理部门、公安部门等有关部门的检查、监督和管理，并给予积极的配合，不得拒绝或妨碍检查、监督和管理工作的正常进行。

扫一扫

南京市托育机构监督检查的相关规定

（三）社会监督管理

《托育机构管理规范（试行）》第四十条规定："建立托育机构信息公示制度和质量评估制度，实施动态管理，加强社会监督。"这要求托育机构建立信息公示制度和质量评估制度，及时向家长和社会公示机构的招生规定、收费项目与标准等事项，接受社会监督。

任务实施

"加强监管，促进规范"辩论赛

任务目的

通过辩论赛，深入理解托育机构监督管理的重要性，熟悉托育机构自我监督管理、职能部门监督管理和社会监督管理的相关规定，培养规范经营托育机构的意识。

任务描述

请以“加强监管，促进规范”为主题开展辩论比赛。辩论的议题如下。

（1）在规范发展托育服务活动过程中，政府部门监督管理更重要，还是社会监督管理更重要？

正方：政府部门监督管理更重要。

反方：社会监督管理更重要。

（2）为确保托育机构的规范运行，机构自我监督管理更重要，还是员工自律更重要？

正方：托育机构的自我监督管理更重要。

反方：托育机构的员工自律更重要。

（3）托育服务的质量管理在于监督还是执行？

正方：托育服务的质量管理关键在于监督。

反方：托育服务的质量管理关键在于执行。

活动要求如下。

（1）比赛分组进行，分组前先选出 1 名主持人。各组抽签决定辩论的议题和正反方，抽到同一题目的正、反两方互相对决。

（2）按照辩论议题搜集与托育机构自我监督管理、职能部门监督管理和社会监督管理相关的政策法规及其他资料，并进行分析整理。

（3）辩论结束后，教师对正反双方的表现进行点评。

任务准备

全班学生每 4～6 人为一组，各组选出 1 名组长。由组长组织小组成员分工协作完成资料搜集、分类整理等准备工作。

实施记录

各组分工协作，开展实践活动，并将具体的实施情况记录在表 2-9 中。

表 2-9　实施情况记录

实施项目	实况记录	备注
资料搜集	1. 各小组组长抽签决定辩论的议题和论点立场（正方或反方） 辩论议题的序号： 辩论的观点： 2. 根据辩论观点搜集资料，并对所搜集的资料进行分析和整理	
辩论过程	1. 主持人宣布辩题并介绍参赛组的观点 2. 立论阶段：双方一辩（先正方）分别阐述己方观点，各 3 分钟	

续表

实施项目	实况记录	备注
辩论过程	3．攻辩阶段（每次提问不超过10秒，每次回答不超过20秒） （1）正方二辩向反方二辩和反方三辩提出三个问题 （2）反方二辩向正方二辩和正方三辩提出三个问题 4．自由辩论阶段：双方（正方先陈述）开始自由提问（各5分钟） 5．总结陈词阶段：双方（反方先陈述）四辩总结陈词（各3分钟） 6．老师对正反双方辩论表现进行点评，并选出表现较好的一方作为胜出方	
心得体会		

任务评价

各组成员可参考表2-10所列的评价标准对任务实施过程和结果进行评价，并请老师进行点评。

表2-10　任务实施评价表

评价项目	评价标准	分值	评价分数		教师点评
			自评	互评	
准备工作（15%）	提前确定辩论的议题、所持观点和小组辩手	5分			
	根据己方观点准备辩论资料，包括立论资料、提问资料及应对提问的资料等	10分			
实施过程（60%）	小组分工明确，组员之间配合良好	5分			
	能熟练掌握托育机构监督管理的相关规定，并将其灵活运用在己方的辩论观点中	10分			
	能准确搜集与己方观点相关的资料，并对所搜集的资料内容进行提炼，以支撑己方观点	10分			
	能根据辩论现场的情况向对方提问，直击要害，并能有理有据地回答对方的提问	10分			
	反驳对方观点时，观点分明，条理清晰，并能进一步巩固己方论点	10分			
	能结合现场辩论情况，以及托育机构自我监督管理、职能部门监督管理和社会监督管理的相关知识，进行总结陈词	15分			
结果呈现（25%）	双方通过语言碰撞、思想交锋，呈现了一场精彩绝伦的辩论赛	15分			

续表

评价项目	评价标准	分值	评价分数		教师点评
			自评	互评	
结果呈现（25%）	通过实施活动，熟悉了托育机构监督管理的基本规范，增强了规范经营托育机构的意识	10分			
总评	自评（40%）+互评（60%）=	教师（签名）：			

项目检测

一、单项选择题

1. 下列选项中，不属于托育服务从业人员的培训原则的是（　　）。

A. 岗位胜任　　B. 因事择人

C. 需求导向　　D. 多元方式

2. 下列选项中，不属于托育机构负责人理论培训内容的是（　　）。

A. 卫生保健知识　　B. 合作共育、医育结合等专业理念

C. 保育管理　　D. 园区建设

3. 托育机构应当组织在岗工作人员（　　）进行1次健康检查。

A. 每1年　　B. 每2年

C. 每半年　　D. 每3个月

4. 婴幼儿离开托育机构（　　）以上，返回时应当重新进行健康检查。

A. 1个月　　B. 2个月　　C. 3个月　　D. 6个月

5. 婴幼儿入托时，托育机构应当查验（　　）。

A. “儿童入园（所）健康检查表”、“0～6岁儿童保健手册”和“预防接种证”

B. “0～6岁儿童保健手册”和“预防接种证”

C. “儿童入园（所）健康检查表”

D. “预防接种证”

6. 下列选项中，不属于托育机构保育管理原则的是（　　）。

A. 安全健康　　B. 自由选择

C. 科学规范　　D. 积极回应

7. 托育机构应当保证婴幼儿每日户外活动不少于（　　），寒冷、炎热季节或特殊天气情况下可酌情调整。

A. 1小时　　B. 2小时　　C. 3小时　　D. 4小时

8. 托育机构发现婴幼儿遭受或疑似遭受家庭暴力时应当（　　）。

A. 不关自己的事不去管　　B. 不报案自己去找家长对质

C. 依法及时向公安机关报案　　D. 害怕麻烦劝其退学

9. 1～3 岁婴幼儿每年健康检查（　　），每次间隔（　　）。

A. 1 次　　12 个月　　B. 2 次　　6 个月

C. 3 次　　4 个月　　D. 4 次　　3 个月

10. 托育机构负责人应当具有（　　）以上学历，有从事儿童保育教育、卫生健康等相关管理工作（　　）以上的经历，且经托育机构负责人岗位培训合格。

A. 本科　　3 年　　B. 大专　　1 年

C. 大专　　2 年　　D. 大专　　3 年

11. 托育机构的（　　）是本机构的消防安全第一责任人。

A. 安保人员　　B. 保健人员

C. 主要负责人　　D. 管理人员

12.（　　）对婴幼儿照护负主体责任。

A. 家庭　　B. 保育人员

C. 托育机构负责人　　D. 保健人员

二、简答题

1. 简述托育机构保育人员的培训目标。
2. 简述婴幼儿营养与喂养管理的规定。
3. 简述晨午检与全日健康观察的检查内容。
4. 对于婴幼儿伤害预防管理而言，托育机构应当重点开展哪些方面的工作？
5. 托育机构组建的家长委员会有哪些基本职责？
6. 托育机构的自我监督管理和社会监督管理应分别符合哪些规定？

项目综合评价

全班同学每 4～6 人一组，各组成员结合课前、课中和课后的学习情况和项目检测的情况，按照表 2-11 的评价标准对该项目的学习效果进行自评和互评，并请老师进行总体评价。

表 2-11　项目综合评价表

考核内容	评价标准	分值	评价得分		
			自评	互评	师评
过程与方法考核（20%）	课前积极预习，能通过互联网、图书馆等媒介搜集、整理与托育机构管理相关的资料，并进行归纳总结	10 分			
	认真思考任务导入中的提问，积极参与课堂互动活动，并踊跃发表自己的看法	10 分			

续表

考核内容	评价标准	分值	评价得分		
			自评	互评	师评
知识与技能考核（50%）	能简要阐述托育服务从业人员资质、培训、健康管理的相关要求，并判断托育机构的培训方案是否规范	5分			
	能准确判断婴幼儿收托管理、保育管理是否符合相关规范，并能指出整改方向	10分			
	能够根据托育机构健康管理的基本规范，确定婴幼儿健康管理制度的主要内容	10分			
	能够根据托育机构安全管理的基本规范，为婴幼儿创建安全、健康的托育环境	10分			
	能够熟练掌握家托沟通管理的相关规定，知道如何合法合规地与婴幼儿家长建立联系、开展家庭教育指导工作	10分			
	了解托育机构监督管理的相关规定，知道托育机构自我监督管理的具体做法，以及如何配合职能部门和团体组织等进行检查、监督工作	5分			
综合素养考核（30%）	能够认识到托育服务管理相关政策法规的重要性，并增强依法执业意识	10分			
	能积极学习托育服务管理的政策法规，为托育服务高质量发展贡献力量	10分			
	能审时度势，自觉确立投身于托育服务事业的奋斗目标	10分			
总评	自评（30%）+互评（30%）+师评（40%）=	教师（签名）:			

项 目 三

恪守从业法规——托育服务从业人员相关的政策法规

项目导读

托育服务从业人员是婴幼儿安全与健康的守护者、婴幼儿各项能力的培养者、家长科学育儿的指导者，也是托育服务政策法规的落实者。托育服务活动中的每一名从业者都必须掌握相关的政策法规，严格按照相关规定履行自己的职责。

本项目将从托育机构负责人、保育人员、保健人员及保安人员四个方面介绍托育服务从业人员的相关政策法规。

学习目标

知识目标

- 熟悉开展教育工作、建设教师队伍、管理劳动关系的相关法律规定。
- 明确保障婴幼儿权益的原则，熟悉开展婴幼儿保育保教工作的相关法律规定。
- 明确开展婴幼儿卫生保健工作的相关法律规定。
- 了解保安服务职责和保安技术防范的相关法律规定。

技能目标

- 能够按照政策法规的相关规定开展婴幼儿保育保教工作。
- 能够按照政策法规的相关规定安排婴幼儿一日生活中的卫生保健工作。
- 能够根据政策法规的相关规定开展日常安保工作。

素质目标

- 培养尊重、关爱婴幼儿的从业理念。
- 增强从事托育服务工作的责任感和使命感。

任务一　熟悉托育机构负责人的政策法规

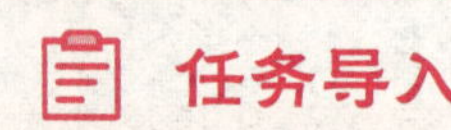

任务导入

李老师为何如此反常

李老师是某托育机构的保育人员，她性格活泼开朗，工作认真负责，深得家长和小朋友的喜爱。最近，她突然变得沉默不语，郁郁寡欢。

李老师的反常行为引起了托育机构负责人王老师的注意。王老师随即找李老师进行了谈话。通过谈话，王老师了解到李老师的反常行为与自己的管理行为有关。原来，在一次教研工作协调会上，王老师要求托育机构的老师统一按照教研组制订的保育保教实施方案开展保育保教活动。李老师认为，受季节的变化、婴幼儿的成长等相关因素的影响，保育保教活动方案在必要时需要进行调整。当她举手示意要表达自己的意见时，王老师却制止了她。李老师认为，王老师作为托育机构负责人，剥夺了她对教研工作提意见和建议的权利，她对此感到十分不满。此后，李老师的工作热情便逐渐消退。

机构负责人王老师了解情况后，认为自己当时的行为确实不妥，阻碍了李老师行使正当权利，打击了李老师的工作积极性。于是，他立即向李老师道了歉，并表示会专门举行一次教研工作讨论会，听取托育机构老师们对保育保教方案的意见和建议，与老师们一起做好托育服务工作。

（资料来源：燕来学堂，有改动）

任务清单

你认为上述案例中托育机构负责人王老师的前后做法如何？托育机构负责人在开展管理工作过程中应当遵守哪些法律规定？请带着这些疑问完成以下任务。

（1）熟悉开展教育工作的相关规定。

引导问题 1：托育机构的早教工作应符合哪些法律规定？

引导问题 2：托育机构负责人在管理教育工作过程中拥有哪些权利？应履行哪些义务？

（2）熟悉教师队伍建设的相关规定。

引导问题 3：教师有哪些权利与义务？

引导问题 4：教师的培训与考核应当符合哪些法律规定？

（3）了解劳动关系的建立、解除和终止的相关规定。

（4）熟悉婴幼儿权益保护的相关规定。

托育机构负责人是托育服务活动的管理者和组织者，其法律素养的高低直接关系到托育服务质量的高低和托育机构从业人员素质建设质量的高低。因此，托育机构负责人必须熟悉并掌握《中华人民共和国教育法》《中华人民共和国教师法》《中华人民共和国劳动合同法》《中华人民共和国未成年人保护法》《中国儿童发展纲要（2021—2030）》等政策法规的相关规定，切实做好托育服务管理工作，并依法保护托育机构从业人员和婴幼儿的合法权益。

一、开展教育工作的规定

《中华人民共和国教育法》第二条规定："在中华人民共和国境内的各级各类教育，适用本法。"这里的"各级各类教育"包括对婴幼儿的早期教育。托育机构作为婴幼儿照护服务的机构，除了要对婴幼儿进行保育照护，还负责对婴幼儿开展一定程度的早期教育。因此，在管理早教活动的过程中，托育机构负责人应当遵守《中华人民共和国教育法》的相关规定。

下面将从教育的性质与方针、教育的内容与作用、托育机构负责人的权利与义务三个方面来介绍《中华人民共和国教育法》的有关规定。

（一）教育的性质与方针

《中华人民共和国教育法》第三条规定："国家坚持中国共产党的领导，坚持以马克思列宁主义、毛泽东思想、邓小平理论、'三个代表'重要思想、科学发展观、习近平新时代中国特色社会主义思想为指导，遵循宪法确定的基本原则，发展社会主义的教育事业。"这一规定确立了我国教育的社会主义性质。

从我国教育的社会主义性质出发，《中华人民共和国教育法》第五条规定了我国的教育方针："教育必须为社会主义现代化建设服务、为人民服务，必须与生产劳动和社会实践相结合，培养德智体美劳全面发展的社会主义建设者和接班人。"教育方针是国家教育政策的总概括，是教育发展的方向。它进一步规定了我国教育的社会主义性质、目的及其实现途径。其中，我国教育的目的为培养德、智、体、美、劳全面发展的社会主义事业的建设者和接班人，实现教育目的的途径为教育与生产劳动相结合。

托育机构负责人应贯彻国家的教育方针，遵循婴幼儿的生理发展和心理发展特点，开展教育活动，促进婴幼儿在身体发育、动作、语言、认知、情感与社会性等方面的全面发展。

（二）教育的内容与作用

《中华人民共和国教育法》对我国教育的内容做了规定。该法第六条规定："教育应当坚持立德树人，对受教育者加强社会主义核心价值观教育，增强受教育者的社会责任感、创新精神和实践能力。国家在受教育者中进行爱国主义、集体主义、中国特色社会主义的教育，进行理想、道德、纪律、法治、国防和民族团结的教育。”第七条规定：“教育应当继承和弘扬中华优秀传统文化、革命文化、社会主义先进文化，吸收人类文明发展的一切优秀成果。”托育机构负责人应将社会主义核心价值观、爱国主义、集体主义、中华优秀传统文化等纳入婴幼儿早期教育，帮助婴幼儿养成良好的品行和习惯。

该法第四条第一款强调了教育的作用：“教育是社会主义现代化建设的基础，对提高人民综合素质、促进人的全面发展、增强中华民族创新创造活力、实现中华民族伟大复兴具有决定性意义，国家保障教育事业优先发展。”托育机构负责人应当坚持社会主义办学方向，把立德树人作为教育的根本任务，发挥教育在培育和践行社会主义核心价值观中的重要作用。

（三）托育机构负责人在教育工作中的权利和义务

1. 托育机构负责人在教育工作中的权利

根据《中华人民共和国教育法》第二十九条的规定，学校及其他教育机构享有以下权利：① 按照章程自主管理；② 组织实施教育教学活动；③ 招收学生或者其他受教育者；④ 对受教育者进行学籍管理，实施奖励或者处分；⑤ 为受教育者颁发相应的学业证书；⑥ 聘任教师及其他职工，实施奖励或者处分；⑦ 管理、使用本单位的设施和经费；⑧ 拒绝任何组织和个人对教育教学活动的非法干涉；⑨ 法律、法规规定的其他权利。托育机构作为“其他教育机构”，依法享有相应的权利，如自主管理权、组织实施保教权、收托婴幼儿、管理在托婴幼儿信息、聘任并管理机构员工、管理和使用本单位设施和经费、拒绝任何组织和个人非法干涉保教工作等权利。

为了确保托育机构实现以上权利，托育机构负责人在管理教育工作的过程中应行使以下几项权利。

（1）制订管理制度的权利。托育机构负责人有权就托育机构的工作制订具体的规章制度和发展计划等。

（2）组织实施保教计划的权利。托育机构负责人有权根据国家卫生健康主管部门的有关规定，制订机构的保教计划和一日保教流程，并监督和管理机构保教计划的实施。

（3）管理托育机构员工的权利。托育机构负责人有权对机构工作人员进行工作分配、定期工作检查等日常管理，并有权对他们进行业务考核和评估。

（4）法律法规规定的其他权利。托育机构负责人应充分行使法律法规赋予托育机构负责人的其他权利。

2. 托育机构负责人在教育工作中的义务

根据《中华人民共和国教育法》第三十条的规定，学校及其他教育机构应当履行下列义务：① 遵守法律、法规；② 贯彻国家的教育方针，执行国家教育教学标准，保证教育教学质量；③ 维护受教育者、教师及其他职工的合法权益；④ 以适当方式为受教育者及其监护人了解受教育者的学业成绩及其他有关情况提供便利；⑤ 遵照国家有关规定收取费用并公开收费项目；⑥ 依法接受监督。托育机构作为“其他教育机构”，应依法履行相应的义务，如遵守法律法规、贯彻托育政策方针、维护婴幼儿和托育服务从业人员的合法权益、为婴幼儿家长提供科学育儿指导、遵守国家有关规定收取费用并公开收费项目、依法接受监督等。

为了确保托育机构履行上述义务，托育机构负责人在管理教育工作的过程中应自觉履行以下义务：① 确保所制订的内部规章不与法律法规相抵触；② 依照国家相关规定制订托育服务工作管理制度；③ 保证婴幼儿的人身安全和身心健康；④ 确保托育机构资质齐全，收费合理且公开透明；⑤ 定期组织托育机构工作人员开展培训、考核和评估等工作；⑥ 不断提高思想政治觉悟和管理能力。

二、建设教师队伍的规定

根据《中华人民共和国教师法》第一条的规定，该法的目的是保障教师的合法权益，建设具有良好思想品德修养和业务素质的教师队伍，促进社会主义教育事业的发展。托育服务从业人员从事的婴幼儿照护服务工作比较特殊，既有卫生健康方面的内容，又有教育方面的内容。这意味着托育服务从业人员在某种意义上属于教师，应受《中华人民共和国教师法》的保护。为了更好地建设教师队伍，托育机构负责人应熟悉《中华人民共和国教师法》的基本内容，尊重和保护教师的权利，督促教师履行自己的义务，并按规定对教师进行培训与考核。

（一）教师的权利

托育机构负责人必须尊重和保护教师的合法权利。根据《中华人民共和国教师法》第七条的规定，教师享有下列权利。

（1）进行教育教学活动，开展教育教学改革和实验。

（2）从事科学研究、学术交流，参加专业的学术团体，在学术活动中充分发表意见。

（3）指导学生的学习和发展，评定学生的品行和学业成绩。

（4）按时获取工资报酬，享受国家规定的福利待遇及寒暑假期的带薪休假。

（5）对学校教育教学、管理工作和教育行政部门的工作提出意见和建议，通过教职工代表大会或者其他形式，参与学校的民主管理。

（6）参加进修或者其他方式的培训。

（二）教师的义务

托育机构负责人应当督促教师履行相应的义务。根据《中华人民共和国教师法》第八条的规定，教师应当履行下列义务。

（1）遵守宪法、法律和职业道德，为人师表。

（2）贯彻国家的教育方针，遵守规章制度，执行学校的教学计划，履行教师聘约，完成教育教学工作任务。

（3）对学生进行宪法所确定的基本原则的教育和爱国主义、民族团结的教育，法制教育及思想品德、文化、科学技术教育，组织、带领学生开展有益的社会活动。

（4）关心、爱护全体学生，尊重学生人格，促进学生在品德、智力、体质等方面全面发展。

（5）制止有害于学生的行为或者其他侵犯学生合法权益的行为，批评和抵制有害于学生健康成长的现象。

（6）不断提高思想政治觉悟和教育教学业务水平。

互动空间

某托育机构负责人要求机构保育人员承担一定的招生任务，必须招到一定名额的婴幼儿入托，以扩大托育机构规模。你怎么看待机构负责人的做法？你认为托育机构的保育人员是否有义务参与机构的招生工作？请阐述你的观点，并说明理由。

（三）教师的培训与考核

根据《中华人民共和国教师法》第二十二条至第二十四条的规定，学校或其他教育机构应当对教师的政治思想、业务水平、工作态度和工作成绩进行考核。教育行政部门对教师的考核工作进行指导、监督。考核应当客观、公正、准确，充分听取教师本人、其他教师及学生的意见。教师考核结果是受聘任教、晋升工资、实施奖惩的依据。据此，托育机构负责人应当按照教师考核规章规定的考核内容、考核原则、考核程序，定期对托育机构的教师进行考查与评价，以提高教师的素质，促使教师端正教育思想，调动教师的积极性和创造性，促进教师队伍建设管理的规范化。

实例评析

托育机构员工考核方案

为了促进托育机构员工的专业能力提升，提高保育保教工作质量，某托育机构的负责人赵老师制订并实施了员工季度考核方案。方案内容包括考核目的、考核原则、考核内容、考核标准、考核办法、考核程序、考核结果和其他注意事项。其中，考核内容包括政治思想、职业道德、专业知识、业务能力、保育保教技能实操等。

年底，赵老师对季度考核工作进行了全面总结，肯定了托育机构员工在业务能力方面的成长与进步，对优秀的员工进行了表彰，还给考核成绩良好的员工涨了工资。同时，也对考核结果不理想的员工们提出了期望，希望他们深度学习、静心打磨、取长补短、再接再厉，在专业化成长的道路上不断提升，成长为更好的自己。

评析：托育机构员工考核是促使员工提高自身专业能力的重要举措。案例中，托育机构负责人赵老师根据本托育机构的实际情况制订了员工考核方案，并根据考核结果对员工进行奖励，符合相关法律法规的规定。

三、管理劳动关系的规定

根据《中华人民共和国劳动合同法》第二条的规定，中华人民共和国境内的企业、个体经济组织、民办非企业单位等组织（以下称用人单位）与劳动者建立劳动关系，订立、履行、变更、解除或者终止劳动合同，适用本法。国家机关、事业单位、社会团体和与其建立劳动关系的劳动者，订立、履行、变更、解除或者终止劳动合同，依照本法执行。托育机构负责人应当严格按照该法律的相关规定管理劳动关系。

（一）劳动关系的建立

1. 托育服务从业人员的招聘

根据《中华人民共和国劳动合同法》第八条和第九条的规定，用人单位在招用劳动者时，应当如实告知劳动者工作内容、工作条件、工作地点、职业危害、安全生产状况、劳动报酬，以及劳动者要求了解的其他情况；用人单位有权了解劳动者与劳动合同直接相关的基本情况，劳动者应当如实说明。用人单位招用劳动者，不得扣押劳动者的居民身份证和其他证件，不得要求劳动者提供担保或者以其他名义向劳动者收取财物。

托育机构负责人在招聘托育服务从业人员时，应当将托育机构的实际情况、托育服务工作的内容、托育机构的地点等情况如实告知应聘者。同时，托育机构负责人应当明确，招聘时不得扣押应聘者的证件，且不得收取应聘者的财物。

2. 劳动合同的订立

根据《中华人民共和国劳动合同法》第十条的规定，建立劳动关系，应当订立书面劳动合同。已建立劳动关系，未同时订立书面劳动合同的，应当自用工之日起一个月内订立书面劳动合同。用人单位与劳动者在用工前订立劳动合同的，劳动关系自用工之日起建立。

托育机构负责人在确定招用某应聘者后，应当及时与之签订劳动合同，以保护双方的合法权益。

建立劳动关系的相关知识是育婴员、保育员职业技能认定考试的考查要点。

3. 劳动合同的内容

根据《中华人民共和国劳动合同法》第十七条的规定，劳动合同应当具备以下条款：① 用人单位的名称、住所和法定代表人或者主要负责人；② 劳动者的姓名、住址和居民身份证或者其他有效身份证件号码；③ 劳动合同期限；④ 工作内容和工作地点；⑤ 工作时间和休息休假；⑥ 劳动报酬；⑦ 社会保险；⑧ 劳动保护、劳动条件和职业危害防护；⑨ 法律、法规规定应当纳入劳动合同的其他事项。

托育机构负责人应当熟悉劳动合同的内容，并按照以上规定拟定劳动合同。

4. 劳动合同的效力

根据《中华人民共和国劳动合同法》第二十六条的规定，下列劳动合同无效或者部分无效：① 以欺诈、胁迫的手段或者乘人之危，使对方在违背真实意思的情况下订立或者变更劳动合同的；② 用人单位免除自己的法定责任、排除劳动者权利的；③ 违反法律、行政法规强制性规定的。对劳动合同的无效或者部分无效有争议的，由劳动争议仲裁机构或者人民法院确认。同时，根据该法第二十七条的规定，劳动合同部分无效，不影响其他部分效力的，其他部分仍然有效。

托育机构负责人应当明确在什么情况下劳动合同是无效的，切实保护好托育机构和托育服务从业人员的权益。

实例评析

无效的劳动合同

徐某于2019年9月入职某托育机构担任保育人员，并与该托育机构签订了3年的劳动合同。2020年6月，徐某因患偏执型精神分裂症入院治疗。7月，徐某出院后，按照医嘱需要在家休养，并进行社交适应能力康复训练。8月，该托育机构以徐某不具备托育服务从业人员资格、身体条件不适合从事托育服务工作为由，书面通知徐某解除劳动关系，并告知他工资发放至8月底。徐某不认可托育机构解除劳动关系的理由，于2020年10月初申请劳动仲裁，要求托育机构继续履行劳动合同并给予医疗期待遇。劳动仲裁委员会于2020年10月30日做出裁决，要求托育机构继续履行劳动合同，并给予徐某2020年6月至2021年6月医疗期待遇。托育机构和徐某均不服该裁决，于是向法院提起诉讼。

法院经审理认为，徐某入职前曾因患精神病入院治疗，在与托育机构签订劳动合同时未履行如实告知义务，使托育机构在不明真相的情况下与之签订了劳动合同，该劳动合同违背了托育机构真实意思表示，应归于无效。徐某在合同无效的后果上存在过错。同时，托育机构在签订合同时未审查徐某的资格条件即录用徐某为保育人员，这种做法亦存在一定过错。鉴于此，法院酌定托育机构以2020年9月1日至2021年3月31日的病假工资作为参照，向徐某支付过错赔偿。

评析： 徐某在签订劳动合同前隐瞒真实的精神健康状况，致使托育机构违背真实意思表示与其签订了劳动合同，符合《中华人民共和国劳动合同法》第二十六条第一款第一项认定劳动合同无效的情形，所以托育机构可以依法与徐某解除劳动合同。

鉴于托育机构在录用过程中也存在未尽严格审查徐某从业资格的过错，法院依据法律规定，从平衡双方利益、实现公平的角度出发，酌定由托育机构参照病假工资给予徐某经济赔偿。由此案例可知，托育机构在聘用员工时，机构负责人必须熟知《中华人民共和国劳动合同法》的相关规定，并严格按照相关规定与应聘者建立劳动关系，避免出现与上述案例类似的情况。

（资料来源：江苏工人报，有改动）

（二）劳动关系的解除

一般情况下，托育机构不得单方面解除与托育服务从业人员的劳动关系，但在托育服务从业人员严重违反托育机构纪律或严重失职给机构带来重大损失等特定情况下，托育机构可根据《中华人民共和国劳动合同法》的相关规定单方面解除劳动关系。

根据《中华人民共和国劳动合同法》第三十九条的规定，劳动者有下列情形之一的，用人单位可以解除劳动合同：① 在试用期间被证明不符合录用条件的；② 严重违反用人单位的规章制度的；③ 严重失职，营私舞弊，给用人单位造成重大损害的；④ 劳动者同时与其他用人单位建立劳动关系，对完成本单位的工作任务造成严重影响，或者经用人单位提出，拒不改正的；⑤ 因本法第二十六条第一款第一项规定的情形致使劳动合同无效的；⑥ 被依法追究刑事责任的。

同时，根据《中华人民共和国劳动合同法》第四十条的规定，有下列情形之一的，用人单位提前30日以书面形式通知劳动者本人或者额外支付劳动者一个月工资后，可以解除劳动合同：① 劳动者患病或者非因工负伤，在规定的医疗期满后不能从事原工作，也不能从事由用人单位另行安排的工作的；② 劳动者不能胜任工作，经过培训或者调整工作岗位，仍不能胜任工作的；③ 劳动合同订立时所依据的客观情况发生重大变化，致使劳动合同无法履行，经用人单位与劳动者协商，未能就变更劳动合同内容达成协议的。

课证对接

解除劳动关系的相关知识是育婴员职业技能认定考试的考查要点。

（三）劳动关系的终止

根据《中华人民共和国劳动合同法》第四十四条的规定，有下列情形之一的，劳动合同终止：① 劳动合同期满的；② 劳动者开始依法享受基本养老保险待遇的；③ 劳动者死亡，或者被人民法院宣告死亡或者宣告失踪的；④ 用人单位被依法宣告破产的；⑤ 用人单位被吊销营业执照、责令关闭、撤销或者用人单位决定提前解散的；⑥ 法律、行政法规规定的其他情形。

托育机构负责人在与托育机构工作人员终止劳动关系时应当依法进行。

四、保护婴幼儿的规定

（一）婴幼儿发展的基本原则

国务院结合我国儿童发展的实际情况制定了《中国儿童发展纲要（2021—2030）》，该纲要对儿童发展的基本原则（见图3-1）做了如下规定。

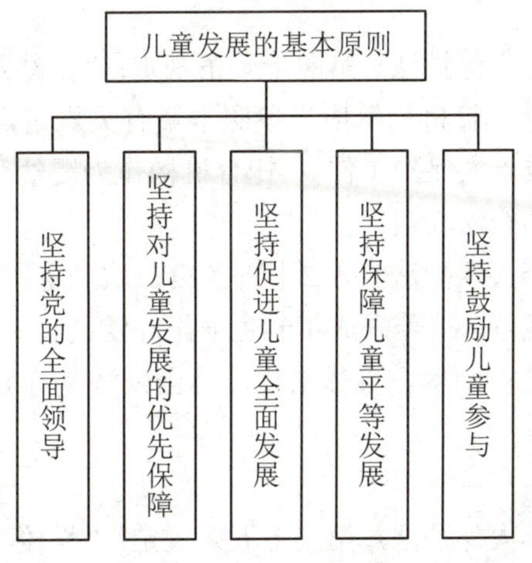

图3-1 儿童发展的基本原则

（1）坚持党的全面领导。把握儿童事业发展的政治方向，贯彻落实党中央关于儿童事业发展的决策部署，切实把党的领导贯彻到儿童事业发展的全过程和各方面。

（2）坚持对儿童发展的优先保障。在出台法律、制定政策、编制规划、部署工作时优先考虑儿童的利益和发展需求。

（3）坚持促进儿童全面发展。尊重儿童的人格尊严，遵循儿童身心发展特点和规律，保障儿童身心健康，促进儿童在德智体美劳各方面全面发展。

（4）坚持保障儿童平等发展。创造公平社会环境，消除对儿童一切形式的歧视，保障所有儿童平等享有发展权利和机会。

（5）坚持鼓励儿童参与。尊重儿童主体地位，鼓励和支持儿童参与家庭、社会和文化生活，创造有利于儿童参与的社会环境。

上述原则是保护婴幼儿的政策依据，托育机构负责人应响应国家政策号召，在托育服务活动中全面保护婴幼儿的合法权益。

同时，根据《中华人民共和国未成年人保护法》第四条的规定，保护未成年人，应当坚持最有利于未成年人的原则。处理涉及未成年人事项，应当符合下列要求：① 给予未成年人特殊、优先保护；② 尊重未成年人人格尊严；③ 保护未成年人隐私权和个人信息；④ 适应未成年人身心健康发展的规律和特点；⑤ 听取未成年人的意见；⑥ 保护与教育相结合。

托育机构负责人应遵循优先保护婴幼儿的原则，在制订托育服务制度、编制托育机构年度发展规划、部署托育机构工作人员的工作时优先考虑婴幼儿的利益和发展需求，最大限度地保护和尊重婴幼儿。

课证对接

《中国儿童发展纲要（2021—2030）》规定的基本原则是育婴员职业技能认定考试的考查要点。

（二）婴幼儿保护制度的规定

《中华人民共和国未成年人保护法》第四十一条规定："婴幼儿照护服务机构、早期教育服务机构、校外培训机构、校外托管机构等应当参照本章有关规定，根据不同年龄阶段未成年人的成长特点和规律，做好未成年人保护工作。"托育机构作为婴幼儿照护服务机构，应当遵循该法的有关规定，保护婴幼儿的合法权益。

《中华人民共和国未成年人保护法》第二十五条第二款规定："学校应当建立未成年学生保护工作制度，健全学生行为规范，培养未成年学生遵纪守法的良好行为习惯。"据此，托育机构负责人应当建立婴幼儿保护工作制度。具体来说，应当依法制订婴幼儿安全管理制度和伤害预防制度。

1. 安全管理制度的规定

《中华人民共和国未成年人保护法》第三十五条规定："学校、幼儿园应当建立安全管理制度，对未成年人进行安全教育，完善安保设施、配备安保人员，保障未成年人在校、在园期间的人身和财产安全。学校、幼儿园不得在危及未成年人人身安全、身心健康的校舍和其他设施、场所中进行教育教学活动。学校、幼儿园安排未成年人参加文化娱乐、社会实践等集体活动，应当保护未成年人的身心健康，防止发生人身伤害事故。”

同时，该法第三十六条规定：“使用校车的学校、幼儿园应当建立健全校车安全管理制度，配备安全管理人员，定期对校车进行安全检查，对校车驾驶人进行安全教育，并向未成年人讲解校车安全乘坐知识，培养未成年人校车安全事故应急处理技能。”

托育机构负责人应根据机构规模和实际情况，制订婴幼儿安全管理制度，制度内容应包括保安人员的配备数量及其工作职责、安保设施的设置和使用规范等，切实保护婴幼儿在托期间的人身安全和财产安全。此外，如果托育机构使用校车接送婴幼儿，还应建立校车安全管理制度，配备相应的安全管理员。

课证对接

安全管理制度的相关规定是育婴员、保育员职业技能认定考试的考查要点。

2. 伤害预防制度的规定

《中华人民共和国未成年人保护法》第三十七条规定：“学校、幼儿园应当根据需要，制定应对自然灾害、事故灾难、公共卫生事件等突发事件和意外伤害的预案，配备相应设施并定期进行必要的演练。未成年人在校内、园内或者本校、本园组织的校外、园外活动中发生人身伤害事故的，学校、幼儿园应当立即救护，妥善处理，及时通知未成年人的父母或者其他监护人，并向有关部门报告。”

同时，该法第四十条第一款规定：“学校、幼儿园应当建立预防性侵害、性骚扰未成年人工作制度。对性侵害、性骚扰未成年人等违法犯罪行为，学校、幼儿园不得隐瞒，应当及时向公安机关、教育行政部门报告，并配合相关部门依法处理。”

根据上述规定，托育机构负责人应制订应对自然灾害、事故灾难、公共卫生事件等突发事件和意外伤害的预案，并定期组织机构工作人员进行应急事件演练，如针对地震、火灾、食物中毒等突发事件的应急演练。此外，托育机构负责人应建立预防性侵害、性骚扰婴幼儿工作制度，保护婴幼儿的人身安全和心理健康。

模范风采

扫码阅读托育机构负责人砥砺前行的故事，领略托育服务工匠风采。

紧跟时代，以匠心护航托育

任务实施

演讲活动——如何成为合格的托育机构负责人

任务目的

通过演讲，加深对托育机构负责人工作职责的认识，熟练掌握托育机构负责人的相关政策法规，增强保护托育机构和他人合法权益的法律意识。

任务描述

请以“如何成为合格的托育机构负责人”为主题开展演讲活动。演讲可围绕如何开展婴幼儿保育保教管理工作、如何建设和管理托育机构人才队伍、如何保护婴幼儿等方面展开，多角度阐述自己对托育机构负责人工作职责的认识和理解，并简要地说说履行工作职责的具体措施等。

活动分组进行，全班学生在分组之前先选出 1 名主持人，然后自行分组，每组选出 1 名组长和 1 名演讲代表，各组按照下列要求开展活动。

任务准备

全班学生每 3 人为一组，各组成员分工协作，做好资料搜集、PPT 制作、演讲稿编写等准备工作。

实施记录

各组按照小组分工开展实践活动，并将具体的实施情况记录在表 3-1 中。

表 3-1　实施情况记录

实施项目		备注
演讲题目		
演讲稿大纲 （150 字）		
演讲过程	1. 确定比赛顺序。主持人组织各组组长现场抽签决定演讲顺序 2. 记录演讲过程。本小组演讲的主题和观点如下 3. 点评演讲表现。各组成员从演讲内容、语言表达、仪表形象、演讲时间等角度对本小组的演讲进行评价	
心得体会		

任务评价

各组成员可参考表 3-2 所列的评价标准对任务实施过程和结果进行评价，并请老师进行点评。

表 3-2 任务实施评价表

<table>
<tr><th rowspan="2">评价项目</th><th rowspan="2">评价标准</th><th rowspan="2">分值</th><th colspan="2">评价分数</th><th rowspan="2">教师点评</th></tr>
<tr><th>自评</th><th>互评</th></tr>
<tr><td rowspan="2">准备工作（10%）</td><td>提前确定演讲题目、小组代表，并做好活动准备</td><td>5 分</td><td></td><td></td><td rowspan="10"></td></tr>
<tr><td>演讲题目设计合理，演讲稿内容紧扣主题，充实具体，联系实际</td><td>5 分</td><td></td><td></td></tr>
<tr><td rowspan="6">技能实操（70%）</td><td>小组分工明确，组员之间配合良好</td><td>5 分</td><td></td><td></td></tr>
<tr><td>能准确搜集与托育机构负责人相关的政策法规资料，并对所搜集的资料进行分析整理</td><td>10 分</td><td></td><td></td></tr>
<tr><td>能从托育机构保育保教工作的管理、教师队伍的建设的角度，阐述自己的看法，所述内容观点明确，条理清晰</td><td>15 分</td><td></td><td></td></tr>
<tr><td>熟练掌握劳动关系管理的法律规定，能在演讲中阐述正确管理托育机构劳动关系的相关措施</td><td>15 分</td><td></td><td></td></tr>
<tr><td>能深入理解婴幼儿发展的基本原则，熟练掌握婴幼儿保护制度的法律规定，能在演讲中阐述自己对婴幼儿保护制度建设重要性的认识，并提出相应的制度建设方案</td><td>15 分</td><td></td><td></td></tr>
<tr><td>能将托育机构负责人的政策法规规定与托育机构的日常管理紧密联系起来，并结合丰富的案例来阐述自己对托育机构负责人职责履行效果的期许</td><td>10 分</td><td></td><td></td></tr>
<tr><td rowspan="2">结果呈现（20%）</td><td>演讲稿结构清晰，逻辑严谨，PPT 简洁美观</td><td>10 分</td><td></td><td></td></tr>
<tr><td>增强了运用法律武器保护托育机构与他人合法权益的意识</td><td>10 分</td><td></td><td></td></tr>
<tr><td>总评</td><td>自评（40%）+互评（60%）=</td><td colspan="4">教师（签名）：</td></tr>
</table>

任务二 掌握托育机构保育人员的政策法规

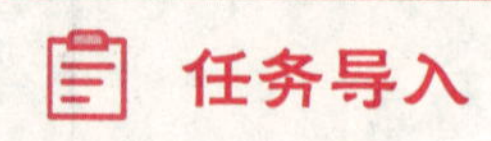

任务导入

保育要点心中记，科学育儿有良方

刘老师是某托育机构的保育人员，工作认真负责。她通过学习掌握了不同月龄婴幼儿的保育要点，并将其运用到了实际工作中。就拿培养婴幼儿的生活与卫生习惯来说，对于7～12个月的婴儿，刘老师会及时给婴儿更换尿布，在照护的过程中非常注重与婴儿的互动交流，同时，刘老师还会及时回应他们通过哭闹、四肢活动等方式表达的需求；对于13～24个月的幼儿，刘老师会鼓励他们及时表达大小便需求，帮助他们形成一定的排便规律，指导他们初步学会自己洗手、穿脱衣服等；对于25～36个月的幼儿，刘老师会注重培养他们自主如厕的能力，引导他们养成餐后漱口、便后洗手的卫生习惯，并鼓励他们学会自己穿脱衣服。此外，刘老师还根据不同月龄婴幼儿在营养与喂养、睡眠、动作、语言、认知等方面的保育要点，制订了保育工作手册。这种有指导意义的手册深受托育机构其他保育人员的喜爱，刘老师也因此得到了托育机构负责人的称赞。

（资料来源：亲亲园丁网，有改动）

任务清单

上述案例中，刘老师在培养不同月龄婴幼儿生活与卫生习惯方面做得如何？你认为婴幼儿保育工作的开展应遵循哪些原则并符合哪些规定？请带着这些疑问完成以下任务。

（1）了解婴幼儿权益保护的原则。

（2）熟悉婴幼儿保育保教工作的相关规定。

引导问题1：托育机构保育人员应当如何开展婴幼儿保育工作？

引导问题2：托育机构保育人员应当如何开展婴幼儿保教工作？

托育机构保育人员是托育服务活动的主要实施者，必须掌握《儿童权利公约》《中华人民共和国未成年人保护法》《三岁前小儿教养大纲（草案）》《托育机构保育指导大纲（试行）》等法律法规的相关规定，并按照相关规定切实做好婴幼儿保育保教工作。

一、保障婴幼儿权益的原则

《儿童权利公约》是第一部关于保障儿童权利的国际约定，旨在为世界各国儿童创建良好的成长环境。1990 年 8 月 29 日，我国签署了该公约。1991 年 12 月 29 日，第七届全国人民代表大会常务委员会第二十三次会议审议批准了该公约。

《儿童权利公约》第 1 条规定："为本公约之目的，儿童系指 18 岁以下的任何人，除非对其适用之法律规定成年年龄低于 18 岁。"据此规定，该公约也适用于 0～3 岁的婴幼儿。托育机构保育人员在履行工作职责的过程中应遵循该公约规定的四大基本原则，即无歧视原则，儿童最大利益原则，确保儿童生命权、生存权和发展权完整的原则，尊重儿童意见的原则，保障婴幼儿的权益。《儿童权利公约》的四大基本原则如图 3-2 所示。

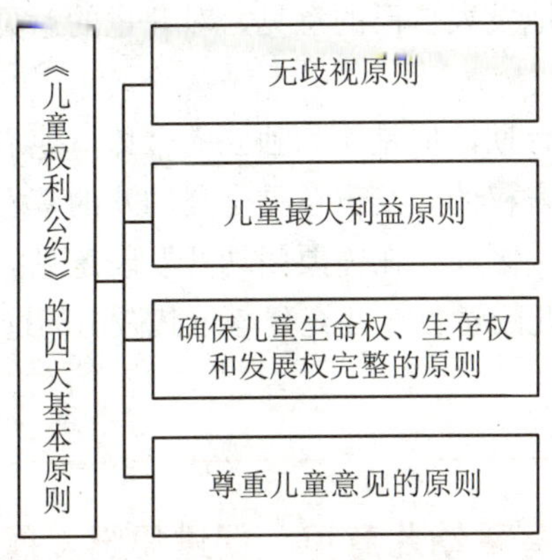

图 3-2 《儿童权利公约》的四大基本原则

（一）无歧视原则

根据《儿童权利公约》第 2 条的规定，缔约国应尊重本公约所载列的权利，并确保其管辖范围内的每个儿童均享受此种权利，不因儿童或其父母、法定监护人的种族、肤色、性别、语言、宗教、政治或其他见解，民族、族裔或社会出身、财产、伤残、出生或其他身份而有任何差别。缔约国应采取一切适当措施确保儿童得到保护，不受基于儿童父母、法定监护人或家庭成员的身份、活动、所表达的观点或信仰而加诸的一切形式的歧视或惩罚。

在托育服务活动中，无论婴幼儿的出身、背景、性格如何，保育人员都应坚持无歧视原则，平等地对待每一名婴幼儿。

（二）儿童最大利益原则

根据《儿童权利公约》第 3 条第 1 款的规定，关于儿童的一切行动，不论是由公私社会福利机构执行，还是由法院、行政当局或立法机构执行，均应以儿童的最大利益为一种首要考虑。

托育机构保育人员应当始终坚持儿童最大利益的原则，在保育保教工作中遇到有关婴幼儿的问题时应以婴幼儿为本，从其根本利益、长远利益出发分析问题、解决问题。

（三）确保儿童生命权、生存权和发展权完整的原则

根据《儿童权利公约》第 6 条的规定，缔约国确认每个儿童均有固有的生命权。缔约国应最大限度地确保儿童的存活与发展。

保育人员应该明确，每一个婴幼儿都享有生命权、生存权和发展权，任何危害婴幼儿身心健康的行为都是违反该公约的。同时，婴幼儿在生理、心理上都是不成熟的，需要托育机构保育人员的保护。这种保护并不意味着保育人员可以替代婴幼儿行使自己的权利，更不意味着保育人员可以抹杀对婴幼儿权利应有的尊重。

（四）尊重儿童意见原则

根据《儿童权利公约》第 12 条第 1 款的规定，缔约国应确保能形成自己看法的儿童有权对影响到其本人的一切事项自由地发表自己的意见，对儿童的意见应按照其年龄和成熟程度给以适当的重视。

虽然婴幼儿正处于生长发育期，但是作为独立的个体，他们有自己的感情和见解，他们在表达自己的需求时是最具有发言权的。发表意见是婴幼儿的基本权利，所发表的意见得到尊重是他们成长和发展的基本需要。因此，在需要婴幼儿发表意见的情况下，托育机构保育人员应当征求有一定理解能力的婴幼儿的意见，并充分尊重其做出的选择。

实例评析

尊重幼儿意见，促进思维发展

图 3-3　积木

赵老师是某托育机构托大班的保育人员。托大班里有一个叫昊昊的小朋友特别喜欢玩积木（见图 3-3），赵老师便教他搭建积木的规则，并在玩积木的过程中同昊昊交流互动。一次，赵老师见昊昊不按规则叠放积木，便忍不住按规则帮他搭建积木，昊昊见状立即推翻了赵老师搭建的积木，重新开始了不按规则进行的积木搭建活动。面对这一现象，赵老师感到很困惑。于是，她请教了经验丰富的同事张老师。张老师了解情况后说，昊昊虽然年龄小，但也是一个独立的个体，对于如何搭建积木有他自己的想法，赵老师作为保育人员应该尊重昊昊的意见，保护他的好奇心和探索欲。

赵老师虚心接受了张老师的指导，并深刻领会了尊重幼儿意见这一原则的精神内涵。此后，她不再要求昊昊按照规则搭建积木，而是及时地对昊昊搭建积木的思路给予肯定，并时常“好奇地”问昊昊为什么这样搭建积木，引导昊昊表达自己的想法。这种做法有效地促进了昊昊思维能力的发展。

评析：保育人员应当本着尊重婴幼儿意见的原则开展保育保教活动。案例中，经过张老师的指导，赵老师认识到昊昊是一个独立的个体，对积木的搭建思路有着自己的想法，

所以，赵老师在后来的保育保教活动中学会尊重昊昊的想法，并引导昊昊表达自己的想法。

（资料来源：山东学前教育网，有改动）

课证对接

《儿童权利公约》规定的四大原则是育婴员职业技能认定考试的考查要点。

二、开展婴幼儿保育保教工作的规定

保育保教是将婴幼儿照护和早期教育相结合的工作，主要内容是根据婴幼儿生长发育的特点合理安排婴幼儿生活，有目的、有计划地培养婴幼儿的习惯，发展婴幼儿的智力，促进婴幼儿的全面发展。

（一）婴幼儿保育工作的相关规定

托育机构保育工作是婴幼儿照护服务的重要组成部分，是生命周期服务管理的重要内容。托育机构的保育人员应当根据政策法规的相关规定开展保育工作。

用爱陪伴，不负所托

《托育机构保育指导大纲（试行）》的第二章分别从营养与喂养、睡眠、生活与卫生习惯、动作、语言、认知、情感与社会性七个方面规定了不同月龄婴幼儿的保育目标和要点，要求托育机构保育人员遵循婴幼儿发展的年龄特点和个体差异，通过多种途径促进婴幼儿身体发育和心理发展。具体要求如下。

（1）在营养与喂养方面，要确保婴幼儿获取安全、营养的食物，使其达到正常生长发育水平，同时养成良好的饮食行为习惯。

（2）在睡眠方面，要确保婴幼儿获得充足的睡眠，促使其养成独自入睡和作息规律的良好睡眠习惯。

（3）在生活与卫生习惯方面，要指导婴幼儿学习盥洗、如厕、穿脱衣服等生活技能，并促使其逐步养成良好的生活卫生习惯。

（4）在动作方面，要帮助婴幼儿掌握基本的大运动技能，使其达到良好的精细动作发育水平。

（5）在语言方面，要激发婴幼儿对声音和语言的兴趣，引导其学会正确发音；指导婴幼儿学会倾听和理解语言，并逐步掌握词汇和简单的句子；鼓励婴幼儿运用语言进行交流，表达自己的需求；初步培养婴幼儿早期阅读的兴趣和习惯。

（6）在认知方面，要鼓励婴幼儿充分运用各种感官探索周围环境，保护婴幼儿的好奇心和探索欲；发展婴幼儿的注意力、观察力、记忆力、思维力等认知能力；鼓励婴幼儿自己想办法解决问题，培养婴幼儿的想象力和创造力。

（7）在情感与社会性方面，要帮助婴幼儿建立安全感，引导婴幼儿理解和表达自己的情绪；初步培养婴幼儿的自我意识，发展其情绪和行为方面的自我控制能力；鼓励婴幼儿与成人、同伴积极互动，初步发展婴幼儿的社会交往能力。

对于不同月龄的婴幼儿，保育人员应把握不同的保育要点。例如，在语言方面，对于7～12个月的婴幼儿，应激发其对发音的兴趣，帮助其理解简单的词汇，引导他们使用简单的声音、表情、动作、语言表达自己的需求（见图3-4）；对于13～24个月的婴幼儿，应教他们正确的发音，引导他们模仿和学习使用词语或短句表达自己的需求，学会倾听并执行简单的语言指令，并积极地使用语言进行交流。

图3-4　表达自己的需求

不同月龄婴幼儿的保育要点

纠正幼儿发音，促进语言发展

某托育机构托小班的保育人员朱老师发现，班里有多名幼儿存在明显的口齿不清问题。文文是几个幼儿里让人印象最深刻的，她非常爱说话，时不时地在活动室里喊："嘟（朱）老机（师），小宇嘎（打）人了！""嘟（朱）老机（师），咔（他）扛（抢）我的积木！"……有一次，她竟然把托小班的黄老师喊成了"黄老吉"，弄得大家哭笑不得。

托小班中像文文这样口齿不清的还有元元、小宇等7名幼儿。由于咬字不清、发音不准，他们与老师、其他幼儿之间的交流也不太顺畅。为了避免发音问题给这些幼儿的人际交往带来阻碍，朱老师决定帮助他们纠正和练习发音。为此，朱老师制订并实施了如下方案。

首先，创设应答性的语言环境，有意识地引导和纠正幼儿的发音。例如，对于"湿"和"吃"不分的孩子，朱老师在指导他们洗手时就会问"小手放在水龙头下冲洗后会怎样？"，在进餐时会有意识地问"今天的饭菜好不好吃呀？"，以便引导他们发出"湿"和"吃"的音，进而纠正其发音。

其次，耐心地示范，引导幼儿模仿发音口型。在日常说话时，朱老师会略微夸张地呈现发音口型，让幼儿看清楚她嘴唇的形状，并引导他们模仿发音口型。

最后，鼓励幼儿练习发音并及时表扬。朱老师会鼓励幼儿重复练习一个字的发音，并及时地给予他们认可，以便保护他们的练习热情。

经过大约三个月的练习，原先口齿不清的幼儿在正确发音方面获得了很大的进步。文文依然很爱说话，但是语言表达的发音明显清楚了很多，她已经能清楚地喊出"老师"这

个称谓了。元元的发音还是有点不清晰，但她已经能完整地简述一件事了。小宇变成了托小班的“学习明星”，上课时抢着举手发言，且很少出现发音不准的情况。总之，托小班中几名口齿不清的幼儿在口语发音方面都有了很大的提升。

评析：3 岁以下的婴幼儿还没有掌握全部的发音方法，托育机构的保育人员应当采用合适的方法引导婴幼儿练习正确的发音。案例中，朱老师在充分考虑婴幼儿生理特点和心理特点的基础上，将发音练习融入日常活动，鼓励和引导婴幼儿学习正确的发音，落实了对婴幼儿语言保育工作的实施要点。

（资料来源：搜狐网，有改动）

课证对接

饮食行为习惯培养、睡眠习惯培养、卫生习惯培养的相关知识是保育员职业技能认定考试的考查要点。

同时，《中华人民共和国未成年人保护法》《托育机构婴幼儿喂养与营养指南（试行）》还对婴幼儿的习惯培养做了相应的规定。

《中华人民共和国未成年人保护法》第三十二条规定：“学校、幼儿园应当开展勤俭节约、反对浪费、珍惜粮食、文明饮食等宣传教育活动，帮助未成年人树立浪费可耻、节约为荣的意识，养成文明健康、绿色环保的生活习惯。”《托育机构婴幼儿喂养与营养指南（试行）》第三部分“婴幼儿食育”对婴幼儿饮食习惯的培养做了具体的规定：① 营造安静温馨、轻松愉悦的就餐环境，引导婴幼儿享受食物，逐步养成规律就餐、专注就餐、自主进食的良好饮食习惯；② 正确选择婴幼儿零食，避免高糖、高盐和油炸食品。

托育机构保育人员在照护婴幼儿的过程中，应当为他们创造安静温馨的就餐环境（见图 3-5），引导他们规律就餐，将浪费可耻、节约为荣的理念融入他们的日常生活，帮助他们养成良好的生活习惯。

图 3-5 温馨的就餐环境

此外，《中华人民共和国未成年人保护法》第三十一条规定：“学校应当组织未成年学生参加与其年龄相适应的日常生活劳动、生产劳动和服务性劳动，帮助未成年学生掌握必要的劳动知识和技能，养成良好的劳动习惯。”托育机构保育人员在照料婴幼儿的过程中应适当安排与婴幼儿的年龄相适应的各类活动，让婴幼儿在力所能及的范围内锻炼劳动能力，并养成良好的劳动习惯。

课证对接

婴幼儿食育的相关规定是保育员职业技能认定考试的考查要点。

（二）婴幼儿保教工作的相关规定

《三岁前小儿教养大纲（草案）》指出，“托儿所教育工作的任务，就是要培养小儿在德、智、体、美方面得到发展，为造就体魄健壮、智力发达、品德良好的社会主义新一代打下基础”，托育机构要从以下四个方面开展教育工作：① 要发展婴幼儿的基本动作，进行适当的体格锻炼，增强婴幼儿的抵抗力，提高婴幼儿的健康水平，促进其身心正常发展；② 要发展婴幼儿模仿、理解和运用语言的能力，使婴幼儿的智力得到发展，并获得简单知识；③ 要进行友爱、礼貌、诚实、勇敢等良好品德的教育；④ 要培养婴幼儿的饮食、睡眠、衣着、盥洗、与人交往等各个方面的文明卫生习惯及美的观念。这要求托育机构保育人员从体格锻炼、语言运用、智力发展、品德培养及文明卫生习惯养成等方面开展婴幼儿保教工作。

此外，《中华人民共和国未成年人保护法》第三十三条第三款规定：“幼儿园、校外培训机构不得对学龄前未成年人进行小学课程教育。”本条款旨在保护幼儿的长远利益。虽然托育机构不同于幼儿园和校外培训机构，但它们服务的对象都是幼龄儿童，且托育机构服务对象的年龄更小。因此，托育机构保育人员在开展保教工作时也应遵守此项规定，从婴幼儿的长远利益出发，遵循婴幼儿的身心发展规律，将游戏作为主要教育形式，促进婴幼儿在体质、智力等方面的全面发展。

互动空间

有人认为，托育机构的早期教育应包括拼音、写字、英语等课程内容，以使幼儿尽早地学习文化知识，以免输在起跑线上。有人认为，托育机构的早期教育应着重培养婴幼儿生活自理能力，激发婴幼儿创造力和想象力。你认为托育机构应该如何开展早期教育？请谈谈你的看法。

《上海市学前教育与托育服务条例》对婴幼儿保育的规定

上海市第十五届人民代表大会常务委员会于2022年11月23日发布了《上海市学前教育与托育服务条例》（自2023年1月1日起施行），该条例对托育机构的婴幼儿保育做了如下规定。

一、婴幼儿保育的相关规定

根据该条例第二十八条第一款和第三款的规定，托育服务应当将保障儿童身心健康和安全放在首位，应当坚持保育为主、教养融合的原则，根据3周岁以下婴幼儿的身心发展特点，创设安全健康适宜的照护环境，促进婴幼儿健康成长。

根据该条例的第三十一条第二款的规定，托育机构应当在生活和游戏中，促进婴幼儿身体发育、动作、语言、认知、情感与社会性等方面的健康发展。

该条例第三十六条还规定，托育机构不得使用小学化的教育方式，不得教授小学阶段的课程内容，不得组织任何形式的考试或者测试，不得开展违背儿童身心发展规律和年龄特点的活动。托育机构不得向儿童及其家长组织征订教材和教辅材料，不得推销或者变相推销商品、服务等。

二、保育人员的相关规定

根据该条例第三十八条第一款的规定，托育服务保育教育从业人员应当热爱托育服务工作，尊重、爱护和平等对待儿童，遵循儿童发展规律，潜心培幼育人，不断提高专业素养和职业技能。

根据该条例的第四十四条的规定，托育机构、社区托育点的从业人员不得体罚或者变相体罚儿童，不得实施歧视、侮辱、虐待、性侵害及其他违反职业道德规范或者损害儿童身心健康的行为。

任务实施

“法治理念入我心，争做守法保育员”墙报设计

任务目的

通过设计墙报，进一步了解婴幼儿保育保教工作的相关规定，加深对托育机构保育人员政策法规的理解，树立尊重婴幼儿、关爱婴幼儿的从业理念。

任务描述

请以“法治理念入我心，争做守法保育员”为主题，开展墙报设计活动。活动要求如下。

（1）墙报内容应紧密围绕婴幼儿保育保教工作的相关政策法规来编排，并突显婴幼儿权益保护原则的实际应用。

（2）墙报应至少包括 3 个板块（如普法讲堂、先进事迹分享、保育保教理论知识分享等），板块之间有主次之分。

（3）墙报设计完成后，各组拍照分享并阐述自己小组墙报的设计思路、主要内容和特点。

活动分组进行，全班学生每 3～4 人为一组，每组选出 1 名组长，各组按要求开展活动。

任务准备

各组组长组织小组成员协作完成资料搜集（包括法规材料、人物事迹材料、相关理论知识等）等准备工作。

实施记录

各组成员分工合作，开展实践活动，并将具体的实施情况记录在表 3-3 中。

表 3-3　实施情况记录

实施项目		备注
设计过程	1．确定设计思路和墙报主要内容 （1）设计思路如下： （2）主要内容如下： （3）主要特色如下： 2．版面设计草图如下 3．将制作完成的墙报拍成照片后分享给同学和朋友，并简要阐述墙报的设计思路、主要内容和特色	
心得体会		

任务评价

各组成员可参考表 3-4 所列的评价标准对任务实施过程和结果进行评价，并请老师进行点评。

表 3-4　任务实施评价表

评价项目	评价标准	分值	评价分数		教师点评
			自评	互评	
准备工作（10%）	提前准备好设计墙报需要的纸张、笔等工具	5 分			
	墙报设计思路清晰，板块设计合理	5 分			
技能实操（65%）	小组分工明确，组员之间配合良好	5 分			
	能准确搜集与托育机构保育人员相关的政策法规资料、人物事迹资料、理论知识资料等，并对所搜集的资料进行分析整理	15 分			
	熟悉婴幼儿权益保护的原则，并将其融入墙报的主要内容	15 分			
	熟练掌握保育保教工作的相关规定，并能将其与实际保育工作联系起来	15 分			
	能根据婴幼儿保育保教工作的相关规定，自创或改编相关案例，使案例逻辑清晰、内容生动	15 分			
结果呈现（25%）	墙报主题突出，内容丰富，选材得当，编排设计合理，起到了良好的法治宣传作用	15 分			
	增强了尊重婴幼儿、关爱婴幼儿的从业理念	10 分			
总评	自评（40%）+互评（60%）=	教师（签名）：			

任务三 明确托育机构保健人员的政策法规

任务导入

做好卫生保健工作，促进幼儿健康成长

小周是某托育机构的保健人员，他在工作中给婴幼儿创造了安全、卫生、健康的生活环境，并将卫生保健工作渗透到了婴幼儿的一日生活中。每天，当婴幼儿到达托育机构时，小周都会为婴幼儿做晨检，检查每个婴幼儿的身体健康状况，确保每天出入托育机构的婴幼儿身体健康。晨检结束后，他会将生病婴幼儿的情况及时反馈给班级负责人，并嘱咐带班的保育人员对生病的婴幼儿进行护理，做好全日观察。与此同时，小周还会根据季节变化、婴幼儿发育情况等定期发布不同主题的保健宣传资料，如“如何预防幼儿龋齿”“如何预防春季常见传染病”“迟睡的孩子长不高”“胖墩的营养早餐”等。

此外，每隔一段时间，小周都会对自己的卫生保健工作进行总结，反思自身工作的不足，并列出改进措施，以促使自己完善工作内容，提升专业能力。

（资料来源：搜狐网，有改动）

任务清单

上述案例中，小周的卫生保健工作包括哪几个方面？你认为卫生保健工作应该包括哪些内容？托育机构保健人员应如何开展卫生保健工作？请带着这些疑问完成以下任务。

（1）熟悉托育机构婴幼儿一日生活安排的相关规定。

（2）熟悉婴幼儿膳食与营养、体格锻炼、伤害预防、健康教育等方面的相关规定。

引导问题1：婴幼儿的膳食与营养、体格锻炼、伤害预防应当符合哪些规定？

引导问题2：托育机构保健人员开展健康教育时应遵守哪些规定？

托育机构保健人员是托育服务活动的实施者，主要负责托育机构的一日生活安排、疾病预防、卫生消毒、膳食营养、健康教育等工作。保健人员必须熟悉《托儿所幼儿园卫生保健管理办法》《托儿所幼儿园卫生保健工作规范》《托育机构婴幼儿喂养与营养指南（试行）》《3岁以下婴幼儿健康养育照护指南（试行）》《中华人民共和国食品安全法》等政策法规，严格遵守相关规定。

下面将从一日生活安排、膳食与营养要求、体格锻炼要求、伤害预防要求、健康教育要求五个方面介绍托育机构保健人员政策法规的相关规定。

一、一日生活安排

《托儿所幼儿园卫生保健工作规范》第二部分“卫生保健工作内容与要求”对一日生活安排做了详细的规定，托育机构保健人员应当严格按照相关要求合理安排婴幼儿的一日生活，具体内容如下。

四川省资阳市关于托育机构一日生活安排的规定

（1）合理安排婴幼儿作息时间和睡眠、进餐、大小便、活动、游戏等各个生活环节的时间、顺序和次数，注意动静结合、集体活动与自由活动结合、室内活动与室外活动结合，确保不同形式的活动交替进行。

（2）保证婴幼儿每日充足的户外活动时间。全日制婴幼儿每日户外活动时间不少于 2 小时，寄宿制婴幼儿每日户外活动时间不少于 3 小时，寒冷或炎热季节可酌情调整。

（3）根据婴幼儿年龄特点和托育机构服务形式合理安排进餐和睡眠时间。婴幼儿正餐间隔时间为 3.5～4 小时，进餐时间为每餐 20～30 分钟，餐后活动或散步时间为 10～15 分钟。

（4）严格执行一日生活制度。保健人员要每日巡视，观察班级的制度执行情况，发现问题后及时予以纠正，以保证婴幼儿在托育机构内生活的规律性和稳定性。

此外，托育机构保健人员应当协助保育人员对婴幼儿健康状况进行监测，发现问题后及时解决，以保障婴幼儿在托时的安全与健康。

课证对接

婴幼儿一日生活安排的相关规定是保育员职业技能认定考试的考查要点。

二、膳食与营养要求

根据《托儿所幼儿园卫生保健管理办法》第十五条第二款第二项的规定，保健人员要为婴幼儿提供合理的营养膳食，科学制订食谱，保证膳食平衡。

同时，《托育机构婴幼儿喂养与营养指南（试行）》对婴幼儿的膳食与营养做了明确的规定。具体而言，托育机构保健人员在照护婴幼儿时应按照以下规定开展膳食供给和营养搭配方面的工作。

（1）按照不同月龄婴幼儿的生理特点和营养需求制订和实施食谱，食谱每 1 周或每 2 周循环 1 次。

（2）参照《7～24 月龄婴幼儿喂养指南（2016）》《学龄前儿童膳食指南（2016）》《7～24 月龄婴幼儿平衡膳食宝塔》《学龄前儿童平衡膳食宝塔》等相关规定选择食谱中的各种食物及其用量，确保食谱中各种食物提供的能量、营养素水平，以及三大营养素的热量占比、各餐次的热量分配等符合有关规定。同时，确保主副食的选料、烹饪方法等适合不同月龄婴幼儿，以减少营养素的损失，并符合婴幼儿口味。

（3）配合托育机构进行膳食调查和营养评估，至少每季度 1 次。

（4）为存在贫血、营养不良、食物过敏等问题的婴幼儿提供特殊膳食；对于有特殊喂养需求的婴幼儿，应要求婴幼儿监护人提供书面说明。

（5）定期对婴幼儿进行生长发育监测（见图 3-6），保障婴幼儿健康生长。

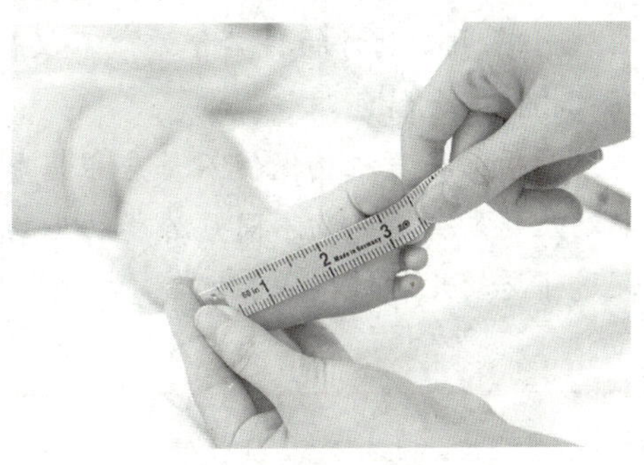
图 3-6　生长发育监测

同时，托育机构保健人员还应遵守《托育机构婴幼儿喂养与营养指南（试行）》对不同月龄婴幼儿的营养与喂养要点的相关规定。

（1）对于 6～24 月龄的婴幼儿，托育机构应与家庭配合，为实现母乳喂养提供便利条件和相关服务。同时，保健人员应为婴幼儿提供适宜的辅食，添加辅食时应注意以下事项：① 首选富含铁的泥糊状食物；② 尝试新食物时每次只引入一种；③ 根据婴幼儿的咀嚼吞咽能力逐渐调整辅食质地，即从泥糊状食物逐渐过渡到半固体或固体食物；④ 逐渐增加食物种类，保证食物多样化；⑤ 确保辅食安全、新鲜、营养丰富。

（2）对于 24～36 月龄的婴幼儿，保健人员要确保食物搭配均衡、主副食并重，保证婴幼儿进食过程安全，注意培养婴幼儿良好的饮食习惯，如规律进食、不挑食、不偏食、专心进餐、培养进餐礼仪等。

托育机构保健人员应按照上述相关规定，根据不同月龄婴幼儿的营养需求、进食能力和成长发育需要，定期制订食谱，保障婴幼儿营养的摄入。

实例评析

科学食谱助力幼儿成长

小齐是某托育机构的保健人员，她在充分调查该托育机构婴幼儿营养状况和健康状况的基础上，结合婴幼儿生长发育特点和规律，为不同月龄的婴幼儿制订了符合需求的科学食谱。这些食谱对促进婴幼儿健康发育发挥了重要作用。

为了了解婴幼儿的营养需求和健康状况，小齐对该托育机构的婴幼儿做了全面调查，详细记录了他们的身高、体重及皮下脂肪发育情况，皮肤与毛发状态，精神状态，牙齿咀嚼能力，胃肠道的发育情况及饮食习惯等，并对这些情况进行了分析。随后，他综合考虑不同月龄婴幼儿的生长发育特点与规律、营养需求、南北方食材的差异等因素，为婴幼儿制订了有针对性的科学食谱。例如，对于 8 个月的婴幼儿，小齐制订了以母乳为主食，以牛奶、豆浆、稠粥、水果泥、蒸蛋羹等为辅食的食谱；对于 12～24 个月的婴幼儿，小齐制订了以粥、面条为主食，以水果粒、鱼肉糜、胡萝卜粒、土豆泥等为辅食的食谱；对于 25～36 个月的婴幼儿，小齐制订了以粥、面饼、面包、软米饭等为主食，以炒青菜、清蒸鱼、炒猪肝等为辅食的食谱。而且，在小齐制订的一周食谱中，每天的主食都不相同，这种食谱既能引起婴幼儿的进食兴趣，又能保证婴幼儿的营养均衡。

小齐用心制订的科学食谱，不仅获得了婴幼儿的喜爱和家长的认可，还成了其所在托育机构的一大特色。

评析：托育机构保健人员应根据婴幼儿的发育需求定制营养食谱。案例中，小齐根据婴幼儿的发育情况及不同月龄婴幼儿的营养需求，制订了营养丰富、种类多样的科学食谱，促进了婴幼儿的健康成长。

（资料来源：搜狐网，有改动）

三、体格锻炼要求

根据《托儿所幼儿园卫生保健管理办法》第十五条第二款第三项及第七项的规定，托育机构保健人员应制订与婴幼儿生理特点相适应的体格锻炼计划，根据婴幼儿年龄特点开展游戏及体育活动（见图 3-7），并保证婴幼儿户外活动时间，增进婴幼儿身心健康；应加强日常保育护理工作，对体弱儿进行专案管理，并配合妇幼保健机构定期开展婴幼儿眼、耳、口腔保健（见图 3-8），开展婴幼儿心理卫生保健。

图 3-7　体育活动

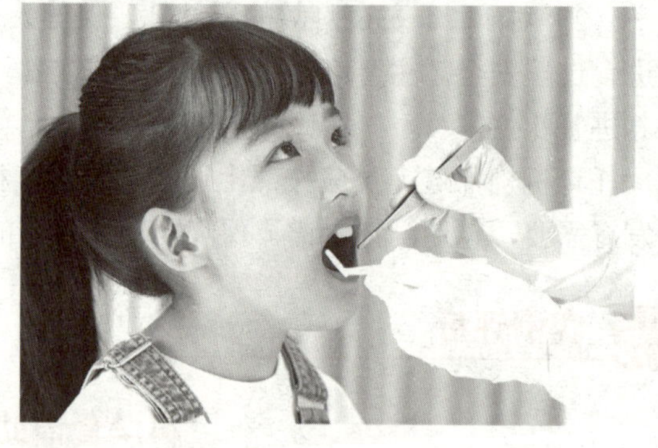
图 3-8　口腔保健

同时，托育机构保健人员应根据《托儿所幼儿园卫生保健工作规范》第二部分“卫生保健工作内容与要求”关于婴幼儿体格锻炼的规定，组织婴幼儿进行体格锻炼，具体要求如下。

（1）根据婴幼儿的年龄及生理特点，每日有组织地开展各种形式的体格锻炼，掌握适宜的运动强度，保证运动量，提高婴幼儿身体素质。

（2）保证婴幼儿室内外运动场地和运动器械的清洁、卫生、安全，做好场地布置和运动器械的准备。定期进行室内外安全隐患排查。

（3）利用日光、空气、水和器械，有计划地组织婴幼儿进行体格锻炼。运动前，做好准备工作。运动中，注意观察婴幼儿的面色、精神状态、呼吸、出汗量和婴幼儿对锻炼的反应，若婴幼儿有不良反应，则要及时采取措施或停止锻炼；加强运动中的保护（见图 3-9），避免运动伤害。运动后，注意观察婴幼儿的

图 3-9　运动中的保护

精神、食欲、睡眠等状况。

（4）全面了解婴幼儿健康状况，对于患病婴幼儿，应让其停止锻炼；对于病愈恢复期的婴幼儿，要根据其身体状况调整其运动量；对于体弱婴幼儿，应适当减缓其体格锻炼进程，缩短体格锻炼的时间，并要对婴幼儿的运动反应进行仔细观察。

知识链接

体弱儿的运动指导

体弱儿是指由于先天不足或后天反复生病，生长发育受到明显影响的婴幼儿。体弱儿由于身体素质比较差，在运动的速度、强度方面与普通婴幼儿存在很大的差距。为了避免体弱儿在运动中受伤，托育机构保育人员和保健人员在指导体弱儿进行运动时要注意锻炼与护理相结合。具体而言，保育人员和保健人员对体弱儿进行运动指导时应注意以下三个方面。

（1）运动前，要根据体弱儿的身体发育情况合理安排体育活动，并做好活动准备。体育活动的项目因人而异，活动的强度要由小到大。

（2）运动中，要注意观察体弱儿的面部表情、身体状况等，加强运动护理。尽量把体弱儿安排在自己身边，以便给予体弱儿更多的照顾；及时帮助体弱儿擦汗、穿脱衣服，时刻关注体弱儿的运动负荷并及时进行调整；在体弱儿取得进步时，要及时给予认可和鼓励，以增强体弱儿的自信心；要适当缩短体弱儿每次运动的时长，增加体弱儿休息的时长。

（3）运动后，要特别提醒体弱儿及时喝水，补充水分，并加强对体弱儿的巡视力度。为保证体弱儿的体力恢复，可适当延长体弱儿的午休时间。

总而言之，保育人员和保健人员要在确保体弱儿安全的前提下，合理安排体弱儿的体育运动，激发体弱儿的运动热情，循序渐进地增强体弱儿的体质。

课证对接

婴幼儿体格锻炼的相关规定是保育员职业技能认定考试的考查要点。

四、伤害预防要求

根据《托儿所幼儿园卫生保健管理办法》第十五条第二款第八项的规定，托育机构保健人员应协助托育机构负责人建立卫生安全管理制度，并落实各项卫生安全防护工作，预防伤害事故的发生。根据《托儿所幼儿园卫生保健工作规范》第二部分“卫生保健工作内容与要求”关于婴幼儿伤害预防的规定，托育机构保健人员应当定期接受预防婴幼儿伤害相关知识和急救技能（见图 3-10）的培训，做好婴幼儿安全工作，消除安全隐患，预防跌落、溺水、交通事故、烧（烫）伤、中毒、动物致伤等伤害的发生。

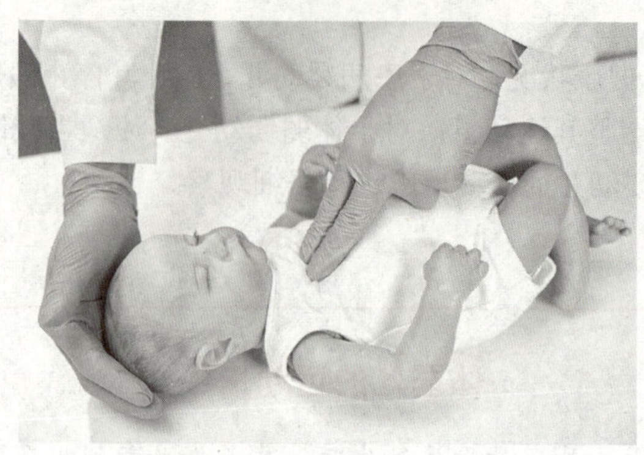

图 3-10 急救技能

同时，根据《托育机构婴幼儿伤害预防指南（试行）》对 3 岁以下婴幼儿常见伤害预防的相关规定，托育机构保健人员应做好以下七个方面的伤害预防工作。

（1）婴幼儿窒息预防。保健人员首先应注意改善环境，如将可导致婴幼儿绕颈或窒息的物品（如绳带、塑料袋、小块食物、小件物品等）收好，检查婴幼儿玩具有无零件脱落、护栏及娱乐设备有无卡颈部的安全隐患，在橱柜等密闭空间设置防护设施，等等。同时，应注意从以下三个方面加强婴幼儿照护：① 在婴幼儿睡眠时，检查其口鼻是否被床上用品、衣物等覆盖，并及时清除覆盖物；② 不给婴幼儿喂送易引起窒息的食物，并且在婴幼儿进食时保持安静，制止其跑跳、打闹等行为；③ 当婴幼儿在娱乐运动设备上玩耍时，加强看护，避免拉绳、网格等绕住婴幼儿脖子而造成窒息。

（2）婴幼儿跌倒伤预防。保健人员首先应注意改善环境，如检查地面是否平整、防滑、无尖锐突出物，以及楼梯、娱乐设备、婴幼儿床等是否装有防护设备，清除可能绊倒婴幼儿的物品（如家具、电线、玩具等），不在窗户、楼梯、阳台等周围摆放可攀爬的设施，等等。同时，应注意从以下四个方面加强婴幼儿照护：① 与家长沟通，为婴幼儿选择适宜活动的鞋、衣服等服饰；② 为婴幼儿换尿布（见图 3-11）、衣物时，应专心看护婴幼儿，始终与其保持近距离，中途不能离开；③ 在婴幼儿使用娱乐运动设备的过程中或上下楼梯时，应加强看护，与婴幼儿保持较近距离并确保其在视线范围内；④ 在婴幼儿玩耍运动前，对玩耍运动环境、设备设施进行安全性检查。

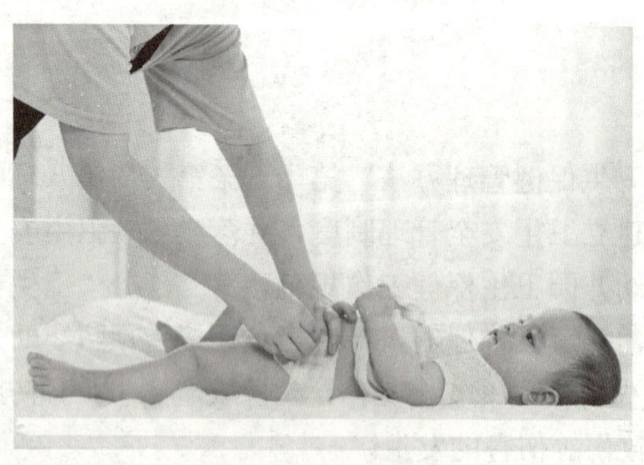

图 3-11 换尿布

（3）婴幼儿烧烫伤预防。保健人员首先要注意改善环境，如确保热水器最高出水温度低于45℃，为可导致烧烫伤的物品和区域设置防护设备，等等。同时，应从以下三个方面加强婴幼儿照护：① 在婴幼儿饮食、盥洗前检查食物和水的温度；② 加热、取放热物时观察周围有无婴幼儿，避免因碰撞、泼洒造成烫伤；③ 安全使用暖水袋等可能造成婴幼儿烫伤的用品。

（4）婴幼儿溺水预防。保健人员首先应注意改善环境，如检查托育机构内的池塘、涉水景观等是否安装了护栏、护网，确保储水容器有盖并避免婴幼儿进入储水容器所在区域，使用完水池、浴缸后及时排水，等等。同时，应从以下两个方面加强婴幼儿照护：① 保持婴幼儿在保健人员的视线范围内，避免婴幼儿误入盥洗室、厨房、水池边等有水区域；② 当婴幼儿在水中或水边时，应专心看护，始终与其保持近距离，中途不能离开。

（5）婴幼儿中毒预防。保健人员首先应注意改善环境，如将药物、日用化学用品收好，规范使用消毒剂、清洗剂，以及煤火取暖设备和燃气热水器，不种植有毒植物，不饲养有毒动物，等等。同时，应从以下两个方面加强婴幼儿照护：① 确保玩具及生活用品安全无毒，避免婴幼儿因啃咬而中毒；② 避免有毒食物引起婴幼儿中毒，如有毒蘑菇、未彻底加热煮熟的扁豆等。

（6）异物伤害预防。保健人员首先应注意改善环境，如将小件物品（如硬币、电池、小磁铁、项链、皮筋、耳环、笔帽、别针等）收好，在使用婴幼儿用品、玩具之前和之后检查有无零件、装饰物、扣子等脱落或丢失，定期检查家具及娱乐设备有无易掉落的零件、装饰物，等等。同时，应从以下四个方面加强婴幼儿照护：① 及时收纳可能被婴幼儿放入口、鼻、耳等身体部位的小件物品；② 及时制止婴幼儿把硬币、电池等小件物品放入口、鼻、耳等身体部位的行为；③ 选择适龄玩具，不提供含有小磁铁、小块零件的玩具；④ 不提供易导致异物伤害的食物，如含有鱼刺、小块骨头的食物。

（7）道路交通伤害预防。保健人员首先应注意改善环境，如检查婴幼儿活动区域与车辆行驶和停靠区域是否隔离、托育机构门口是否设有专门安全区域、托育机构出入口与道路之间是否设有隔离设施等。同时，应从以下两个方面加强婴幼儿照护：① 携带婴幼儿出行时，应严格遵守道路交通法规，密切看管并限制婴幼儿随意活动，给婴幼儿穿戴有反光标识的衣物；② 在婴幼儿乘坐童车出行时，规范使用童车安全带。

课证对接

婴幼儿伤害预防的相关规定是保育员职业技能认定考试的考查要点。

五、健康教育要求

《托儿所幼儿园卫生保健管理办法》第十三条第二款规定："托幼机构卫生保健人员应当对机构内的工作人员进行卫生知识宣传教育、疾病预防、卫生消毒、膳食营养、食品卫生、饮用水卫生等方面的具体指导。"第十五条第二款第九项规定，托育机构卫生保健工作包括"制订健康教育计划，对儿童及其家长开展多种形式的健康教育活动"。同时，《托儿所幼儿园卫生保健工作规范》第一部分"卫生保健工作职责"还规定，托育机构保健人员应当定期对托育机构内工作人员进行卫生保健知识的培训，积极开展传染病、常见病防治的健康教育，负责消毒隔离工作的检查指导，做好疾病的预防与管理。

《托儿所幼儿园卫生保健工作规范》第二部分“卫生保健工作内容与要求”对健康教育的安排、内容与形式、实现途径等做了如下规定。

（1）托育机构应当根据不同季节、疾病流行等情况制订全年健康教育工作计划，并组织实施。

（2）健康教育的内容包括膳食营养、心理卫生、疾病预防、婴幼儿安全及良好行为习惯的培养等。健康教育的形式包括举办健康教育课堂、发放健康教育资料、开设宣传专栏、提供咨询指导、设立家长开放日等。

（3）托育机构应采取多种途径开展健康教育宣传。每季度对保教人员开展一次健康讲座，每学期至少举办一次家长讲座。为各班提供健康教育图书，并组织婴幼儿开展健康教育活动。

（4）托育机构应做好健康教育记录，定期评估相关知识知晓率、良好生活卫生习惯养成情况、婴幼儿健康状况等健康教育效果。

此外，《3 岁以下婴幼儿健康养育照护指南（试行）》对保健人员指导婴幼儿家长进行婴幼儿养育照护的内容做出了规定，包括生长发育监测、营养与喂养、伤害预防、常见健康问题的防控及照护等方面。例如，在生长发育监测方面，保健人员应当指导家长学习婴幼儿生长发育的特点，督促家长对婴幼儿进行定期健康检查，指导家长使用 0~3 岁儿童生长发育监测图进行家庭自我监测，等等。

托育机构保健人员应按照上述规定履行健康教育职责，提高婴幼儿家长和托育机构工作人员的婴幼儿保健能力，共同促进婴幼儿的健康成长。

实例评析

手足口病的预防宣传

每年春季是手足口病的高发期，某托育机构的保健人员易老师为了预防手足口病的暴发与流行，在托育机构内举办了一期健康教育讲座。

讲座上，易老师结合图片和视频详细讲解了手足口病的症状、传播途径、易感人群等，并向托育机构工作人员和婴幼儿家长进行了预防手足口病的宣传。他强调，托育机构的工作人员应采取相应的措施预防手足口病在机构内的暴发与流行，如加强婴幼儿晨检力度、做好日常卫生与消毒工作、培养婴幼儿良好的卫生习惯等。同时，他指出家长也应采取一定的措施预防婴幼儿手足口病的出现，如尽量避免在手足口病流行期间带婴幼儿去人群聚集的公共场所，对婴幼儿的玩具和常用物品进行清洁消毒，等等。此外，易老师还提示大家，如果发现婴幼儿口腔或手足出现溃疡面、红疹等症状，就要及时隔离，及时报告，及时治疗，避免造成更严重的后果。

通过这次健康教育讲座，托育机构工作人员和婴幼儿家长对手足口病有了比较深入的了解，增强了预防手足口病的意识，也提高了为婴幼儿健康成长保驾护航的能力。

评析：案例中，保健人员易老师通过健康教育讲座的形式对预防手足口病的相关知识进行了宣传，并向托育机构工作人员和婴幼儿家长传授了预防手足口病的方法，为婴幼儿健康成长提供了有力保障。

（资料来源：上海市奉贤区解放路幼儿园，有改动）

课证对接

面向托育机构工作人员及婴幼儿家长健康教育的相关规定是保育员职业技能认定考试的考查要点。

除了做好上述一日生活安排、膳食与营养、体格锻炼、伤害预防、健康教育五个方面的卫生保健工作外，托育机构保健人员还应根据《托儿所幼儿园卫生保健管理办法》第十五条第二款第四项至第六项及第十项的规定，做好晨检与全日健康观察、常见疾病预防等工作，协助婴幼儿家长落实国家免疫计划，做好各项卫生保健工作信息的收集、汇总和报告工作。

任务实施

“保障幼儿安全，卫生保健先行”情景分析

任务目的

通过分析情景，巩固托育机构卫生保健工作的相关知识，加深对相关政策法规的理解，树立科学养育婴幼儿的从业理念。

任务描述

请以“保障幼儿安全，卫生保健先行”为主题，开展情景分析活动。活动要求如下。

（1）阅读如下情景，并分析情景中的行为是否符合相关规定。

小李是某托育机构的保健人员，以下是她在工作中的一些行为。

① 对婴幼儿进行晨检时，简单地测量了一下体温便结束了检查。

② 使用过期的药品为婴幼儿治疗感冒等疾病。

③ 带领婴幼儿进行户外活动时，在环境维护方面有所疏忽，致使一名婴幼儿在有水渍的地面上滑倒并受了伤。

④ 午餐时，为婴幼儿准备了虾仁，餐后有两个幼儿出现了过敏现象。

⑤ 流感易发时期，婴幼儿家长向小李咨询流感预防办法，小李说无可奉告。

（2）针对小李的行为，提出改进建议，并写一份情景分析报告。

任务准备

在进行情景分析前，复习本任务所学知识，为任务的实施做好准备工作。

实施记录

全班学生根据活动要求开展情景分析实训，撰写情景分析报告，并将表 3-5 补充完整。

表 3-5　情景分析报告

序号	项目名称	分析记录
1	行为分析	
2	判断依据（即法规）	
3	改进建议（即根据法规，正确做法是怎样的？）	
4	活动心得	

任务评价

各位同学可参考表 3-6 所列的评价标准对任务实施过程和结果进行评价，并请老师点评。

表 3-6　任务实施评价表

评价项目	评价标准	分值	评价分数		教师点评
			自评	互评	
准备工作（15%）	复习本任务所学知识	15 分			
技能实操（50%）	熟练掌握托育机构卫生保健工作的相关规定，并将其与保健人员的日常工作联系起来	25 分			
	能灵活运用卫生保健工作中关于一日生活安排、膳食与营养要求、体格锻炼、伤害预防、健康教育等方面的规定，分析情景中的行为，并提出合理的改进建议	25 分			
结果呈现（35%）	情景分析报告内容全面，有理有据，语言简洁	20 分			
	树立了科学、规范地照护婴幼儿的从业理念	15 分			
总评	自评（40%）+互评（60%）=	教师（签名）:			

任务四 了解托育机构保安人员的政策法规

 任务导入

暖心值守，保障幼儿安全

每天早上 7 点，某托育机构的保安人员焦师傅会准时来到自己的工作岗位上，为来到托育机构的婴幼儿及其家长提供安保服务：疏散车辆，维持秩序，查验出入人员的证件并做好登记，等等。这些工作一直要持续到次日早上 7 点。这样 24 小时的尽职值守，焦师傅坚持了 8 年。有人问他，这样坚持累不累，焦师傅说：“累！但只要能保证每个孩子的安全，我就觉得值！”

48 岁的焦师傅深知掌握保安工作相关知识对做好本职工作的重要性，便时常巩固和学习与工作相关的法律知识，研读托育机构保安工作的相关案例。同时，他还认真学习托育机构制订的保安工作手册，学习并领会各级机构印发的安全文件的内在精神，积极参与托育机构保安人员的理论学习和实践活动。

管得细、管得严、管得宽是焦师傅的工作特点。在日常工作中，焦师傅 24 小时执勤，严格执行门卫管理制度，对外来人员严防严控，扎实细致地落实托育机构的安全保障工作。无论刮风下雨还是严寒酷暑，他始终坚守在托育机构大门口，为托育机构的老师和孩子们的安全保驾护航。

（资料来源：搜狐网，有改动）

任务清单

上述案例中，保安人员焦师傅在平凡的保安岗位上尽职尽责地为托育机构婴幼儿提供保安服务。那么，托育机构的保安人员应符合哪些任职条件？保安服务包含哪些内容？请带着这些疑问，完成以下任务。

（1）了解托育机构保安人员的基本规定。

（2）熟悉托育机构保安服务的相关规定。

引导问题 1：托育机构的保安服务应包含哪些内容？

引导问题 2：托育机构保安服务中的技术防范应当符合哪些规定？

托育机构保安人员是为托育机构工作人员和婴幼儿提供安保服务的人员。如果保安人员缺乏法律意识，不熟悉相关法律规定，不能严格按照相关规定开展安全保卫工作，托育机构工作人员和婴幼儿的生命安全和财产安全就得不到保障。因此，保安人员应当学习并掌握《保安服务管理条例》《企业事业单位内部治安保卫条例》《托育机构管理规范（试行）》等法律法规的相关知识，为托育机构构筑牢固的安全屏障。

一、保安人员的任职资格

托育机构保安人员首先应当获得保安员证。《保安服务管理条例》第十六条第一款规定："年满 18 周岁，身体健康，品行良好，具有初中以上学历的中国公民可以申领保安员证，从事保安服务工作。申请人经设区的市级人民政府公安机关考试、审查合格并留存指纹等人体生物信息的，发给保安员证。"

根据该条例第十七条的规定，有下列情形之一的，不得担任保安员：① 曾被收容教育、强制隔离戒毒、劳动教养或者 3 次以上行政拘留的；② 曾因故意犯罪被刑事处罚的；③ 被吊销保安员证未满 3 年的；④ 曾两次被吊销保安员证的。

托育贴士

《企业事业单位内部治安保卫条例》第六条第一款规定："单位应当根据内部治安保卫工作需要，设置治安保卫机构或者配备专职、兼职治安保卫人员。"同时，根据《保安服务管理条例》第十四条的规定，自行招用保安员的单位，应当自开始保安服务之日起 30 日内向所在地设区的市级人民政府公安机关备案，并提供法律规定的相关材料。

托育机构应按照上述规定配备保安人员，并向有关部门进行备案。

二、保安服务职责

根据《保安服务管理条例》第二十九条第一款和第二款的规定，在保安服务中，为履行保安服务职责，保安员可以采取下列措施。

（1）查验出入服务区域的人员的证件，登记出入的车辆和物品。

（2）在服务区域内进行巡逻、守护、安全检查、报警监控。

（3）在机场、车站、码头等公共场所对人员及其所携带的物品进行安全检查，维护公共秩序。

（4）执行武装守护押运任务，可以根据任务需要设立临时隔离区，但应当尽可能减少对公民正常活动的妨碍。

保安员应当及时制止发生在服务区域内的违法犯罪行为，对制止无效的违法犯罪行为应当立即报警，同时采取措施保护现场。

同时，根据《企业事业单位内部治安保卫条例》第十一条第一项及第三项至第五项的规定，单位内部治安保卫机构、治安保卫人员应当履行以下职责。

（1）开展治安防范宣传教育，并落实本单位的内部治安保卫制度和治安防范措施。

（2）在单位范围内进行治安防范巡逻和检查，建立巡逻、检查和治安隐患整改记录。

（3）维护单位内部的治安秩序，制止发生在本单位的违法行为，对难以制止的违法行为及发生的治安案件、涉嫌刑事犯罪案件应当立即报警，并采取措施保护现场，配合公安机关的侦查、处置工作。

（4）督促落实单位内部治安防范设施的建设和维护。

托育机构的保安人员应严格按照上述规定履行安全保卫职责，确保婴幼儿和其他工作人员的人身安全和财产安全。

此外，《企业事业单位内部治安保卫条例》第九条规定：“单位内部治安保卫人员应当接受有关法律知识和治安保卫业务、技能以及相关专业知识的培训、考核。”托育机构保安人员应当按照上述规定接受相关业务知识培训。

托育贴士

《保安服务管理条例》第二十七条规定：“保安员上岗应当着保安员服装，佩带全国统一的保安服务标志。保安员服装和保安服务标志应当与人民解放军、人民武装警察和人民警察、工商税务等行政执法机关以及人民法院、人民检察院工作人员的制式服装、标志服饰有明显区别。保安员服装由全国保安服务行业协会推荐式样，由保安服务从业单位在推荐式样范围内选用。保安服务标志式样由全国保安服务行业协会确定。”

实例评析

恪守职责，保护婴幼儿安全

“您好，您的车辆阻碍了他人的通行，请您将您的车停到停车场好吗？谢谢您的配合！”小李态度亲和地提醒一位家长。作为托育机构的保安人员，类似这样的话小李每天都要说好几遍，以保证托育机构门口通道的畅通。

在日常工作中，小李严格遵守关于保安服务职责的法律规定和托育机构制订的安全保卫制度。每天，小李都会穿着配有保安服务标志的保安制服站在托育机构门口，对每一名来访人员的身份进行核实和登记，并与托育机构内部接洽人员做好沟通，确认没有问题后才会让来访人员入内。当一些家长中途来接走婴幼儿时，小李会严格执行托育机构中途接送制度的相关规定，经再三确认无误后才会放行。与此同时，小李还会系统地开展托育机构治安防范宣传工作，对工作人员进行安全防范教育，普及地震、火灾、暴力等突发事件的处置方法等。

小李把托育机构当作自己的家，把工作当作事业来干。在小李的带领下，托育机构的3名保安人员严守出入口，为托育机构筑起了一道坚不可摧的防线。

评析：安全重于泰山。案例中，小李严格遵守法律法规的相关规定和托育机构的安全保卫制度，履行自己的保安职责，表现出了恪尽职守的工作精神。

（资料来源：托育网，有改动）

三、保安人员的禁止行为

根据《保安服务管理条例》第三十条的规定，保安员不得有下列行为。

（1）限制他人人身自由、搜查他人身体或者侮辱、殴打他人。

（2）扣押、没收他人证件、财物。

（3）阻碍依法执行公务。

（4）参与追索债务、采用暴力或者以暴力相威胁的手段处置纠纷。

（5）删改或者扩散保安服务中形成的监控影像资料、报警记录。

（6）侵犯个人隐私或者泄露在保安服务中获知的国家秘密、商业秘密及客户单位明确要求保密的信息。

（7）违反法律、行政法规的其他行为。

此外，该条例第六条还规定："保安服务活动应当文明、合法，不得损害社会公共利益或者侵犯他人合法权益。保安员依法从事保安服务活动，受法律保护。"托育机构的保安人员应明确自己的职责所在，不滥用职权，不做法律法规禁止的行为。

四、保安技术防范的规定

《保安服务管理条例》第二十五条规定："保安服务中使用的技术防范产品，应当符合有关的产品质量要求。保安服务中安装监控设备应当遵守国家有关技术规范，使用监控设备不得侵犯他人合法权益或者个人隐私。保安服务中形成的监控影像资料、报警记录，应当至少留存30日备查，保安从业单位和客户单位不得删改或者扩散。"托育机构保安人员应按照法律规定严格执行保安技术防范规定。

任务实施

安全防范宣传——加强安全防范，共建美好家园

任务目的

通过安全防范宣传，巩固托育机构保安人员工作职责的相关知识，加深对相关政策法规的认识，增强安全防范意识，提高安全防范技能和自救自护能力。

任务描述

请以"加强安全防范，共建美好家园"为主题，开展托育机构安全防范宣传。宣传内容包括网络诈骗的防范、幼儿拐骗的防范、托育机构的防火防盗、托育机构的安全检查、突发事件的应急处理等。宣传形式包括发放宣传手册、编写公众号文章、拍摄微视频、开设普法小讲堂等。

活动分组进行，全班学生每 3 人为一组，每组选出 1 名组长。活动结束后，各组编写一篇

活动报告并在班内分享。

任务准备

各组组长组织小组成员完成资料搜集和整理等准备工作。

实施记录

各组分工合作，开展实践活动，并将具体的实施情况记录在表3-7中。

表3-7 实施情况记录

实施项目		备注
活动过程	1．确定安全防范宣传的目的和宣传形式（如制作宣传手册、拍摄微视频、编写公众号文章、开设普法小讲堂等） 2．确定宣传的主要内容 3．活动结束后，写一篇报告（如谈一谈对托育机构安全防范法规的认识及安全防范意识的增强等）	
心得体会		

任务评价

各位同学可参考表3-8所列的评价标准对任务实施过程和结果进行评价，并请老师点评。

表3-8 任务实施评价表

评价项目	评价标准	分值	评价分数		教师点评
			自评	互评	
准备工作（20%）	提前搜集与托育机构安全防范相关的资料，并对所搜集的资料进行分析整理，确定安全防范宣传的宣传形式	20分			
技能实操（45%）	明确托育机构保安员的工作职责和保安技术防范的规定，并据此开展托育机构安全防范宣传	25分			
	能结合实际案例对网络诈骗的防范、幼儿拐骗的防范、托育机构的安全检查、突发事件应急处理等方面的知识进行较为全面的宣传，突出防范重点	20分			
结果呈现（35%）	安全防范宣传目的明确，意义深刻，达到了很好的安全防范宣传效果	10分			
	活动报告主题突出，层次清楚，逻辑性强	15分			
	增强了安全防范意识，提高了安全防范技能和自护自救能力	10分			
总评	自评（40%）+互评（60%）=	教师（签名）：			

项目检测

一、单项选择题

1. 下列选项中，不属于托育机构的权利的是（　　）。

A. 自主管理权　　B. 组织实施保教权

C. 将婴幼儿信息提供给他人的权利　　D. 收托婴幼儿的权利

2. 下列选项中，不属于教师的权利的是（　　）。

A. 参加进修或其他方式的培训

B. 批评和惩罚学生的权利

C. 进行教育教学活动，开展教育教学改革和实验

D. 从事科学研究、学术交流，参加专业的学术团体，在学术活动中充分发表意见

3. 根据《中华人民共和国劳动合同法》第十条的规定，建立劳动关系，应当订立书面劳动合同。已建立劳动关系，未同时订立书面劳动合同的，应当自用工之日起（　　）内订立书面劳动合同。

A. 半个月　　B. 一个月　　C. 两个月　　D. 三个月

4. 根据《中华人民共和国未成年人保护法》第三十五条第二款的规定，学校、幼儿园不得在（　　）的校舍和其他设施、场所中进行教育教学活动。

A. 危及未成年人人身安全、身心健康

B. 简陋

C. 临时搭建

D. 奢华

5. 某托育机构的婴幼儿甜甜活泼好动，常与同伴嬉笑打闹，多次违反活动纪律。为此，保育人员李老师不允许甜甜参加托育机构的各种文艺活动，以防其破坏活动秩序。李老师的做法（　　）。

A. 正确，是维护活动秩序的需要

B. 不正确，保育人员应该平等对待婴幼儿

C. 正确，保育人员有权自主管理班级

D. 不正确，应征得其他保育人员同意

6.（　　）第二章分别从营养与喂养、睡眠、生活与卫生习惯、动作、语言、认知、情感与社会性七个方面对不同月龄婴幼儿的保育要点做出了规定。

A.《儿童权利公约》

B.《托育机构保育指导大纲（试行）》

C.《托育机构婴幼儿喂养与营养指南（试行）》

D.《三岁前小儿教养大纲（草案）》

7. 根据《中华人民共和国未成年人保护法》第三十二条的规定，学校、幼儿园应当开展勤俭节约、反对浪费、珍惜粮食、文明饮食等宣传教育活动，帮助未成年人树立浪费可耻、节约为荣的意识，养成文明健康、绿色环保的（　　）。

A. 饮食习惯　　B. 卫生习惯　　C. 就餐习惯　　D. 生活习惯

8. 保健人员应当按照不同月龄婴幼儿的（　　）制订和实施食谱，食谱（　　）循环 1 次。

A. 心理特点和营养需求　　每 1 周或每 2 周
B. 生理特点和营养需求　　每 1 周或每 2 周
C. 心理特点和营养需求　　每 3 周或每 4 周
D. 生理特点和营养需求　　每 3 周或每 4 周

9. 下列选项中，不属于托育机构保健人员对机构内的工作人员进行具体指导的内容的是（　　）。

A. 疾病预防　　B. 卫生知识宣传教育
C. 膳食营养　　D. 情感与社会性

10. 下列选项中，不属于婴幼儿常见伤害的是（　　）。

A. 婴幼儿窒息伤害　　B. 婴幼儿心理伤害
C. 婴幼儿烧烫伤　　D. 婴幼儿中毒伤害

11. 具有（　　）以上学历的中国公民可以申领保安员证，从事保安服务工作。保安员证由（　　）负责颁发。

A. 高中　　人力资源和社会保障部
B. 初中　　设区的市级人民政府公安机关
C. 高中　　设区的市级人民政府公安机关
D. 初中　　人力资源和社会保障部

12. 下列选项中，属于保安服务职责的是（　　）。

A. 查验出入服务区域的人员的证件，如发现可疑问题可将其证件暂时扣押，以便调查
B. 在服务区域内进行巡逻、守护、安全检查、报警监控
C. 在机场、车站、码头等公共场所对人员进行搜身检查，维护公共秩序
D. 执行武装守护押运任务，可以根据任务需要设立临时隔离区，并持枪威胁周围群众

二、简答题

1. 试举例托育服务从业人员相关的政策法规（至少 5 个）。
2. 简述《中国儿童发展纲要（2021—2023）》的基本原则。
3. 简述《儿童权利公约》的四大基本原则。
4. 托育机构保健人员安排婴幼儿的一日生活时应遵守哪些规定？
5. 保安人员的禁止行为包括哪些？

项目综合评价

全班同学每4～6人一组，各组成员结合课前、课中和课后的学习情况和项目检测的情况，按照表3-9的评价标准对该项目的学习效果进行自评和互评，并请老师进行总体评价。

表3-9 项目综合评价表

考核内容	评价标准	分值	评价得分		
			自评	互评	师评
过程与方法考核（25%）	课前积极预习，能通过互联网、图书馆等媒介搜集、整理与托育服务从业人员相关的资料，并进行归纳总结	10分			
	认真思考任务清单中的提问，积极参与课堂互动活动，并踊跃发表自己的看法	15分			
知识与技能考核（50%）	能简要阐述开展教育工作、建设教师队伍、管理劳动关系及保护婴幼儿的相关规定	10分			
	能明确婴幼儿保育保教工作的相关规定，知道根据婴幼儿的年龄特点和个体差异有针对性地开展保育保教工作	15分			
	能简要阐述托育机构保健人员开展一日生活安排、膳食与营养、体格锻炼、伤害预防、健康教育的相关规定，并知道在托育机构中如何开展卫生保健工作	15分			
	熟悉保安服务职责、保安人员的禁止行为、保安技术防范的相关规定	10分			
综合素养考核（25%）	能够认识到托育服务从业人员相关政策法规的重要性，树立尊重婴幼儿、关爱婴幼儿、保护婴幼儿的从业理念	15分			
	能学有所用，增强从事托育服务行业的责任感和使命感	10分			
总评	自评（30%）+互评（30%）+师评（40%）=	教师（签名）：			

项目四

熟悉职业道德——托育服务从业人员职业道德规范

项目导读

托育服务政策法规为托育服务从业人员提供了行为规则，为托育服务行业的发展提供了有力保障。但由于当前托育服务政策法规体系尚不健全，且法律具有滞后性，法律法规难以对托育服务活动中的所有内容进行有效调节。难以由法律法规进行有效调节的领域，就需要道德规范来发挥调节作用了。在托育服务活动中，职业道德规范发挥着至关重要的作用。托育服务从业人员要学习并内化职业道德，运用职业道德规范调整自身的言行，处理好托育服务工作中的各项工作。

本项目将从树立职业理想、端正价值追求，把握托育本质、呵护幼儿成长，关注托育理念、坚持保教结合，提升道德素养、赋能专业成长四个方面介绍托育服务从业人员职业道德规范。

学习目标

知识目标

- 理解爱国守法、爱岗敬业、为人师表、团结互助的重要性，并明确这些职业道德的践行要求。
- 认识理解和关爱婴幼儿的重要性，明确在托育服务工作中践行理解和关爱婴幼儿的职业道德要求。
- 深入理解科学育儿理念，保育为主、保教结合理念和家托共育理念，明确这些理念的践行要求。
- 熟悉培养高尚道德情操和提升专业素养的践行要求。

技能目标

- 能够判断特定行为是否符合托育服务从业人员职业道德规范。

素质目标

- 树立科学的托育服务理念，并自觉地践行这些理念。
- 自觉提升职业道德素养和专业素养，为将来从事托育服务工作做准备。

任务一 树立职业理想，端正价值追求

任务导入

道德引领，用心服务

严老师是某托育机构的保育人员，她深爱这份职业，在工作中严格要求自己，用爱心和真情浇灌梦想的种子，在平凡的岗位上为托育服务事业奉献着自己的力量。

作为党员，严老师始终以身作则，让孩子们在生活的点滴中受到潜移默化的教育。平时，严老师非常注重自己的仪容仪表和行为举止，始终以优雅大方的形象出现在婴幼儿面前，并用自己的言行为婴幼儿树立了良好的榜样。一次，严老师整理了一大批长期闲置的益智类玩具和小型运动器材，并向托育机构负责人提议，将这些玩具和器材捐赠给社会上有需要的孩子，让它们重新发挥价值。经批准后，严老师将这些玩具和运动器材清洗干净并进行了消毒，随后赠送了出去。这一过程被孩子们看在眼里，他们从中体会到了爱心传递的价值与快乐，并受到了严老师高尚品格的熏陶与感染。

严老师所具备的为人师表、以身作则的优秀品质不仅让她得到了领导的认可和家长的称赞，也为托育机构的其他工作人员树立了榜样。

任务清单

你认为上述案例中的严老师具备哪些优良品质？托育服务从业人员在追寻职业理想的过程中应该遵守哪些职业道德？请带着这些疑问完成以下任务。

（1）说说托育服务从业人员要如何做到爱国守法、诚实守信。

（2）明确托育服务从业人员爱岗敬业、忠于职守的重要性和践行要求。

（3）明确托育服务从业人员为人师表、以身立教的重要性和践行要求。

（4）明确托育服务从业人员团结互助、合作共赢的重要性和践行要求。

一、爱国守法，诚实守信

爱国是指人们对自己祖国的忠诚与热爱。它集中体现为人们强烈的民族自尊心、自信心和自豪感，以及为争取祖国的统一、富强而展现出的拼搏精神和奉献精神。守法是指一切单位和个人自觉遵守法律规定，将法律的要求转化为行动的做法。它是个人言行合乎法律规范的体现。爱国守法是每个公民的义务，也是每个托育服务从业人员应当遵循的基本道德规范。

《现代汉语词典》（第7版）对“诚实”的解释是“言行跟内心思想一致（指好的思想行为），不虚假”；对“守信”的解释是“讲信用，不失信”。诚实守信是职业道德的根本，也是托育服务从业人员不可缺少的道德品质。

下面将从重要性和践行要求两个方面介绍爱国守法、诚实守信这一基本职业道德规范。

（一）爱国守法、诚实守信的重要性

一方面，爱国守法的道德规范要求托育服务从业人员遵守法律法规，不做损害国家利益和社会公共利益的行为；诚实守信的道德规范要求托育服务从业人员踏实做事，信守承诺，不弄虚作假。两者都有利于维护社会公共秩序，有利于促进社会和谐稳定发展。

另一方面，爱国守法、诚实守信的托育服务从业人员能依法依规开展托育服务工作，与他人建立良好的信任关系，这既有利于从业人员加强人际沟通与合作，减少工作中的误会和纠纷，有效地化解矛盾和冲突，也有利于从业人员塑造良好的个人形象，为托育机构建立良好的声誉，从而推动托育服务事业的良性、有序发展。

（二）爱国守法、诚实守信的践行要求

1. 热爱祖国，依法执业

首先，托育服务从业人员要树立爱国主义理想信念，深刻认识到托育服务事业与祖国未来的发展密切相关，自己作为托育服务队伍的一分子，肩负着发展民族事业、培育祖国花朵的重要使命，进而带着使命感践行爱国主义信念。具体来说，从业人员应做到以下几点：① 提高政治素养，积极响应国家号召，自觉配合社会管理部门的工作部署；② 增强民族自信，弘扬中华优秀文化；③ 尽职尽责，关注婴幼儿的全面发展，为社会提供专业、规范、贴心的托育服务；等等。总之，从业人员要把爱国热情转化为坚守岗位的动力，努力将婴幼儿培养成德、智、体、美全面发展的社会主义事业建设者和接班人。

其次，托育服务从业人员要自觉守法，依法执业。在进入托育服务行业之前，从业人员应依法取得相关的职业资格证书；在开展托育服务活动过程中，从业人员应准确理解和践行国家的政策方针和指导思想，认真学习托育服务的法律法规，不断增强守法的自觉性，做到依法律己，依法履行自己的职责，全心全意为社会提供婴幼儿托育服务。

2. 诚实服务，恪守信用

首先，托育服务从业人员要树立诚信意识，弘扬中华民族诚实守信的传统美德，为营造诚实、守信的社会信用环境贡献力量。其次，从业人员在托育服务活动中应实事求是，诚信服务，认真履行自己的职责，不做营私舞弊、欺上瞒下等有损托育服务从业人员形象和托育服务行业

信誉的事。最后，从业人员要真诚待人，恪守信用，不虚情假意、背信弃义，与同事、婴幼儿及其家长等建立良好的信任关系，从而更好地开展托育服务工作。

实例评析

孟母不欺子

孟子小的时候，看见邻居家杀猪。孟子就问他的母亲："邻居家为什么杀猪？"孟母说："要给你吃。"说完这句话，孟母就后悔了，她自言自语道："我怀这个孩子的时候，坐席摆得不端正我不坐，切肉切得不方正我不吃，这是胎教。现在孩子刚刚有了智力我就欺骗他，这是教他不诚实。"于是，孟母买了邻居家的猪肉，煮好了给孟子吃，表明自己没有骗儿子。

评析：案例中，孟母并没有因为孟子的年龄小而忽视他的教育，她为了教育孟子诚信，以身作则，时刻注意自己的言行，真正做到了"言必信，行必果"。诚实守信是托育服务从业人员应当具备的基本品质，从业人员的一言一行、一举一动都在潜移默化地影响婴幼儿的成长。因此，从业人员应该向孟母学习，时刻注意自己的言行举止，做到诚实守信，给婴幼儿树立一个良好的道德榜样。

（资料来源：搜狐网，有改动）

互动空间

有人通过在网络上抨击其他国家的文化、在生活中抵制外国货等行动来表达爱国情怀，有人通过响应国家号召、自觉遵守法律、做好本职工作等行动来表达爱国情怀。你认为应如何表达爱国情怀？请谈谈你的看法。

课证对接

诚信服务的践行要求是育婴员职业技能认定考试的考查要点。

二、爱岗敬业，忠于职守

爱岗是指热爱自己工作岗位的一种态度。敬业就是专心致力于本职工作，恭敬严肃地对待工作的态度和行为。爱岗敬业是人们热爱、珍视自己的职业，在本职工作中勤勉努力、尽职尽责的体现。忠于职守是指对待工作认真负责、自觉履行岗位职责、遵守职业本分、不敷衍塞责的态度和行为。下面将从重要性和践行要求两个方面介绍爱岗敬业、忠于职守的职业道德规范。

（一）爱岗敬业、忠于职守的重要性

1. 保障婴幼儿健康成长

0～3 岁婴幼儿的生理和心理发展迅速，他们的感知觉、动作、认知、语言、思维、情感、想象力等各方面都在不断发展，可塑性极强。同时，他们缺乏自我保护能力，需要托育服务从业人员的精心呵护和关爱（见图 4-1）。这就对托育服务从业人员的职业操守提出了较高要求。在内容丰富、形式多样的托育服务活动中，托育服务从业人员只有爱岗敬业、忠于职守，以强烈的责任心和事业心钻研业务，积极、主动、创造性地开展托育服务工作，才能够切实保障婴幼儿的健康成长。

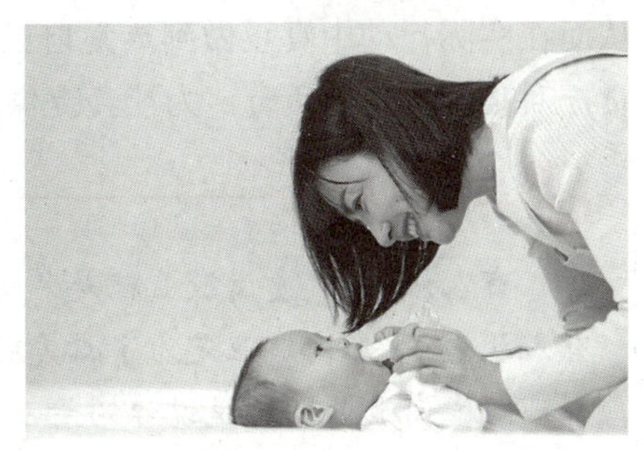

图 4-1　精心呵护和关爱

2. 促进个人职业发展

爱岗敬业、忠于职守的道德规范要求托育服务从业人员热爱托育服务事业、热爱婴幼儿，在托育服务活动中，能够顾全大局，服从安排，有高度的责任感和强烈的进取心，这会促使托育服务从业人员获得优秀的业务能力。与此同时，托育服务从业人员只有恪守爱岗敬业、忠于职守的职业道德规范，把托育服务工作当作实现自己社会价值的载体，才会自觉地在工作中投入更多的精力与体力，克服工作中遇到的各种困难，激励自己不断学习与进步，从而更好地实现自我价值，形成良性的循环，获得良好的职业发展。

3. 推动托育服务行业健康发展

爱岗敬业、忠于职守的职业道德规范要求托育服务从业人员正确认识本职工作，发自内心地热爱自己的工作岗位，并自觉地履行托育服务的职责。如果每一名托育服务从业人员都能遵守爱岗敬业、忠于职守的职业道德，那么托育服务行业的服务质量就会得到整体提升，从而推动托育服务行业的健康发展。

（二）爱岗敬业、忠于职守的践行要求

爱岗敬业、忠于职守是一种工作态度，更是一份沉甸甸的职业责任。托育服务从业人员在践行爱岗敬业、忠于职守的过程中应做到以下几点。

1. 志存高远，树立职业理想

要想真正做到爱岗敬业、忠于职守，首先应树立正确的职业理想，以获得坚持践行这一道德要求的动力源泉。职业理想是指人们渴望达到的职业发展境界。正确的职业理想可以为职业个体明确奋斗方向，强化职业个体的职业意识，激励他们兢兢业业地工作并持之以恒。因此，在托育服务工作中，托育服务从业人员应志存高远，树立职业理想，摒弃庸俗功利的价值观，对自己的职业进行合理规划，用积极的人生态度和高度的社会责任感，来对待自己在托育服务活动中的工作职责，并在工作中发扬奉献精神，恪尽职守，持久耕耘。

2. 自我认同，强化职业意识

这里的自我认同是指个体对所从事的职业进行肯定性评价，即认可自己所从事职业的价值。这种认同是个体工作的内在动力。在托育服务工作中，托育服务从业人员对自身职业的认同感

越强，就越容易产生职业意识（即人们对职业劳动的认识、评价、情感和态度等心理反应，包括创新意识、竞争意识、协作意识、奉献意识等，通常表现为主人翁精神），进而越积极主动地开展本职工作。因此，托育服务从业人员应增强对职业身份的认同感，强化自身的职业意识，从而在实际行动中真正做到热爱自己的岗位、热爱婴幼儿，在工作中主动地履行托育服务的职责，对婴幼儿全面负责，为社会提供规范化、专业化的婴幼儿照护服务。

互动空间

有人认为："爱岗敬业就是'五加二'和'白加黑'，就是即使打着吊瓶也要坚持工作。"有人认为："爱岗敬业是为了心爱的职业做到'衣带渐宽终不悔，为伊消得人憔悴'。"你怎样理解爱岗敬业？请说说你的看法。

3. 锐意进取，提高职业素养

爱岗敬业、忠于职守不仅要求职业个体有端正的工作态度，还要求职业个体有优秀的工作能力。只有这样，职业个体才能真正做好本职工作，而不是将爱岗敬业、忠于职守这一职业道德要求停留在口号上。因此，托育服务从业人员除了要有职业理想和职业意识以外，还要努力提高自身的职业素养，通过学习及时更新托育服务理念，不断提高自己的职业技能。具体来说，从业人员应掌握专业的婴幼儿照护服务理论，并主动将理论知识运用到实际工作中，提高托育服务的实践技能，从而将爱岗敬业、忠于职守的道德要求落到实处。

实例评析

榜样故事——柔肩担重任，奋斗践初心

姚老师自毕业后便一直在某托育机构从事保育工作。在工作中，姚老师将"让领导放心，让家长满意，让孩子健康成长"作为自己的奋斗目标，并为之不懈努力。

在姚老师办公室的墙上，挂着一面锦旗，上面写着"爱心、耐心、细心；感动、感谢、感恩"6个词。这是婴幼儿家长赠送给姚老师的锦旗，锦旗背后有一个令人感动的故事。

一次，幼儿辰辰的父母因为工作变动，将家搬到了离托育机构较远的地方，但暂时不想让辰辰转托，所以在接下来一段时间内不能按时去托育机构接辰辰。于是，姚老师主动承担起辰辰的延时托管工作。从此，每天放学之后，姚老师便临时担任辰辰妈妈的角色，给他讲故事，陪他玩游戏，给予辰辰无微不至的关爱与陪伴。对于姚老师的付出，辰辰的父母看在眼里，感动在心里，因而精心制作了一面锦旗送给了姚老师，以表达自己的感激之情。

类似的情况时常发生，每一次，姚老师都不负重托，尽职尽责地担负起托管重任。因此，幼儿家长们都对姚老师的工作十分满意，对姚老师赞赏有加。

除了做好托育服务日常工作外，姚老师在业务能力的自我提升方面也从来不懈怠。她经常说，要想给孩子一滴水，老师首先得有一桶水。为此，姚老师在自主学习托育服务相关理论的同时，还积极参加托育机构组织的职业技能培训，以提高自己的专业技能。一次，

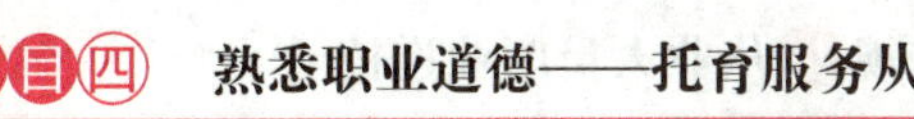

姚老师在其所在托育机构举办的“理想之歌，师德之美”演讲比赛中荣获了三等奖，她的演讲题目是“起始于辛劳，收结于平淡”。在演讲中，她说道：“保育这个岗位虽然平凡，但其担负着培育祖国未来人才的重任。我愿意在平凡的工作岗位上，用青春和生命谱写无怨无悔的人生。”

就这样，姚老师凭借着对托育服务工作的热爱和对托育服务事业的奉献，成了托育机构的道德楷模。

评析：案例中，姚老师切实践行了爱岗敬业、忠于职守的职业道德，她勇担重任、不懈努力的精神，值得所有托育服务从业人员学习。

（资料来源：搜狐网，有改动）

课证对接

爱岗敬业的践行要求是育婴员职业技能认定考试的考查要点。

三、为人师表，以身立教

为人师表、以身立教主要是指托育服务从业人员要在言行举止方面做出表率，对婴幼儿发挥积极的影响。这一道德规范是托育职业的内在要求，也是对托育服务从业人员良好师德的高度概括，对婴幼儿托育服务工作具有非常重要的意义。

（一）为人师表、以身立教的重要性

1. 为婴幼儿树立典范

0～3 岁的婴幼儿主要通过观察和模仿来获得动作、语言、认知和情感等方面的发展，且缺乏是非判断能力，在生活中非常依赖家长和托育服务从业人员。托育服务从业人员的一言一行在婴幼儿心目中都具有示范性，能对婴幼儿产生极其重要的影响。因此，托育服务从业人员在日常工作中品德高尚，举止文明，言行合一，能为婴幼儿树立良好的榜样，让婴幼儿受到“以德育德、以才育才、以爱育爱”的春风化雨式教育。

2. 促使从业人员加强自我锤炼

具有优秀的道德品质和专业素养的人才能真正做到为人师表、以身立教。为人师表、以身立教的职业道德要求，能促使托育服务从业人员在托育服务工作中加强自我锤炼，通过学习托育服务理论、完善托育服务方法等方式不断提升自我，时刻管理自身的言行，力争成为一名名副其实的典范人物。

3. 促进良好社会风气的形成

托育服务从业人员为人师表、以身立教的良好品行不仅会影响婴幼儿良好品质的形成，还会影响整个社会风气的形成。一方面，从业人员的道德品行对婴幼儿的影响并不会随着托育服务的结束而消失，而会影响婴幼儿的一生。这种影响能让婴幼儿在日后的成长过程中保持积极乐观的心态，在各种社会活动中表现出良好的道德修养，为社会良好风气的形成贡献自己的力

量。另一方面，托育服务从业人员在日常生活中所表现出来的高尚品德和情操会对身边的人产生积极影响，让他们在潜移默化中受到教育，进而注重自己的品德修养和言行举止，从而促进良好社会风气的形成。

（二）为人师表、以身立教的践行要求

托育服务从业人员要从自身做起，规范自己的言行举止，在践行为人师表、以身立教的道德规范时应做到以下几点。

1. 作风正派，品德高尚

作风正派、品德高尚是托育服务从业人员为人师表、以身立教的基本要求。在托育服务工作中，托育服务从业人员首先要有高尚的品德和良好的作风，通过各种细节对婴幼儿产生积极的影响，从而帮助婴幼儿塑造健康的人格。

2. 遵守公德，率先垂范

社会公德是人们在长期的社会生活中形成并用于维护公共生活，调节人与人之间、人与社会之间关系的行为规范。托育服务从业人员应自觉遵守社会公德，做到遵纪守法、文明有礼、助人为乐、爱护公物、保护环境等，在托育服务工作中为婴幼儿做出表率。

3. 注重仪表，稳重端庄

仪表是个人修养的重要体现，也是托育服务从业人员为人师表、以身立教的重要内容。它会影响从业人员在婴幼儿心目中的形象，也会影响婴幼儿的审美追求。在托育服务工作中，从业人员应注重自身的仪容仪表，做到仪容端庄，着装朴实整洁、美观大方，举止优雅，以成熟稳重的形象面对婴幼儿，在仪容仪态上为婴幼儿做好榜样，树立托育服务从业人员的良好形象，同时培养婴幼儿正确的审美价值观。

4. 语言规范，文明健康

语言规范、文明是托育服务从业人员文化修养和优良品德的外在表现。在托育服务工作中，从业人员与婴幼儿交流时应做到语言规范，用语文明，语气温和，语调适宜，为婴幼儿营造和谐温馨的沟通氛围，让婴幼儿受到规范语言和文明礼仪的熏陶。

课证对接

为人师表的践行要求是保育员职业技能认定考试的考查要点。

四、团结互助，合作共赢

团结互助、合作共赢是集体主义伦理价值在托育服务领域中的具体体现，也是托育服务从业人员做好托育服务工作的重要保障。

（一）团结互助、合作共赢的重要性

1. 能促进婴幼儿合作意识的形成

托育服务从业人员是婴幼儿身心发展的引导者。由于婴幼儿具有天然的向师性（即一种模

仿、接近、趋向于教师的心理倾向），他们不仅会从托育服务从业人员那里学习各种知识和技能，还会感受和模仿从业人员之间的相处关系和协作状态。因此，从业人员之间团结互助、合作共赢的相处，能为婴幼儿树立榜样，促进婴幼儿合作意识的形成。

2．有利于从业人员心理健康

一方面，团结互助、合作共赢的道德实践离不开从业人员之间的信息交流。这种信息既包括客观的事实信息，也包括主观的情感信息。通过彼此之间的信息交流，从业人员不仅能互通有无，相互配合，确保工作的顺利开展，而且能在相互帮助、共同进步的过程中建立良好的人际关系，从而保持健康的心理状态。另一方面，团结互助、合作共赢的氛围能极大地激发从业人员的创造力和表现力，让从业人员拥有彰显个人价值和独特性的机会，进而增强从业人员的职业归属感和幸福感，这有利于从业人员的心理健康。

3．有利于托育服务质量的有效提升

在开展托育服务工作的过程中，团结协作、合作共赢既能促使托育服务从业人员相互学习、取长补短，又能让托育服务从业人员充分发挥各自的才能，形成集体的智慧和托育的合力，从而有效提升托育服务质量。

（二）团结互助、合作共赢的践行要求

在践行团结互助、合作共赢的职业道德时，托育服务从业人员应做到以下几点。

1．增强意识，接纳差异

首先，托育服务从业人员应当充分认识团队合作在现代社会生产活动中的重要性，增强团队合作意识，培养团队合作精神。其次，托育服务从业人员应当意识到，不同个体在知识结构、思维方式、工作方法等方面都存在差异，这些差异是宝贵的学习资源。从业人员要学会接纳这些差异，在团队活动中利用这些差异性资源，学习他人长处，发挥自身优势。

2．加强协作，形成合力

托育服务从业人员应认识到，婴幼儿托育服务工作必须由全体托育服务从业人员共同推进和完成，所以在工作中必须加强协作。要想真正地做到这一点，托育服务从业人员就必须克服私心杂念，杜绝个人主义和小团体主义，树立大局观念，以婴幼儿为中心开展托育服务，在工作中发挥自身优势，加强与同事之间的协作与配合，从而形成强大的合力，促进婴幼儿健康成长，推动托育机构不断发展和完善。

3．良性竞争，共同发展

现代社会充满竞争与合作，需要竞争意识与协作意识兼具的人才。托育服务领域同样如此，托育服务从业人员要认识到，团结协作并不排斥良性竞争。从业人员在面对同事之间的竞争时，既不能盲目逃避，也不能唯利是图，而应该以开放、从容的心态，接纳良性竞争，积极地参与同事之间的竞争，并妥善处理好竞争与合作的关系。同时，从业人员还要正确对待竞争结果，在竞争中相互学习，共同朝着专业化的方向迈进。

课证对接

团结协作、合作共赢的践行要求是保育员职业技能认定考试的考查要点。

模范风采

扫码阅读托育从业者开拓创新的故事，学习他们不忘初心、勤奋耕耘的精神。

锐意进取勇创新，匠心追梦勤耕耘

任务实施

讲好新时代劳模故事

任务目的

通过讲述劳模故事，加深对托育服务从业人员职业道德规范的认识，坚定践行托育服务从业人员职业道德的信念。

任务描述

请以“爱岗敬业，以身立教”为主题，搜集模范人物事迹材料，并对其进行整理，然后深情讲述托育服务从业人员道德模范故事，并结合故事内容深入阐述“爱岗敬业”和“以身立教”的内涵，通过理论联系实际，生动地诠释托育服务从业人员的家国情怀。

活动分组进行，全班学生每 3 人为一组。活动结束后，每人写一篇总结，内容包括自己对“爱岗敬业”和“以身立教”内涵的理解，以及模范故事对自己产生的影响等。

任务准备

各组成员协作完成材料的搜集和整理等准备工作。

实施记录

各组将活动的具体实施情况记录在表 4-1 中。

表 4-1　实施情况记录

实施项目	实施步骤	备注
活动过程	1. 各组搜集模范故事材料并确定故事讲述人 2. 各组确定故事主线，组织故事内容，并讲述模范故事 故事主线： 体现爱岗敬业精神的情节： 体现以身立教品质的故事情节： 3. 活动结束后，写一篇活动总结	
心得体会		

任务评价

各组成员可参考表 4-2 所列的评价标准对任务实施过程和结果进行评价，并请老师进行点评。

表 4-2　任务实施评价表

评价项目	评价标准	分值	评价分数		教师点评
			自评	互评	
准备工作（15%）	提前搜集托育服务从业人员模范人物事迹材料，做好活动准备	15 分			
技能实操（50%）	小组分工明确，组员之间配合良好	10 分			
	深刻认识爱岗敬业、以身立教的重要性，并通过讲述故事突显这些品质的重要性	20 分			
	能通过讲述模范故事，深入阐述爱岗敬业、以身立教的内涵，生动诠释托育服务从业人员的敬业精神和奉献精神	20 分			
结果呈现（35%）	故事主题突出，内容丰富，故事讲述得生动形象	10 分			
	总结逻辑清晰，感悟深刻	10 分			
	增强了遵守职业道德规范、学习劳模精神的自觉性	15 分			
总评	自评（40%）+互评（60%）=	教师（签名）：			

任务二 把握托育本质，呵护幼儿成长

任务导入

关注幼儿情感，促进幼儿心理健康

李老师是某托育机构的保育人员，她在保育保教工作中十分照顾婴幼儿的心理感受，并给予婴幼儿积极的情感回应，以促进其心理的健康发展。就拿入托的事来说，一些新入托的婴幼儿会出现入托焦虑，在托育机构门口哭闹（见图 4-2），不愿意离开父母而进入陌生的托育机构。李老师知道这是婴幼儿缺乏安全感的表现。于是，她耐心地安抚婴幼儿，帮助他们缓解焦虑的情绪。在婴幼儿的情绪稳定下来后，李老师才会将他们带入托育机构。这种做法为今后保育人员与婴幼儿建立信任关系、增强情感联系打下了基础。

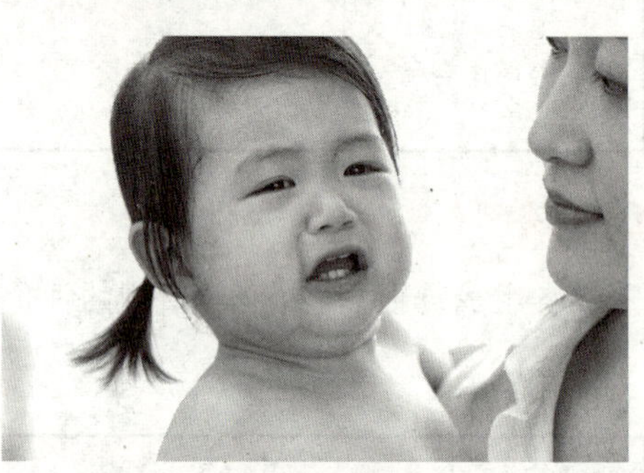
图 4-2 哭闹

再拿日常行为习惯的纠正来说，一些婴幼儿喜欢吮吸手指，这种现象出现的原因可能是婴幼儿在生理上有吮吸需求或在心理上紧张焦虑。强行制止这种行为可能导致婴幼儿口欲期的需求得不到满足，使婴幼儿将来在行为习惯上变本加厉，从而变得没有自制力，或者导致婴幼儿不安全感加剧，心理健康得不到保障。于是，李老师通过为婴幼儿提供奶嘴、组织丰富的活动等形式，满足其吮吸欲，或者转移其注意力。对于月龄大一点的婴幼儿，李老师还会通过讲故事、解读图片等形式，告诉他们把手放在嘴里很不卫生。当婴幼儿明白吮吸手指不健康并做出改变的时候，李老师会及时地肯定他们，鼓励他们，以增强他们的自信心，培养他们的自制力。久而久之，喜欢吮吸手指的婴幼儿就不知不觉地纠正了这个行为习惯。

（资料来源：东城教研网，有改动）

任务清单

上述案例中，李老师的行为体现了哪些职业道德品质？托育服务从业人员应当如何理解和关爱婴幼儿？请带着这些疑问完成以下任务。

（1）了解托育服务从业人员理解和关爱婴幼儿的重要性。

（2）熟悉托育服务从业人员理解和关爱婴幼儿的践行要求。

引导问题 1：托育机构保育人员应当如何保护婴幼儿的人身安全？

引导问题 2：托育机构保育人员应当如何呵护婴幼儿的身心健康？

引导问题 3：托育服务从业人员应当如何尊重婴幼儿的人格和权利？

一、理解和关爱婴幼儿的重要性

对婴幼儿的理解和关爱，是托育服务从业人员特有的一种职业情感，是良好的师幼关系得以存在和发展的基础，也是从业人员必须具备的道德品质。

（一）有利于婴幼儿的身心健康发展

0～3 岁婴幼儿的身心处于迅速发展时期，可塑性极强。这一时期是培养婴幼儿自尊心、自信心和行为自主性（即个体按自己意愿行事的特性）的重要时期，也是婴幼儿与周围的人建立信任关系的重要时期。在这一发展阶段，给予婴幼儿足够的理解和关爱，有利于婴幼儿塑造健康的人格，增强行为的自主性和独立性，并与他人建立良好的信任关系，从而有助于婴幼儿的身心和谐、健康发展。

（二）有利于提升托育服务专业化水平

理解和关爱婴幼儿是托育服务从业人员职业道德规范的重要内容，也是托育服务从业人员必须具备的专业素质和职业情感。0～3 岁的婴幼儿情感相对脆弱，托育服务从业人员理解和关爱婴幼儿，有利于与婴幼儿建立良好的信任关系和情感基础，为顺利开展托育服务工作消除障碍。同时，理解和关爱婴幼儿有利于托育服务从业人员在婴幼儿身体发育、心理发展、习惯养成等各个方面更好地落实科学照护理念。无论是为顺利开展工作消除障碍，还是全方位落实科学的照护理念，都有利于提升托育服务专业化水平。

（三）有利于托育服务行业的规范、优质发展

从社会发展角度来看，托育服务行业发展的历史就是托育服务从业人员不断地用爱和智慧诠释人文关怀的历程。可以说，托育服务从业人员理解和关爱婴幼儿体现了人类社会的人道主义精神。在法制逐步健全的现代社会，理解和关爱婴幼儿是社会对托育服务从业人员提出的理念层面的要求，更是政策法规将托育服务行为规范化的具体呈现。在这种背景下，理解和关爱婴幼儿有利于托育服务行业的规范、优质发展。

二、理解和关爱婴幼儿的践行要求

（一）保护婴幼儿的人身安全

保护婴幼儿的人身安全是托育服务从业人员的首要职责。从职业道德的角度来讲，托育服务从业人员保护婴幼儿人身安全的践行要求包括以下两个方面。

1. 注重安全教育，强化责任担当

托育服务从业人员要增强安全意识，将安全理念贯穿于托育服务工作的各个方面。首先，托育服务从业人员要学习并掌握托育机构的安全防范措施，以便为婴幼儿的在托生活提供安全保障。其次，托育服务从业人员要强化责任担当，牢记在紧急情况发生时将婴幼儿生命安全放在首位的职业道德原则。例如，发生地震、火灾等突发事件时，托育服务从业人员应优先保护婴幼儿的生命安全。最后，托育服务从业人员要通过多种形式加强对婴幼儿的安全教育，帮助其树立安全意识。例如，采用讲故事、唱儿歌、看图画等形式，让婴幼儿认识到如果不注意安全就可能产生的危险后果；通过情景表演，让婴幼儿学会识别各种危险因素；等等。

2. 做好安全防护，业者责无旁贷

托育服务从业人员要随时关注婴幼儿的安全，尽职尽责地做好全方位安全防护，保护好每一个婴幼儿。一方面，托育机构要加强安全管理；另一方面，从业人员要严格落实安全管理制度，规范自身行为，及时消除婴幼儿身边的安全隐患，全力保障婴幼儿的人身安全。例如，晨检时，从业人员要确保婴幼儿未携带不安全物品进入托育机构；开展活动时，从业人员要消除活动室内的一切尖锐物品，确保桌椅摆放牢稳安全等。

托育服务从业人员是婴幼儿在托时的直接管理者和保护者，对婴幼儿的生命安全负有重大责任。在危急时刻，从业人员应挺身而出，保障婴幼儿的生命安全。

实例评析

尽心守护，助幼成长

秦老师在某托育机构做了7年的保育老师，工作认真负责，在婴幼儿安全防护方面积累了丰富的经验。他在为托育机构新入职的保育老师做培训时经常强调婴幼儿的安全防护问题。秦老师要求保育老师们时刻留意婴幼儿身上或附近是否有危险因素，要采取有效措施避免危险事件的发生。就拿午睡来说，一些婴幼儿会将头上的小皮筋取下来放在手里玩耍，甚至会放到嘴里，这存在很大的安全隐患。秦老师指出，保育老师在巡视时，要检查婴幼儿的手里或床上是否有小皮筋、小纽扣等小件物品，避免造成异物伤害。诸如此类的情况很多，这要求保育老师有耐心和责任心，及时发现并处理婴幼儿身边的安全隐患。

同时，秦老师指出，婴幼儿的室外活动存在很多危险因素，保育老师每次开展婴幼儿室外活动之前都应认真排查安全隐患，并在活动过程中做好安全防护工作。具体来说，活动前，保育老师应对活动场地进行详细检查，确保地上没有残留的水渍和尖锐物品，滑梯等游乐设施有保护装置，等等；对婴幼儿身上的物品进行检查，确保他们没有携带绳、链等易导致绕颈或窒息的危险物品，等等。活动时，保育老师应与各位老师做好分工，照护好每一个婴幼儿，特别关注个别体弱的婴幼儿。

秦老师在婴幼儿安全防护方面的工作做得十分到位，还将宝贵的经验传授给新入职的老师。他因此获得了托育机构负责人的认可与赞赏，也赢得了婴幼儿家长的信任与支持。

评析： 案例中，秦老师尽职尽责地开展婴幼儿安全防护工作，并将相关经验传授给新入职的保育老师，为婴幼儿的安全提供了重要保障。

（资料来源：幼儿教师教育网，有改动）

课证对接

保护婴幼儿人身安全的相关知识是保育员职业技能认定考试的考查要点。

（二）呵护婴幼儿的身心健康

1. 遵循婴幼儿的生长规律

婴幼儿的生长发育过程具有一定的客观规律，如果托育服务从业人员在开展托育服务活动的过程中违背了这个生长规律，婴幼儿的生长发育就会受到不利影响。因此，托育服务从业人员要遵循婴幼儿的生长规律，清楚婴幼儿不同时期的身体生长发育指标，科学合理地安排婴幼儿的生活和餐食，而不能揠苗助长。例如，在引导婴幼儿就餐时，可以引导4～5个月的婴幼儿自己扶奶瓶吃奶（见图4-3），教导6～7个月的婴幼儿自己抱瓶吃奶；对于15～17个月的婴幼儿，可以适当发展其语言能力，引导他们将语言与实物或动作联系起来。

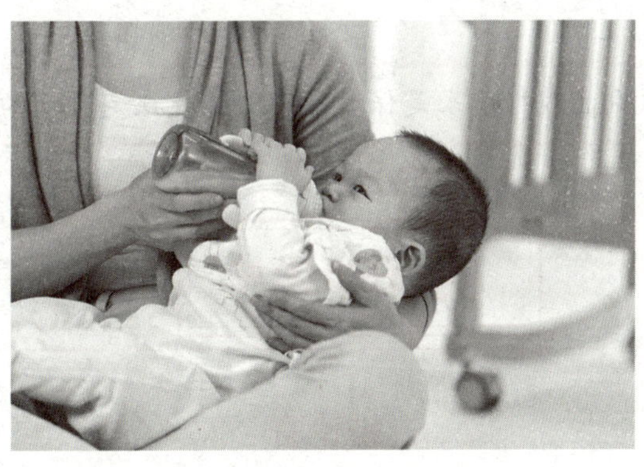

图4-3　自己扶奶瓶吃奶

2. 关注婴幼儿的心理感受

在婴幼儿进行游戏或活动时，托育服务从业人员要关注婴幼儿的心理感受，观察和解读婴幼儿的情绪变化，并对婴幼儿发起的各种互动行为给予积极回应。这样不仅能让婴幼儿获得知识技能和活动经验，还能帮助婴幼儿在游戏和活动中获得积极的情感体验，促进婴幼儿与从业人员良好依恋关系的建立。

3. 注意婴幼儿的个体差异

不同婴幼儿的生理和心理的发展水平各不相同，托育服务从业人员要注意婴幼儿之间的个体差异，为不同发展水平的婴幼儿提供有针对性的支持和引导。例如，有些婴幼儿的动作发展相对缓慢，托育服务从业人员要根据他们的动作发展水平引导他们进行循序渐进的动作训练，而不能让他们进行与动作发展正常的婴幼儿同样强度的动作训练。

4. 重视婴幼儿的童年价值

童年是人生的起始阶段，童年生活对个体的终身发展具有重要价值。托育服务从业人员要自觉关注婴幼儿的生活状态和生活体验，用心守护婴幼儿的童年。概括来说，托育服务从业人员应做到以下几点。

某托育机构的一日生活流程

（1）要合理安排婴幼儿的一日生活，通过娃娃屋、小吃店模拟情景等游戏，将保育保教的内容与婴幼儿的日常生活联系起来，让保育保教活动焕发生命的活力，让婴幼儿每一天都能获得愉快、自由的幸福体验。

（2）要善于创设有利于婴幼儿成长的托育环境，提供丰富而有趣的活动材料，最大限度地满足婴幼儿通过直接感知、实际操作和亲身体验获取经验的需要。

（三）尊重婴幼儿的人格和权利

托育服务从业人员要认识到婴幼儿是有自己的感受和想法的独立个体，要在各个方面给予他们充分的尊重。这就要求托育服务从业人员在日常工作中规范自己的行为，尊重婴幼儿的人格和权利，不得歧视、侮辱、虐待婴幼儿。歧视、侮辱婴幼儿是对婴幼儿人格的漠视，虐待婴幼儿更是对婴幼儿人身权利的直接侵犯，都会对婴幼儿身心造成不可弥补的伤害。托育服务从业人员在托育服务实践活动中一定要杜绝这些行为的发生。

课证对接

尊重婴幼儿人格和权利的践行要求是保育员职业技能认定考试的考查要点。

任务实施

辩论赛

任务目的

通过辩论赛，深刻认识理解和关爱婴幼儿的重要性，掌握理解和关爱婴幼儿的践行要求，树立理解婴幼儿、关爱婴幼儿的从业理念。

任务描述

在托育服务工作中，如何平衡规范婴幼儿行为和尊重婴幼儿天性的关系？请围绕这个问题开展辩论比赛。辩论的议题如下。

（1）在游戏活动时，欣欣没有选择任何游戏，而是站在活动室边上发呆，一连几天都这样。刘老师想帮助欣欣选择游戏，赵老师见状连忙阻止并解释道：“这是自主游戏时间，孩子是游戏的主人，想做什么是他的权利，我们不应当干涉。”刘老师应该如何做？

正方观点：放任不管，充分尊重孩子的自主性。

反方观点：帮助孩子选择游戏。

（2）在保育活动中，是保育目标的实现更重要，还是婴幼儿的体验更重要？

正反观点：保育目标的实现更重要。

反方观点：婴幼儿体验更重要。

（3）在探索活动中，大多数孩子都在老师的指导下用矿泉水瓶进行探索，乐乐却用瓶子东敲敲、西敲敲，还将瓶口放在嘴里吹出"呜呜"的声音。对于乐乐的行为，老师是应该制止并将他拉回集体活动，还是应该尊重乐乐的个性化发展？

正方观点：制止乐乐的行为并将他拉回集体活动。

反方观点：尊重乐乐的个性化发展。

比赛的要求如下。

（1）比赛分组进行。分组前，先选出一名主持人和记录员。其余同学每 4 人为一组，分别担任辩论的一、二、三、四号辩手。

（2）各组抽签决定辩论的议题和正反方，抽到同一题目的正、反两方互相对决。

（3）根据辩论现场正反双方表现评出胜出方，教师可对胜出方进行适当的奖励。

任务准备

比赛前，各组成员根据本组辩论观点搜集相关资料，并将资料的搜集与整理情况填入表 4-3 中。

表 4-3　资料准备情况

<table>
<tr><td>班级</td><td colspan="2"></td><td>指导教师</td><td colspan="2"></td></tr>
<tr><td>组号</td><td></td><td>姓名</td><td></td><td>学号</td><td></td></tr>
<tr><td>辩论议题序号</td><td></td><td>辩论观点</td><td colspan="3"></td></tr>
<tr><td>相关资料</td><td colspan="5"></td></tr>
</table>

实施记录

各组按照辩论比赛的要求开展实践活动，并将具体的实施情况记录在表 4-4 中。

表 4-4　实施情况记录

实施项目	实施步骤	备注
比赛过程	1. 主持人宣布辩题并介绍参赛组的观点 2. 立论阶段：双方一辩（正方先）分别阐述己方观点，各 3 分钟 己方观点： 立论依据： 3. 攻辩阶段：正方二辩向反方二辩和反方三辩共提出三个问题（每次提问不超过 10 秒，每次回答不超过 20 秒）	

续表

实施项目	实施步骤	备注
比赛过程	反方二辩向正方二辩和正方三辩共提出三个问题（每次提问不超过 10 秒，每次回答不超过 20 秒） 4. 自由辩论阶段：双方（正方先）开始自由提问，各 5 分钟 5. 总结陈词阶段：双方（反方先）四辩总结陈词，各 3 分钟 6. 辩论结束后，请老师对正反方的表现进行点评	
心得体会		

任务评价

各组成员可参考表 4-5 所列的评价标准对任务实施过程和结果进行评价，并请老师进行点评。

表 4-5　任务实施评价表

评价项目	评价标准	分值	评价分数		教师点评
			自评	互评	
准备工作（20%）	提前确定辩论议题及观点，确定小组辩手并分工	5 分			
	根据己方观点准备辩论资料，包括立论资料、提问资料及应对对方提问的资料等	15 分			
技能实操（55%）	小组分工明确，组员之间配合良好	5 分			
	能准确搜集与己方观点相关的资料，并对所搜集的资料内容进行整理和提炼，以支撑己方观点	10 分			
	明确理解和关爱婴幼儿的重要性，能将其与己方观点巧妙融合	15 分			
	能根据辩论现场的情况向对方进行简明提问，直击要害，并能有理、有据地回答对方的提问	10 分			
	能在辩论过程中，充分阐述自己对理解和关爱婴幼儿理念的深刻认识	15 分			
结果呈现（25%）	辩论双方通过语言碰撞、思想交锋，呈现了一场精彩绝伦的辩论赛	10 分			
	树立了尊重婴幼儿、关爱婴幼儿的从业理念	15 分			
总评	自评（40%）+互评（60%）=	教师（签名）：			

任务三 关注托育理念，坚持保教结合

任务导入

科学托育理念护航幼儿成长

吴老师是某托育机构的保育人员，她对科学育儿理念和家托共育理念有深刻的认识，并坚持在实际工作中践行这些科学的托育理念。

在科学育儿方面，吴老师在制订保育保教目标、设计保育保教活动、创设托育环境等工作中，会充分考虑婴幼儿的年龄特点、生长发育规律和情感需要等因素。就拿婴幼儿精细运动能力的培养来说，对于0～1岁的婴幼儿，吴老师会为他们提供合适的玩具，以锻炼他们的抓、握、捏等精细动作能力；对于1～3岁的婴幼儿，吴老师会组织他们开展涂鸦、挖沙、捞鱼、穿珠子、玩积木等游戏活动，以锻炼他们在绘画、搭建、简单手工制作等方面的精细动作能力。

在家托共育方面，吴老师会根据婴幼儿的实际情况与婴幼儿家长进行沟通交流，为家长提供科学育儿指导，共同促进婴幼儿的全面发展。就拿幼儿语言表达的能力发展来说，吴老师认为幼儿不爱说话可能是因为缺乏表达的勇气，所以她建议家长在生活中多为幼儿创造语言表达的机会，多鼓励他们与身边的人进行交流，尤其是与小朋友交流。同时，吴老师经常在班级里开展“找朋友”“小白兔请客”等互动活动，鼓励幼儿积极参与其中，并对他们在活动中的良好表现给予及时表扬，以增强他们的自信心。三个月后，那些不爱说话的幼儿语言表达能力得到了很大的改善，他们每天都会主动向吴老师问好，与同伴分享他们的小秘密。

吴老师的科学托育理念为婴幼儿的健康发展提供了有力支持，她也因此获得了领导的赏识和家长的称赞。

任务清单

你认为上述案例中的吴老师对科学托育理念的认识全面吗？托育服务从业人员应该树立哪些托育理念？请带着这些疑问完成以下任务。

（1）明确科学育儿理念的重要性和践行要求。

（2）明确保育为主、保教结合理念的重要性和践行要求。

（3）了解实现家托共育理念的重要性和践行要求。

一、关注科学育儿理念

科学育儿理念是指根据最新的科学研究和实践经验确定的符合儿童成长发展需求的育儿方案和策略。

（一）科学育儿理念的重要性

科学育儿理念影响着托育服务从业人员照护服务活动的方方面面。一方面，在科学育儿理念的指导下，托育服务从业人员可以根据婴幼儿的成长周期、认知发展、身体发育、心理发育等方面的规律和特点，制订出更加科学的育儿计划和方案，从而促进婴幼儿的全面发展。另一方面，托育服务从业人员在科学育儿理念的指导下，可以有效地指导家长更新育儿观念、学习科学育儿知识，帮助家长提升科学育儿的能力，从而增强家庭科学育儿活动的实效性和可持续性。

（二）科学育儿理念的践行要求

1. 树立科学育儿观念，提升科学育儿素养

科学育儿主要指运用科学的理论知识和正确的育儿方法来照护和养育婴幼儿。托育服务从业人员要认识到育儿观念和素养在托育服务过程中的重要作用，进而树立科学育儿观念，提升科学育儿素养。具体而言，托育服务从业人员应通过阅读儿童发展、心理学、儿童社会行为发展、亲子关系方面的书籍，以及参加科学育儿实践活动等方式，学习科学育儿理论和科学育儿技能，不断提升科学育儿素养。

婴幼儿神经心理发展的主要标志

2. 把握家长育儿需求，优化科学育儿方案

为家庭提供科学育儿指导是婴幼儿照护服务发展的重点任务。这就要求托育服务从业人员把握婴幼儿家长的育儿需求，为他们提供定制的科学育儿指导方案。具体而言，托育服务从业人员要为婴幼儿家长提供科学育儿支撑，传授科学育儿知识和技能，有针对性地提供科学育儿指导服务，缓解婴幼儿家长的育儿压力。

3. 自觉调整角色定位，开展科学照护活动

托育服务从业人员在婴幼儿照护服务中扮演着多种角色，既是婴幼儿生活活动的照料者，也是婴幼儿游戏活动的组织者和观察者。

图 4-4　开展科学照护活动

托育服务从业人员在开展科学照护活动（见图 4-4）时，要根据不同类型活动的需要，自觉调整自己在托育服务中的角色定位，用科学的方法促进婴幼儿的健康成长，帮助婴幼儿获取基本生活经验和知识。例如，在生活活动中，托育服务从业人员要了解婴幼儿的成长需求和发育特点，有针对性地为婴幼儿提供科学搭配的膳食，合理安排婴幼儿的一日生活，促进婴幼儿

的身体健康；在游戏活动中，托育服务从业人员要根据婴幼儿的心理特点和能力发展需要，安排与之月龄相适应的游戏，促进婴幼儿的早期智力开发。

二、坚持保育为主、保教结合理念

托育服务中的保育为主、保教结合理念主要包含以下三层意思：一是托育机构的保育工作相对于教育工作而言具有更重要的地位；二是托育机构不仅要保育婴幼儿还要教育婴幼儿，换句话说，托育服务从业人员不仅要对婴幼儿进行生活照料，还要为他们的早期学习提供支持；三是保育和保教虽各有侧重，但是托育服务实践应做到保中有教、教中有保，确保两者相互结合、相互联系、相互渗透。保育为主、保教结合的理念在托育服务活动中具有重要作用，托育服务从业人员应当践行这一理念。

（一）保育为主、保教结合理念的重要性

一方面，婴幼儿处于生长发育的关键时期，其身体和心理在这一时期快速发育，体重不断增长，各方面的能力不断发展。在这种情况下，托育服务从业人员的保育显得尤为重要。有效的保育工作能促使婴幼儿的身体机能得到良好发展，使其身心健康状态得到保障。另一方面，婴幼儿处于成长发育的关键时期，可塑性很强，托育服务从业人员开展有效的保教工作，能促使婴幼儿养成良好的生活习惯，让婴幼儿的手眼协调能力、语言能力等得到发展。

保育和保教的有机结合，能够让托育服务活动实现保中有教、教中有保，有效地促进托育服务工作效率与质量的提升，从而让婴幼儿获得更好更全面的发展。反之，若将保育和保教分离开来或者将两者的主次地位颠倒，两者本身所具备的积极效用就难以有效地发挥出来，从而影响婴幼儿的全面发展。

（二）保育为主、保教结合理念的践行要求

1. 转变服务理念，注重育儿方法

托育服务从业人员应摒弃当前不合理的婴幼儿托育服务理念，深刻理解保育为主、保教结合理念的内涵，并在实际工作中践行保育为主、保教结合的托育理念。同时，通过学习保育保教理论知识、参加经验交流活动等方式，掌握与该理念相符合的策略和方法，进而将这些策略和方法运用到保育保教活动中去，将保育为主、保教结合的理念落到实处。

实例评析

在点滴中践行保育保教理念

王老师是某托育机构的保育人员，她是保育为主、保教结合理念的积极践行者。在她的工作当中，处处体现着该理念的精神要义。

在婴幼儿入园时，王老师会配合保健人员赵老师对婴幼儿进行晨检。在了解了婴幼儿的健康状况后，王老师会根据实际情况调整保教活动内容。

在组织餐饮活动时，王老师会根据婴幼儿的生长发育特点和营养需求搭配食物，保证

婴幼儿的营养均衡。进餐前，王老师会通过讲故事、朗诵诗歌等方式让婴幼儿认识各种食物、了解中华饮食文化；进餐过程中，王老师还会通过示范、提醒等方式规范婴幼儿的用餐言行，促使他们养成良好的行为习惯。

在组织午睡活动时，王老师会根据婴幼儿的年龄特点安排午睡时长，确保婴幼儿获得充足的睡眠。午睡结束后，王老师还会通过一些小游戏引导婴幼儿自己穿衣服、系鞋带，培养婴幼儿的生活自理能力。

在组织户外活动时，王老师会根据婴幼儿的年龄特点安排户外活动时长，并根据户外活动时长准备丰富多样的活动项目（如拍球、走平衡木、滑滑梯、玩“老鹰抓小鸡”游戏等），培养婴幼儿的规则意识，帮助婴幼儿掌握基本的大运动技能，增强婴幼儿的心肺功能。

王老师认为，将保育为主、保教结合理念渗透到婴幼儿的一日活动中，不仅可以让婴幼儿的身体机能得到良好发展，促进婴幼儿的身心健康，还可以培养婴幼儿的生活自理能力，促进婴幼儿的早期智力发育，为婴幼儿今后的发展奠定良好基础。

评析：案例中，王老师将保育为主、保教结合理念渗透到婴幼儿的晨检、进餐、午睡、户外活动中，并且在各种活动中结合实际情况选择恰当的育儿方法。这说明王老师不仅深刻理解了保育为主、保教结合理念的内涵，还在保育保教工作中切实践行了保育为主、保教结合理念。

（资料来源：刘淑华．幼儿园一日活动中的保教结合分析［J］．当代家庭教育，2021(33)：2，有改动）

2．加强协作配合，提升服务水平

在践行保育为主、保教结合理念的过程中，保育人员和保健人员要相互配合。具体来说，保健人员应做好婴幼儿卫生消毒、健康检查、体格锻炼、伤害预防等方面的工作，为保育工作的开展创造良好条件，并提供相关数据支持。保育人员要根据婴幼儿的生长发育特点和保健人员提供的相关数据（如婴幼儿生长发育监测数据、健康检查数据等）制订保教目标、确定保教内容等。两者相互配合，以便真正做到保育为主、保教结合，从而提升保育保教服务水平。

三、实现家托共育理念

家托共育是指托育机构与婴幼儿家长通过沟通交流、相互协作、资源共享，共同推进婴幼儿保育保教工作顺利开展的一种照护理念。托育服务从业人员要明确家托共育的重要性，努力践行家托共育理念。

（一）家托共育的重要性

1．有利于提高家长的科学育儿水平

婴幼儿家长大多没有接受过系统化的育儿教育，育儿时可能会使用错误的方法。例如，一些家长过分溺爱幼儿，对其所犯的错误视而不见；一些家长育儿观念落后、不科学，常用训斥或责罚的方式教育孩子。家托共育理念要求托育服务从业人员向家长传授科学的育儿知识和方法，纠正家长不正确、不科学的育儿方式，这有利于提升家长的科学育儿水平。

2. 有利于发挥家托互补优势

著名幼教专家陈鹤琴说："幼儿教育是一种很复杂的事情，不是家庭一方面可以单独胜任的，也不是幼儿园一方面可以单独胜任的；必定要两个方面共同合作才能得到充分的功效。"相对于幼儿园，托育机构照护的婴幼儿年龄更小，他们更需要托育机构和家庭双方共同的照护。家庭照护虽然不如托育机构照护这样系统和规范，但其在照护活动中占据了重要地位，对婴幼儿真善美等价值观的形成具有重要影响。托育机构则拥有正规化、制度化、科学化的婴幼儿照护优势。因此，家托共育有利于发挥家托互补优势。

3. 有利于婴幼儿身心健康的发展

一方面，在家庭育儿活动中，婴幼儿家长可以通过与婴幼儿一起玩耍、阅读、聊天等方式，为婴幼儿提供丰富的情感和认知经验，培养婴幼儿的各种能力和素质，建立和谐的亲子关系。另一方面，托育机构可以通过开展托育服务活动，为婴幼儿提供更多的实践机会，有利于婴幼儿情感、智力、社交等各方面能力的发展。家托共育能促使婴幼儿家长和托育服务从业人员之间的沟通和交流，让双方更加了解彼此的育儿理念和方法，进而共同制订适合婴幼儿的托育服务方案，让婴幼儿在家庭和托育机构两个环境中得到协调一致的科学的照护，从而促进婴幼儿身心健康的发展。

（二）家托共育的践行要求

1. 树立共育理念

托育服务从业人员应当认识到，婴幼儿照护和教育任务并非由家长或托育机构其中的一方单独完成的，托育机构的照护服务具有显著的专业性特质，婴幼儿家长的家庭照护具有显著的亲子教育特点，两者无法相互替代，只有相互配合，才能让婴幼儿获得更优质的成长环境。因此，在照护婴幼儿的过程中，托育服务从业人员和婴幼儿家长都要树立家托共育理念，建立良好的家托共育照护模式，让婴幼儿获得更为优质的照料和养育。

2. 挖掘共育资源

婴幼儿家长们往往有着不同的生活背景、个性品质、兴趣爱好、社会职务（如运动员、警察、医生、营养师等），他们能够提供各种信息和资源。托育服务从业人员应该善于挖掘并有效利用家长的教育资源，创造机会让家长发挥其资源优势，参与托育机构的保育保教活动，以便丰富家托共育的内容和形式。例如，可以邀请从事医生职业的家长走进托育机构，向其他婴幼儿家长普及婴幼儿常见疾病的预防知识；可以邀请从事营养师职业的家长走进课堂，与托育机构保育保健人员沟通交流婴幼儿膳食营养管理和健康管理方面的经验；等等。

3. 丰富互动形式

在快节奏的现代社会，大多数家长工作都比较忙，仅通过面对面的方式进行家托互动越来越不现实。因此，托育服务从业人员要充分利用线上线下多种方式和家长保持联系，努力丰富家托互动形式，实施多样化的家托共育活动。例如，通过设立家长开放日、组织家长沙龙活动、发放家园练习册、与家长面对面交谈等形式进行线下沟通，通过召开班级群讨论会、托育机构官网在线问答、发放电子调查问卷等形式进行线上沟通，了解家长的个性化需求，向家长宣传科学育儿理念，向家长征求科学育儿建议，促进家托互动。

4. 增进家托信任

托育服务从业人员要在了解婴幼儿家长需求的基础上，增加与家长之间的沟通频率，并真诚地与家长进行沟通，为家长提供有针对性的指导服务，增进托育机构与家长之间的信任，促使家长更加积极地配合托育机构践行家托共育理念。

任务实施

设计家托共育方案

任务目的

通过方案设计，深入理解家托共育的内涵，并深刻认识其重要性，明确保育为主、保教结合理念和家托共育理念的践行要求，树立科学育儿的从业理念。

任务描述

假设你是一家托育机构的保育人员，现在要为单位设计一份家托共育方案。方案应符合以下要求。

（1）家托共育方案应充分体现科学育儿理念和保育为主、保教结合理念的精神内涵和践行要求。

（2）家托共育活动的内容丰富，形式新颖，活动频次适宜，活动流程清晰。

活动分组进行，全班学生每 3 人为一组，每组设 1 名组长。方案完成后，以小组为单位在班上分享家托共育方案，并简要阐述方案的设计思路。各小组组长担任评委，对除自己所在小组以外的其他小组的设计方案进行投票，并将票数排名前三的方案粘贴在班级宣传栏内进行为期一周的展示。

任务准备

在设计方案前，各组成员先搜集常见的家托共育活动，并将搜集到的信息填入表 4-6 中。

表 4-6 常见的家托共育活动

<table>
<tr><td>班级</td><td colspan="2"></td><td>指导教师</td><td colspan="2"></td></tr>
<tr><td>组号</td><td></td><td>姓名</td><td></td><td>学号</td><td></td></tr>
<tr><td>常见的家托共育活动</td><td colspan="5"></td></tr>
</table>

实施记录

各组按照活动要求开展实践活动，并将具体的实施情况记录在表 4-7 中。

表 4-7　实施情况记录

实施项目	实施步骤	备注
方案制定	1. 编写设计方案，确定家托共育方案的主题、内容和形式，并说明托育理念的融入思路和途径 2. 确定定期举行的活动名称、目的、流程和频次 活动 1： 活动 2：	
班级分享	各小组派代表上台分享设计方案，并阐述设计思路。活动结束后，将排名前三的设计方案粘贴在班级宣传栏内	
心得体会		

任务评价

各组成员可参考表 4-8 所列的评价标准对任务实施过程和结果进行评价，并请老师进行点评。

表 4-8　任务实施评价表

评价项目	评价标准	分值	评价分数		教师点评
			自评	互评	
准备工作（15%）	提前搜集常见的家托共育活动，确定家托共育方案的主题、内容和形式	15 分			
实施过程（60%）	小组分工明确，组员之间配合良好	5 分			
	深刻理解科学育儿理念和保育为主、保教结合理念的精神内涵，明确科学育儿理念和保育为主、保教结合理念的践行要求	20 分			
	能将科学育儿理念和保育为主、保教结合理念融入家托共育方案，设计出丰富多彩的家托共育活动	20 分			
	在设计家托共育方案时，能根据家托共育理念的践行要求，对方案内容提出合理质疑，并积极参与讨论	15 分			
结果呈现（25%）	方案主题突出，形式新颖，家托共育活动设计合理，操作性强	15 分			
	树立了科学育儿的从业理念	10 分			
总评	自评（40%）+互评（60%）＝	教师（签名）：			

任务四 提升道德素养，赋能专业成长

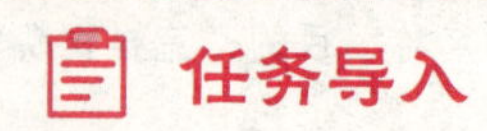

任务导入

坚定政治方向，加强专业学习

张老师是某托育机构的保育人员。在托育服务工作中，她深入学习党的二十大精神，发挥党员的积极带头作用，带领同事开展政治理论学习活动，通过实际行动贯彻落实党的二十大精神，满腔热情地为婴幼儿及其家长提供专业化的托育服务。与此同时，她还不断地坚持学习，提高自己的专业素养。

图 4-5 读书心得记录

每天早晨，张老师都会利用婴幼儿入托前的一段时间，与托育机构的其他老师一起阅读婴幼儿教育、心理发展方面的书籍，丰富自己的专业知识。在阅读时，张老师会将自己的读书心得记录（见图 4-5）下来，整理成读书笔记，方便查阅和分享；学习不易理解的知识时，张老师会及时向同事们请教。

每隔一段时间，张老师都会参加托育机构组织的培训。培训期间，张老师会详细记录理论要点和操作技巧。事后，还会将其灵活地运用到自己的保育保教工作中。

在平时的工作中，张老师经常向托育机构的老教师请教，学习他们处理婴幼儿问题、设计创新活动的方法和经验。

功夫不负有心人，张老师的道德品质和专业素养均得到了很大的提升，她多次被评为其所在托育机构的劳动模范。

任务清单

上述案例中，张老师是如何培养自身的道德情操的？又是如何提升自身的专业素养的？托育服务从业人员应该如何培养道德情操、提升专业素养？请带着这些疑问，完成以下任务。

（1）明确托育服务从业人员培养高尚道德情操的重要性和践行要求。

（2）明确托育服务从业人员提升专业素养的重要性和践行要求。

一、培养高尚的道德情操

（一）培养高尚道德情操的重要性

道德情操通常指道德情感和职业操守的结合。它是道德品质的重要组成部分。高尚的道德情操主要体现为个体在开展职业活动时所体现出来的坚定的信仰、坚强的意志、强烈的使命感、无私奉献的精神等。它是托育服务从业人员践行托育使命时必需的重要品质。在托育服务工作中，培养高尚道德情操的重要性主要体现在以下两个方面。

1. 有利于婴幼儿良好品格的塑造

"教，上所施，下所效也；育，养子使作善。"意思是说，"教"就是上面做示范，下面来模仿；"育"就是培养后代，让他们多做好事。托育服务从业人员培养高尚的道德情操，有利于在工作中以德立身，以德施教，以身作则，并在言传身教的过程中，用自己的道德情操去感染婴幼儿、引导婴幼儿，在潜移默化中促进婴幼儿良好品格的塑造。

2. 有助于托育服务从业人员获得职业发展动力

培养高尚的道德情操能让托育服务从业人员提高思想道德境界，获得不懈努力的内在动力，进而不断提升自我，并将托育服务工作当作自己的事业，在工作中兢兢业业，恪守职责。

（二）培养高尚道德情操的践行要求

1. 坚定政治方向

培养高尚的道德情操，要求托育服务从业人员在思想上坚定政治方向，坚持以人民为中心的发展思想，深入贯彻落实党中央关于托育服务工作的决策部署，用正确的政治理论武装自己的头脑、指导保育保教实践、推动托育服务工作，培养德、智、体、美、劳全面发展的社会主义建设者和接班人。

2. 牢记职业使命

托育服务从业人员要牢记职业使命，不忘初心，潜心育人，做婴幼儿全面发展的促进者、家庭科学养育婴幼儿的指导者、托育服务政策的落实者。在托育服务活动中忠于职守，勤奋耕耘，廉洁自律，用实际行为谱写托育服务事业的伟大赞歌。

3. 感悟榜样精神

托育服务从业人员要想培养高尚的道德情操，就应自觉地以各行各业的新时代楷模为榜样，从他们身上学习忠诚、忘我、奉献、无悔的精神，涵养凛然正气，进而在行动上以更加强烈的使命感和责任感开拓进取、踏实工作，践行奉献精神，为推进婴幼儿照护服务专业化、规范化发展贡献自己的力量。

4. 弘扬优秀文化

我国 5 000 多年文明历史孕育的中华优秀传统文化，党和人民的伟大斗争孕育的革命文化和社会主义先进文化，积淀着中华民族最深层次的精神追求，代表着中华民族独特的精神内核。

托育服务从业人员要厚植中华文化底蕴，坚定文化自信，弘扬中国精神，从史学经典、历史典故、英雄事迹、模范故事中汲取精神力量，提升自己的精神境界，不断培养立德向善的道德情操，力争在托育服务行业内创造出无愧于时代、无愧于人民的业绩。

知识链接

坚定政治方向，传播优秀文化的职业行为准则

《托育从业人员职业行为准则（试行）》中对坚定政治方向、传播优秀文化的具体要求如下。

一、坚定政治方向。坚持以习近平新时代中国特色社会主义思想为指导，贯彻落实党中央关于托育工作的决策部署。不得有损害党中央权威和违背党的路线方针政策的言行。

二、传播优秀文化。传承中华传统美德和优秀文化，践行社会主义核心价值观，培养婴幼儿良好品行和习惯。不得传播有损婴幼儿健康成长的不良文化。

二、提升自身的专业素养

良好的专业素养是做好托育服务工作的前提，自觉提升专业素养是职业个体具有良好职业道德的重要体现。托育服务从业人员应该认识到提升专业素养的重要性，并自觉地践行专业素养提升的具体要求。

（一）提升专业素养的重要性

专业素养的提升能要求托育服务从业人员牢固掌握专业的理论知识和技能，并将这些知识和技能运用到托育服务活动中去，这有利于托育服务从业人员增强职业伦理意识，更好地应对托育服务工作中的困难和挑战，提高工作质量和效率，并避免出现职业操作失误现象，从而维护托育机构的高效运转，提升托育机构的核心竞争力。

（二）提升专业素养的践行要求

1. 加强理论学习

要想提升专业素养，托育服务从业人员首先要加强理论知识的学习，包括学科历史、学科结构体系、学科基础理论、学科知识应用及跨学科知识等理论。同时，要及时了解婴幼儿照护服务相关专业的新动向、新信息，不断更新专业知识。

2. 强化技能训练

除了加强理论知识的学习外，托育服务从业人员还应在托育服务工作中强化技能训练，以提升专业能力。具体而言，从业人员可以通过参加专题讲座、问题研讨、教学观摩、技能培训等活动的方式，强化自身的技能训练。例如，保育人员可以通过参加观摩课活动，学习名师的保育保教方法，提高自身的保育保教水平；可以通过参加问题研讨活动，学习别人的经验和方法，并将其运用到自己的保育保教活动中去，进而不断提升自己的实操技能。

3. 注重总结反思

优秀的托育服务从业人员应该具备良好的反思能力，反思自己在托育服务活动中的言行举止、理论运用情况、技能实操水平等，分析自己的长处和不足，进而及时改进或调整，促进自身专业素养的提升。例如，保育人员可以采用工作日记、说课、听课、总结保育保教经验、与同行研讨交流等方式进行总结反思。反思的内容主要包括以下几个方面：① 是否获得了预期的保育保教效果，并实现了保育保教目标；② 是否创造性地使用了教具；③ 保教过程中是否存在“伪探索”，有无激发婴幼儿的好奇心和探索欲；④ 保育保教活动内容是否适应婴幼儿的个体差异；⑤ 保育保教活动中的临场应变是否得当；⑥ 通过实践摸索出了哪些保育保教规律，保育保教方法上可以进行哪些创新；⑦ 婴幼儿的表现反映出哪些问题，可以如何改进保育保教方案；⑧ 保育保教过程有哪些成功经验；等等。

4. 重视经验升华

托育服务实践活动中的经验往往是个性化的、零散的。要想在更广的范围内使用这些经验，就必须将具体的实践经验上升到理论高度。这要求托育服务从业人员通过提炼升华、研究课题等方式将零散的经验系统化、理论化。因此，托育服务从业人员应增强经验升华意识，善于将实践经验升华到理论的高度，这有利于提升自己的专业能力。

5. 保持心理健康

心理素质是专业素养的重要组成部分。托育服务从业人员的心理素质不仅会影响自身的身体健康和生活状态，还会影响托育服务工作的顺利开展和婴幼儿的心理状态。因此，要想全面提升专业素养，托育服务从业人员必须保持心理健康。具体而言，托育服务从业人员要做到以下三点。

（1）保持良好的心态，以平和、乐观的心态面对生活和工作中的困难。

（2）善于调节自己的情绪。托育服务从业人员可以通过身体锻炼、向朋友倾诉、做自己喜欢做的事情等方式舒缓自己的压力，调节自己的情绪，让情绪处于稳定的状态。

（3）建立良好的人际关系。与身边的人建立良好的关系，积极地帮助他人，同时也在遇到困难与挫折时积极地向他人寻求帮助。

加强专项培训，提升专业素养

上海市奉贤区为深入贯彻上海市人民政府《关于促进和加强本市 3 岁以下幼儿托育服务工作的指导意见》等文件精神，加快推进相关政策的落地实施，进一步提高本区托育服务从业人员职业道德与专业素养。2019 年 10 月 26 日，上海市奉贤区某早教指导服务中心特邀上海开放大学的两位专职讲师田老师和陈老师在实验中学（贝港校区）为全区 300 多名托育服务从业人员开展职业心理健康教育和托育园安全工作培训。

2019 年 10 月 26 日上午，田老师就托育服务从业人员的心理健康问题给参加培训的托育服务从业人员做了精彩的分析和讲解，并通过生动活泼的案例、精彩的视频录像等多种形式与参加培训的托育服务从业人员进行互动交流，现场指导托育服务从业人员如何管理好情绪，保持乐观向上、健康阳光的积极心态，进而以良好的情绪状态投入托育服务工作中。26日下午，陈老师做了题为“托育园安全意识”的专题讲座。她从积极教养婴幼儿、预防发生伤害事故、紧急处理托育园常见意外伤害、培养婴幼儿安全意识等五大方面，阐述了在托育园日常工作中可能遇到的各类安全事故及处置的方式。同时，她反复强调托育服务从业人员一定要守住安全工作的底线，做到警钟长鸣、防微杜渐、沉着冷静。

通过这次心理健康与安全意识的专项培训，学员们表示在今后的托育服务工作中，要将学习到的知识运用到实践中，不断提升自己的育儿水平；要在实践中不断积累经验，带着问题进行持续有效的学习，用专业能力获得社会大众的认可，找到职业发展的成就感。

（资料来源：搜狐网，有改动）

任务实施

素养提升的实践探索

任务目的

通过一系列实践探索活动，深刻认识托育服务从业人员培养高尚道德情操和提升专业素养的重要性，明确自己培养高尚道德情操和提升专业素养的行动方向，增强提升专业素养的自觉性。

任务描述

高尚的道德情操和良好的专业素养是托育服务从业人员必须具备的品质。请按照如下步骤开展实践探索活动。

（1）搜集与道德情操相关的史学经典、历史典故、英雄事迹、模范故事等，在班级内进行分享，结合分享的内容，深入阐述高尚道德情操的精神内涵和具体体现，并谈谈自己从中得到的感悟。

（2）列一份提升自己（未来的托育服务从业者）专业素养的行动计划，要求明确计划中各项活动的具体形式和目的，列出具体的活动名称和流程。

任务准备

探索活动开始前，各位同学按照活动要求完成资料搜集、PPT 制作等准备工作。

实施记录

各位同学按照任务要求开展实践活动，并将具体的实施情况记录在表 4-9 中。

表 4-9 实施情况记录

实施项目	实施步骤	备注
第一步	1. 在班级内分享与道德情操相关的史学经典、历史典故、英雄事迹、模范故事 2. 结合分享的内容谈谈自己的感悟	
第二步	1. 阐述自己对托育服务从业人员专业发展的认识 2. 写出专业素养提升计划的活动形式和目的 3. 列出专业素养提升计划的活动名称和流程	
心得体会		

任务评价

各位同学可参考表 4-10 所列的评价标准对任务实施过程和结果进行评价，并请老师进行点评。

表 4-10 任务实施评价表

评价项目	评价标准	分值	评价分数		教师点评
			自评	互评	
准备工作（15%）	提前完成资料搜集、PPT 制作等准备工作，确定专业素养提升计划的主要思路	15 分			
技能实操（55%）	深刻认识培养高尚道德情操的重要性，明确培养高尚道德情操的践行要求	15 分			
	能准确搜集与道德情操相关的史学经典、历史典故、英雄事迹、模范故事，并通过故事内容进一步理解高尚道德情操的内涵	20 分			
	深刻认识提升专业素养的重要性，明确提升专业素养的践行要求，并根据自己的实际情况构思专业素养提升计划的内容	20 分			
结果呈现（30%）	故事讲述精彩，感染力强，让人感悟深刻；专业素养提升计划目标明确、逻辑清晰，具有较强的可操作性	15 分			
	增强了提升专业素养的自觉性	15 分			
总评	自评（40%）+互评（60%）=	教师（签名）：			

项目检测

一、单项选择题

1. (　　)是人们热爱、珍视自己的职业，在本职工作中勤勉努力，尽职尽责的体现。

A. 遵纪守法　　B. 爱岗敬业

C. 诚实守信　　D. 团结互助

2. 托育服务从业人员的语言应符合(　　)的要求。

A. 大声说话，不带感情色彩　　B. 使用方言，大呼小叫

C. 夸张，喜怒形于色　　D. 语言规范，用语文明

3. 托育服务从业人员在面对同事之间的竞争时应(　　)。

A. 采取不正当手段让对手失败

B. 接纳良性竞争，妥善处理好合作与竞争的关系

C. 相互排斥，互不理睬

D. 失败了就自卑，失去信心，否定自己的一切

4. 乐乐很顽皮，经常不听保育人员李老师的话，并妨碍李老师开展活动，李老师很恼火，在组织活动时会刻意忽视他。你认为李老师的行为(　　)。

A. 正确，乐乐在托育机构一定要听李老师的话

B. 错误，为了维持班级纪律，应将乐乐赶出班级

C. 错误，应理解和关爱婴幼儿，用恰当的方法帮助乐乐纠正不良行为

D. 错误，应通过批评或惩罚，强制乐乐遵守纪律

5. 从科学育儿理念的角度分析，托育服务从业人员面对偏食、挑食的婴幼儿时应(　　)。

A. 急于求成，批评偏食、挑食的婴幼儿

B. 放任不管，婴幼儿饿了自然就会吃

C. 不顾婴幼儿意愿，强迫婴幼儿进食

D. 找出偏食、挑食的原因，有针对性地寻找解决办法

6. 在家托共育过程中，婴幼儿家长充当的角色应该是(　　)。

A. 主导者　　B. 配合者

C. 婴幼儿照护的共育伙伴　　D. 以上都不是

7. 下列关于托育服务从业人员在践行家托共育理念过程中的做法，不正确的是(　　)。

A. 赢得家长的信任　　B. 努力提高双方合作共育的能力

C. 追求家托合作效应的最大化　　D. 全面否定家长的育儿方法

8. 托育服务从业人员参加专题讲座、问题研讨、教学观摩、技能培训等活动时，不应实施(　　)这种行为。

A. 玩手机或与他人聊不相关的话题　　B. 学习优秀同行的经验和方法

C. 学习新的专业知识和技能　　D. 学习名师的保育保教方法

9. 下列选项中，不属于保育人员总结反思的方式的是（　　）。

A. 编写保育保教工作日记　　B. 总结保育保教经验

C. 与同行研讨交流　　D. 编制保育保教课程标准

二、简答题

1. 简述爱国守法、诚实守信的践行要求。
2. 简述爱岗敬业、忠于职守的践行要求。
3. 简述保育为主、保教结合理念的践行要求。

项目综合评价

全班同学每4～6人一组，各组成员结合课前、课中和课后的学习情况和项目检测的情况，按照表4-11的评价标准对该项目的学习效果进行自评和互评，并请老师进行总体评价。

表4-11　项目综合评价表

考核内容	评价标准	分值	评价得分		
			自评	互评	师评
过程与方法考核（25%）	课前积极预习，能通过互联网、图书馆等媒介搜集、整理与托育服务从业人员职业道德规范相关的资料，并进行归纳总结	10分			
	认真思考任务导入中的提问，积极参与课堂互动活动，并踊跃发表自己的看法	15分			
知识与技能考核（55%）	能简要阐述爱国守法、诚实守信的职业道德践行要求，并能正确判断托育服务从业人员的行为是否符合爱岗敬业、为人师表的职业道德规范	15分			
	能阐述理解和关爱婴幼儿的践行要求，能够根据婴幼儿的实际情况提供科学的婴幼儿照护服务	20分			
	深刻认识了科学育儿理念，保育为主、保教结合理念，以及家托共育理念的重要性，并能根据这些科学托育理念制订科学的保育保教方案	20分			
综合素养考核（20%）	深刻认识到了培养高尚道德情操的重要性，并自觉按照践行要求培养自己的道德情操	10分			
	认识到了提升专业素养的重要性，并自觉提升自身的专业素养，为将来从事托育服务工作做准备	10分			
总评	自评（30%）+互评（30%）+师评（40%）=	教师（签名）：			

项目五

践行道德规范——托育服务从业人员职业道德应用

项目导读

托育服务从业人员在开展婴幼儿照护服务工作时，不可避免地要与托育机构、婴幼儿、家长及同事建立关系。在建立这些关系和处理各种事务的过程中，从业人员需要积极践行职业道德规范，以便推进托育服务工作的顺利开展，更好地应对工作中的压力与挑战。本项目将分别介绍托育服务从业人员与托育机构、婴幼儿、家长、同事的关系中的职业道德应用。

学习目标

知识目标

- 了解托育服务从业人员与机构关系中职业道德建设的意义和职业道德要求。
- 掌握托育服务从业人员与婴幼儿关系中职业道德建设的意义和职业道德要求。
- 熟悉托育服务从业人员与家长关系中职业道德建设的意义和职业道德要求。
- 了解托育服务从业人员同事关系中职业道德建设的意义和职业道德要求。

技能目标

- 能够正确认识从业人员与托育机构的管理与合作关系。
- 能够在与婴幼儿、家长、同事相处的过程中践行相应的职业道德要求。

素质目标

- 在学习、生活、工作中与他人相处时，能够遵循尊重、平等、谦虚、包容的原则，并树立沟通与合作的从业意识。
- 能够积极应对人际关系中的压力与挑战，适时调整自己的心态。

任务一 了解托育服务从业人员与机构关系中的职业道德

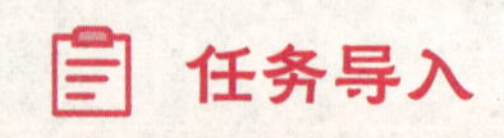

任务导入

穿高跟鞋上班有错吗？

某托育机构的负责人在巡班时发现托小班的李老师穿着高跟鞋带操，不免有些气恼，因为机构已有制度明确规定员工带班期间不准穿高跟鞋，而且管理人员已经强调此项规定很多次了。为了保持制度的严肃性，并确保婴幼儿的安全，负责人当面与李老师说明该行为已违反了机构规章制度，按规定李老师应受到相应的惩罚。不料李老师嘴巴一撇，振振有词地说："罚就罚呗！我穿高跟鞋带班时从来没有发生过安全事故。况且从塑造老师的良好形象上考虑，我个头矮，穿高跟鞋才能突显优雅气质……"

李老师的言行对该机构其他人员产生了负面影响，还给机构的管理带来了诸多阻碍。

（资料来源：山东学前教育网，有改动）

任务清单

你认为上述案例中的李老师对待托育机构管理制度的态度合适吗？托育服务从业人员应该怎样配合托育机构的管理工作？应当遵守哪些职业道德？请带着这些疑问完成以下任务。

（1）了解托育服务从业人员与机构之间关系的特点。

（2）熟悉托育服务从业人员与机构关系中职业道德建设的意义。

（3）掌握托育服务从业人员与机构关系中的职业道德要求。

一、托育服务从业人员与机构关系的特点

托育机构是婴幼儿照护服务机构，托育服务从业人员是婴幼儿照护服务机构中开展托育服务活动的专业人员。托育机构的发展离不开从业人员的辛勤付出和不懈努力，从业人员的成长也离不开机构的支持和帮助，两者不可分离，互为依托。两者之间的关系具有以下特点。

（1）托育机构和托育服务从业人员之间的关系是管理者与被管理者的关系。这种关系是由机构和从业人员的权利与义务决定的。托育机构根据自身规模、工作任务、管理目标和实际需

要制订规章制度。从业人员必须遵循机构的各项规章制度，服从机构的管理，以便合乎规范、有条不紊地开展托育服务工作。

（2）托育机构和托育服务从业人员之间的关系是互相协作的关系。这种协作关系主要体现为以下两个方面：① 托育机构为从业人员提供良好的场地、设施设备等条件，保障从业人员托育服务活动的顺利开展；② 从业人员以专业的知识和技能为婴幼儿提供优质的照护服务，提高托育机构的信誉。

二、托育服务从业人员与机构关系中职业道德建设的意义

托育服务从业人员需要在遵守托育机构规章制度的前提下开展托育服务活动，托育机构的组织文化和服务质量主要由从业人员的工作情况决定。托育机构和从业人员对自身职责的认识和履行情况会受双方理解和践行职业道德规范的情况的影响。因此，托育服务从业人员与机构关系中的职业道德建设具有非常重要的意义。

（一）提高婴幼儿照护服务质量

职业道德建设是托育服务从业人员与托育机构建立融洽、协调关系的保障，有利于两者增进信任和感情，营造和谐的工作氛围，从而提高婴幼儿照护服务质量。相反，如果没有职业道德的规范与约束，从业人员与托育机构之间的关系就缺少道德支撑，这会导致两者不能相互理解和支持，进而导致管理工作混乱，托育秩序失常，最终对托育服务工作的质量产生重大影响。

（二）促进从业人员与托育机构的共同发展

职业道德建设是托育服务从业人员与托育机构建立和谐、稳定关系的基础，有利于提高托育服务工作的质量和效率，从而促进从业人员与托育机构的共同发展。一方面，良好的职业道德建设能给托育机构带来稳步发展的机会，稳步发展的托育机构能为从业人员提供更广阔的发展空间和更好的发展平台，进而促进从业人员的发展。另一方面，良好的职业道德建设可让从业人员更加专注于自身的专业发展，为托育服务职业倾注更多的热情，努力提高托育服务的质量，进而使托育机构的各项托育服务计划落到实处，令托育机构获得更好的发展。

三、托育服务从业人员与机构关系中的职业道德要求

（一）对托育服务从业人员的道德要求

1. 服从托育机构的领导和管理

托育服务从业人员对托育机构管理者的尊重程度与对机构规章制度的落实程度，能直接反映其职业道德水平。在托育服务活动中，从业人员是被管理者，必须接受管理者的管理，遵守一定的职业道德规范。具体而言，托育服务从业人员必须做到以下两点。

（1）自觉服从托育机构关于日常工作的合理安排，正确对待监督和检查等各项活动，自觉遵守托育机构的各项规章制度和相关纪律。

（2）支持托育机构的管理工作，为机构的发展建言献策。托育服务从业人员是托育机构主要的人力资源，除了承担婴幼儿照护服务的责任外，还应协助托育机构管理托育服务事务，做托育机构的得力助手。具体来说，从业人员要主动参与托育机构的建设和发展，及时提出合理的建议，把托育服务工作当成自己的事业，并心甘情愿地为其贡献力量。

实例评析

在平凡岗位上谱写乐章

杨老师自入职某托育机构以来，工作踏实认真，积极参加托育机构的每一项活动，认真完成领导安排的任务，紧随托育机构的发展步伐。

当托育机构安排公开课时，杨老师会积极地利用业余时间认真准备教案和课件，虽然日常工作已经占据了她整天的时间。因为她深知参加讲授公开课可以锻炼自己的专业能力。通过讲授一次次的公开课，杨老师的保育保教专业能力得到了很大的提升，她也因此获得了家长的称赞。

当托育机构将带晚离班这项艰巨的任务交给杨老师时，杨老师义无反顾地接受了。在实施这项任务的过程中，杨老师发现晚离班当前的工作安排存在很多细节上的问题，于是，她积极地和机构负责人进行沟通，并主动提出了自己的想法和改进建议。虽然建议没有被完全采纳，但在这个过程中，杨老师学到了很多关于组织婴幼儿活动的经验和与家长交流的技巧。这有利于她在今后的工作中更好地开展保育保教工作。

此外，在托育机构组织各班老师开展班级环境创设活动时，杨老师积极发表自己的看法，并提出增加班级植物角、设立创意屋等建议，获得了机构管理人员和其他班级老师的认可。

在她的努力下，无论是保育保教工作还是班级环境创设，都得到了托育机构负责人的认可和赞赏。

评析：案例中，杨老师服从托育机构的管理和安排，不仅在完成工作的同时主动锻炼自己的保育保教能力，还主动为托育机构的发展提出了可行性建议，是平凡岗位上的劳动模范。

（资料来源：搜狐网，有改动）

2. 提高自身的思想素养和道德修养

作为托育机构的被管理者，无论是保育保健人员还是其他部门职工，都应不断提高自身的思想素养和道德修养。概括而言，从业人员要做到以下两点。

（1）多一些奉献，少一些计较。托育服务工作的特点是用心、用爱、用智慧去培育国家未来的人才，这要求托育服务从业人员具有奉献精神，愿意为托育服务工作付出自己的时间和精力，并且在工作中少计较自己的奉献与付出，认识到少一分计较就多一份快乐，多一份奉献就多收获一份尊重。

（2）多一些反思，少一些牢骚。在托育服务工作中，托育服务从业人员要经常对自己的思想和言行进行反思，不断改进自己的托育服务理念和方法；要少发牢骚，以平和、乐观的心态看待托育机构管理工作的不足或现存问题，并积极主动地配合管理者改进管理工作。

（二）对托育机构的道德要求

托育机构除了按照自己的章程确定服务宗旨、制订规章制度和做出管理决策外，还应加强与托育服务从业人员之间的道德建设，以解决规章制度和管理决策无法覆盖到的实际问题。这种道德建设对托育机构的道德要求如下。

1．尊重、信任、关心从业人员

托育机构要真诚地对待每一名托育服务从业人员，尊重、信任、关心从业人员，热心地为从业人员服务，支持从业人员提出的合理意见与建议，赢得从业人员的尊重和信赖，合力推动托育服务工作的顺利开展。具体而言，托育机构要尊重从业人员的劳动成果，支持从业人员在托育服务活动中形成自己独特的育儿风格，鼓励从业人员在托育服务理念和方法上有所创新，关心从业人员的身心健康。

2．促进从业人员的职业发展

托育机构要以制度为依托，以机制为动力，以活动为载体，采用激发、引领、助推等多种方式促进托育服务从业人员的职业发展。

所谓激发，是指托育机构通过各种方式（如职业道德教育、党团活动、座谈交流等）让从业人员产生自主发展的内在动力，使其有意识地根据社会对托育服务的要求为自己确定职业发展定位，提高自身的道德修养和专业能力，最终符合托育服务行业发展的需要。

所谓引领，是指托育机构为从业人员的职业发展营造氛围，搭建平台，创设环境，为从业人员的能力提升、才华施展提供条件。引领的具体形式包括组建互补型的保育保教备课组、开展以老带新的互助活动、建立并落实说课评课制度、组织开展基本功大赛、提供外出学习或比赛的机会、组织培训和交流活动（见图 5-1）等。

图 5-1　交流活动

所谓助推，是指托育机构通过建立激励机制，促进和保障从业人员的专业发展，并通过改革当前的管理制度，促使托育服务人才队伍向着结构合理、道德高尚、业务精湛、充满活力的方向发展，进一步激发从业人员开展托育服务工作的积极性、主动性和创造性。助推的具体形式包括制订从业人员评价办法、考核制度和奖励机制等。

任务实施

走访托育机构

任务目的

通过走访活动，加深对托育服务从业人员与托育机构之间关系的认识，明确托育服务从业人员与托育机构关系中的职业道德要求及其意义，自觉提升职业道德素养。

任务描述

请选择附近的一家托育机构（可以是托儿所、亲子园，也可以是幼儿园开设的托班）进行走访。活动要求如下。

（1）通过走访管理人员，了解该机构的管理制度和管理理念，以及管理者在落实管理制度过程中遇到的问题及解决情况。

（2）通过走访基层职员，了解他们在工作中遵守管理制度和职业道德规范的情况，并通过提出情景性问题，了解他们的应对思路和工作态度。

（3）通过3件事或3个人物故事，集中介绍该机构管理人员、基层职员对待职业道德规范的态度和践行职业道德规范的情况。

（4）从该机构找出1名道德模范人物，了解其先进事迹，并根据其先进事迹写一篇感悟职业道德力量的文章。

活动分组进行，全班学生每3人为一组。活动结束后，各组成员根据自己了解的情况谈谈感想。

任务准备

活动前，各组成员通过网站或宣传资料，了解走访对象的发展历程、服务内容、经营理念、人员构成等情况，并制订走访计划。

实施记录

各组按照任务描述开展实践活动，并将具体的实施情况记录在表5-1中。

表5-1　实施情况记录

实施项目	实况记录	备注
活动实施过程	1. 确定走访对象，并制订走访计划 走访对象： 时间地点： 目的和流程： 2. 走访托育机构管理人员，并记录所了解到的情况 该托育机构的管理制度：	

续表

实施项目	实况记录	备注
活动实施过程	该托育机构的管理理念： 管理人员在落实管理制度过程中遇到的问题及解决情况： 3．走访托育机构基层职员，并记录所了解到的情况 基层职员遵守管理制度和职业道德规范的情况： 基层职员的工作态度： 4.通过3件事或3个人物故事介绍该机构管理人员和基层职员对待职业道德规范的态度和践行职业道德规范的情况 故事（事件）1概述： 故事（事件）2概述： 故事（事件）3概述： 5．根据所走访托育机构的道德模范先进事迹，写一篇感悟职业道德力量的文章 6．活动结束后，谈谈自己的感悟	
心得体会		

任务评价

各组成员可参考表5-2所列的评价标准对任务实施过程和结果进行评价，并请老师进行点评。

表5-2　任务实施评价表

评价项目	评价标准	分值	评价分数		教师点评
			自评	互评	
准备工作（15%）	提前确定走访计划	5分			
	提前了解走访对象的发展历程、服务内容、经营理念、人员构成等情况	10分			
技能实操（70%）	小组分工明确，组员之间配合良好	5分			
	深刻认识到托育服务从业人员与托育机构关系中职业道德建设的意义，对托育服务从业人员与托育机构关系中的职业道德要求有了更加深入的理解	20分			
	能准确判断所走访托育机构的管理人员在落实管理制度时是否尊重、信任、关心基层职员，并对其言行进行合理的评价	15分			
	能深入了解所走访托育机构的基层职员对待职业道德规范的态度和践行职业道德规范的情况，并结合所学知识对他们进行客观评价	15分			

续表

评价项目	评价标准	分值	评价分数		教师点评
			自评	互评	
技能实操（70%）	能结合所走访托育机构的道德模范人物的先进事迹，阐述自己对职业道德力量的感悟，并写出富有感染力的文章	15分			
结果呈现（15%）	文章重点突出，逻辑合理，感悟深刻，语言简洁	15分			
总评	自评（40%）+互评（60%）=	教师（签名）：			

任务二　熟悉托育服务从业人员与婴幼儿关系中的职业道德

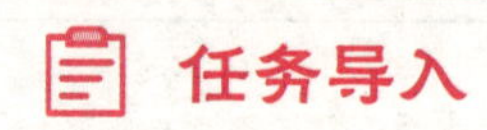

任务导入

平等对待每一个孩子

小谢是某托育机构的一名保育老师。在保育工作中，她自觉遵守职业道德规范的要求，对待每个孩子都一视同仁。

面对性格孤僻、不合群的孩子，小谢不会忽视他们，而是尽量为他们创造与同伴交流的机会，积极地帮助他们提升人际交往的能力。面对语言发展迟缓的孩子，小谢不会歧视他们，而会针对不同的语言问题，采用适当的方法帮助他们提高语言能力。面对家庭背景不同的孩子，小谢不会偏爱家庭条件优越的孩子，也不会歧视家庭条件较差的孩子，而会给予每个孩子平等的发展机会，促使他们共同成长。

正是这种平等对待每个孩子的工作态度，让每一个孩子获得了真诚的关爱和贴心的照料。

任务清单

你认为上述案例中的小谢遵守了哪些职业道德？托育服务从业人员在照护婴幼儿时应遵守哪些职业道德？请带着这疑问完成以下任务。

（1）了解托育服务从业人员与婴幼儿关系的特点。

（2）熟悉托育服务从业人员与婴幼儿关系中职业道德建设的意义。

（3）掌握托育服务从业人员与婴幼儿关系中的道德要求。

一、托育服务从业人员与婴幼儿关系的特点

托育服务从业人员与婴幼儿之间的关系是指从业人员在开展托育服务活动过程中，通过悉心照护、情感沟通等方式与婴幼儿之间形成的一种人际交往关系。从业人员与婴幼儿之间的关系具有以下特点。

（1）托育服务从业人员与婴幼儿之间的关系是照护者与被照护者的关系。这种照护关系主要体现为以下两个方面：① 托育服务从业人员需要根据婴幼儿的生理发展和心理发展的特点，通过提供充足而均衡的营养、组织开展适量的体格锻炼、安排科学的作息时间等方式对婴幼儿进行照护；② 婴幼儿在发展身体机能的过程中需要得到托育服务从业人员的科学照护。

（2）托育服务从业人员与婴幼儿之间的关系是引导者与被引导者的关系。托育服务从业人员在照护婴幼儿的同时，需要根据婴幼儿的身心发展规律设计合适的托育服务活动，引导婴幼儿探索客观世界，发展各方面的能力。婴幼儿需要在从业人员的引导下养成良好的生活行为习惯（如睡眠习惯、卫生习惯、饮食行为习惯等），并逐步发展自己的语言能力、认知能力、社会交往能力、生活自理能力等。

二、托育服务从业人员与婴幼儿关系中职业道德建设的意义

托育服务从业人员的职业道德水平会直接影响其为婴幼儿提供的托育服务质量，进而影响婴幼儿的健康成长。因此，从业人员要加强与婴幼儿关系中的职业道德建设。两者关系中的职业道德建设具有以下意义。

（一）可引导婴幼儿建立良好的同伴关系

在托育服务活动中，从业人员的一言一行都会被婴幼儿模仿或学习，相当于一种直观的道德教科书。如果从业人员以关爱、接纳、开放的态度与婴幼儿相处，在相处过程中尊重他人、诚信友爱，就能给婴幼儿做出良好的道德示范，为婴幼儿营造互帮互助、团结友爱的集体氛围，让婴幼儿在集体活动中自然而然地习得与同伴进行友好交往的技能。相反，如果从业人员不遵守职业道德，婴幼儿就会受到冷漠、势利、懒散、欺骗等不良示范的影响，这不利于婴幼儿与同伴之间的交往，甚至会破坏婴幼儿之间的同伴关系。

（二）可增强从业人员的身份认同感和职业价值感

托育服务从业人员与婴幼儿关系中的职业道德会直接影响托育服务工作的顺利开展，进而影响从业人员职业价值的实现。在托育服务活动中遵守良好的职业道德的从业人员能更好地履行职责，为托育服务工作尽心尽力，主动提高托育服务质量，从而更容易得到婴幼儿的喜爱和信赖，以及家长和领导的认可与赏识。这种来自外界的认可能让从业人员体验到托育服务工作带来的成就感和幸福感，从而增强其身份认同感和职业价值感。

模范风采

扫码阅读托育从业者用奋斗与热爱浇灌托育事业之花的故事，学习他们勤劳勇敢、砥砺前行的精神。

用奋斗与热爱谱写托育新篇章

三、托育服务从业人员与婴幼儿关系中的职业道德要求

（一）尊重幼儿，真诚关爱

尊重婴幼儿是托育服务从业人员开展托育服务活动的基本道德要求。托育服务从业人员应当认识到婴幼儿是具有自主意识和独立人格的主体，在与婴幼儿相处时，要持尊重、民主、理解和宽容的态度，尊重婴幼儿的想法，支持婴幼儿的探索行为。例如，在游戏活动中，允许婴幼儿自由选择自己喜欢的玩具（见图 5-2）；在手工制作活动中，尊重婴幼儿的劳动成果；等等。

图 5-2　自由选择自己喜欢的玩具

关爱婴幼儿是托育服务从业人员作为婴幼儿的养护者和照料者所应当具备的基本道德品质。它要求从业人员保护婴幼儿的生命安全，照料婴幼儿的日常生活，时刻关注婴幼儿的情绪情感状态、人格个性发展情况、行为习惯的培养情况等多个方面。例如，在婴幼儿入托时，从业人员要正确对待婴幼儿的入托焦虑，帮助他们缓解这种焦虑情绪，如图 5-3 所示；在婴幼儿参加游戏活动时，从业人员要提前检查活动设施，确保无安全隐患，保证婴幼儿的安全；当婴幼儿挑食时，从业人员要采取合适的方法纠正婴幼儿的偏食行为，引导婴幼儿养成良好的饮食习惯；等等。

图 5-3 帮助婴幼儿缓解焦虑情绪

托育贴士

适度的入托焦虑是一种正常的现象，在婴幼儿适应环境后会得到缓解或消除。但是，如果婴幼儿焦虑情绪严重，反应激烈，并且表现出明显的生理异常现象，托育服务从业人员就应该予以重视。

课证对接

尊重和关爱婴幼儿的相关知识是保育员职业技能认定考试的考查要点。

（二）一视同仁，平等对待

无论婴幼儿来自什么样的家庭，性格、相貌、健康状况如何，托育服务从业人员都应一视同仁，在托育服务活动中平等地对待每一个婴幼儿，为他们提供平等的发展机会，不偏爱、不歧视任何婴幼儿。例如，在婴幼儿大动作训练活动中，从业人员要给所有婴幼儿平等的动作锻炼机会，不故意忽视动作发展缓慢的婴幼儿；在探索活动中，从业人员不能偏爱智力发展较快的婴幼儿，耐心地引导智力发展较慢的婴幼儿开展探索活动。

课证对接

平等对待婴幼儿的相关知识是保育员职业技能认定考试的考查要点。

互动空间

有的保育老师在组织婴幼儿进行才艺表演时，只让说话流畅的孩子参加，而让说话结巴的孩子在一旁观看。你如何看待这种做法？

（三）耐心陪伴，建立信任

耐心是托育服务从业人员应当具备的素质。耐心地陪伴婴幼儿，能有效地增强婴幼儿对从业人员的信任感。在托育服务活动中，从业人员应当耐心地陪伴婴幼儿，有意识地从婴幼儿的角度考虑问题，了解他们的需要和兴趣等，真正地参与婴幼儿的活动（见图 5-4），并通过一系列互动满足婴幼儿的心理需求，从而拉近与婴幼儿的心理距离，与婴幼儿建立信任关系。

图 5-4　参与婴幼儿的活动

（四）循循善诱，注重鼓励

婴幼儿对一切充满了好奇，喜欢问为什么，也喜欢探索未知的事物。托育服务从业人员在托育服务活动中应循循善诱，善于通过鼓励的方式引导婴幼儿。具体而言，在日常活动中，从业人员要善于使用赞赏的语言，不断地鼓励婴幼儿探索新事物。即使面对做错了事或做了危险举动的婴幼儿，从业人员也应采用合适的方式引导和鼓励他们，告诉他们怎样做是不对的、怎样做才是对的。在引导他们时，从业人员态度要和蔼，语气要温和，表情要轻松，必要时还要顺便表扬他们好的一面。对于经常犯错的婴幼儿，从业人员不要当众批评或指责，而应正面引导和教育，帮助他们认识和改正错误。

需要注意的是，在批评婴幼儿时，从业人员要掌握以下要点：① 要记住批评的是“错误行为”而不是“人”；② 抓住批评的时机，尽量在婴幼儿刚犯错误并对其所犯错误记忆犹新、深有体会时进行；③ 批评要抓住要害，简明扼要，先扬后抑（即批评前尽量先表扬一些优点），这样婴幼儿才乐于接受；④ 批评婴幼儿时要冷静，不能过于情绪化。

互动空间

自然角里的小金鱼活泼可爱，经常吸引婴幼儿围观。有一天，童童突然跑来告诉保育老师：“我不小心把小金鱼弄死了。”如果你是保育老师，你会如何处理这件事呢？

实例评析

以爱为魂，浸润童心

高老师在保育员的岗位上已经工作了 6 年，率性而阳光的她凭着自己对托育服务事业的一腔热血，把时间和精力全部倾注在保育工作上。在与婴幼儿相处的过程中，她始终恪守职业道德。她了解每个孩子的脾气秉性、兴趣爱好，尊重每一个孩子，经常与孩子们一起游戏、一起活动，与孩子们建立了深厚的友谊。强烈的爱心和责任心促使高老师成为孩

子们最亲密的伙伴。

班级里有一些调皮、捣蛋的孩子，当他们犯错误时，高老师并没有当面予以批评，而是循循善诱，先表扬他们好的一面，然后耐心地帮他们分析错误的原因，引导孩子们认识并改正自己的错误。一段时间后，虽然孩子们一如既往地调皮，但是他们犯错误的次数明显减少了很多。

班里的小朋友苗苗平时不爱说话，也不愿意与其他孩子交流，而喜欢一个人静静地玩耍，一遇到困难就哭。高老师担心苗苗当前不善交往的性格影响她将来的人际交往，便采取了一系列措施促使苗苗敞开心扉，有意识地培养她的人际交往能力。在活动课上，高老师鼓励苗苗积极发言，引导她说出自己的想法；做游戏时，高老师耐心地与苗苗交流，谈论她感兴趣的一些话题，鼓励她主动与其他孩子玩耍。就这样，在高老师耐心的鼓励和引导下，苗苗逐渐主动地跟其他孩子交流，遇到问题时愿意寻求别人的帮助，还时常在同伴面前大胆地表达自己的想法。

类似的情况还有很多。比如，有些孩子运动发育比较缓慢，高老师便利用日常生活场景为他们创造爬、走、跑、钻、踢、跳等活动的机会，引导他们反复练习，促使他们逐渐掌握基本的运动技能。高老师说，在托育服务活动中，爱心、耐心和责任心是很重要的，自己作为一名保育老师，必须在保育保教工作中全方位地奉献青春。

评析： 案例中，高老师凭着自己的爱心、耐心和责任心，全心全意地陪伴托育机构的婴幼儿快乐成长，是托育服务活动中优秀的照料者和引导者。

（资料来源：搜狐网，有改动）

任务实施

“爱暖童心，循循善诱”读书沙龙

任务目的

通过读书沙龙，深刻认识托育服务从业人员与婴幼儿关系中职业道德建设的意义，明确相应的道德践行要求，树立真诚关爱婴幼儿、善于鼓励婴幼儿的道德观念。

任务描述

请以“爱暖童心，循循善诱”为主题，举办一场读书沙龙。活动分组进行，全班学生先自行分组，每 4～5 人为一组，每组选出 1 名组长。活动要求如下。

（1）各组成员围绕活动主题搜集相关的书籍、文章、案例等，与小组成员相互分享并阅读。

（2）小组成员分享自己的读书感想，并围绕“爱暖童心，循循善诱”的主题展开讨论，发表自己的观点，说说如何践行相关理念和道德规范。

（3）各组成员以活动报告的形式呈现此次读书沙龙活动的心得体会和职业道德践行计划，并在班上分享。

任务准备

在读书沙龙活动开始前，各组成员进行简要分工，合作搜集相关的书籍、文章、案例等，并将所搜集资料的相关信息填入表 5-3 中。

表 5-3　搜集的资料信息

班级			指导教师		
组号		姓名		学号	
书籍、文章或案例的名称		资料主要内容			

实施记录

各组按照要求开展实践活动，并将具体的实施情况记录在表 5-4 中。

表 5-4　实施情况记录

实施项目	实况记录	备注
活动过程	1. 阅读所搜集的资料，并结合资料内容思考托育服务从业人员应遵守哪些职业道德（如尊重和关爱婴幼儿、平等对待婴幼儿等）。列出你认为重要的道德要求 2. 组内分享各自的读书感想，讨论如何践行与“爱暖童心，循循善诱”相关的理念和道德规范 3. 在班上分享此次读书沙龙活动的总结报告，并谈谈职业道德践行计划	
心得体会		

任务评价

各组成员可参考表 5-5 所列的评价标准对任务实施过程和结果进行评价，并请老师进行点评。

表 5-5　任务实施评价表

评价项目	评价标准	分值	评价分数		教师点评
			自评	互评	
准备工作（15%）	提前搜集相关资料，做好活动准备	5 分			
	能从所搜集资料中提炼出与活动主题相关的内容	10 分			
技能实操（60%）	小组分工明确，组员之间配合良好	5 分			
	能阐述托育服务从业人员与婴幼儿关系中职业道德建设的意义，熟悉尊重和关爱婴幼儿、平等对待婴幼儿的职业道德要求	15 分			

续表

评价项目	评价标准	分值	评价分数		教师点评
			自评	互评	
技能实操（60%）	能认真阅读所搜集的资料，并通过小组讨论深入探讨托育服务从业人员在照护婴幼儿的过程中应如何践行职业道德规范	20 分			
	能结合所学知识和所读图书的内容，阐述自己将来从事托育服务工作时会如何践行职业道德规范	20 分			
结果呈现（25%）	读书沙龙气氛轻松活跃，令人收获颇丰；活动报告主题鲜明，逻辑清晰，感悟深刻	15 分			
	树立了真诚关爱婴幼儿、耐心陪伴婴幼儿、善于鼓励婴幼儿的道德观念	10 分			
总评	自评（40%）+互评（60%）=	教师（签名）：			

任务三 熟悉托育服务从业人员与家长关系中的职业道德

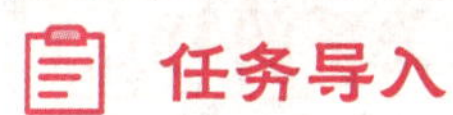

任务导入

换位思考巧沟通，消除误会释前嫌

从事保育工作以来，张老师经常和家长打交道，在实践中积累了与家长沟通的丰富经验。

一天晚上，张老师接到一个电话，电话接通后，对面就传来了劈头盖脸的训斥和责骂。原来，这个电话是幼儿兰兰的家长王女士打来的，因为兰兰身上被蚊子咬了很多个红疙瘩，家长认为托育机构工作人员失职，便打电话责骂。面对家长的指责，张老师难受极了，但她没有急于辩解，因为她知道，孩子出现问题，王女士难免会有情绪，此刻最重要的是努力让自己保持冷静，抚慰王女士的情绪，并且尽快采取补救措施。于是，张老师在电话中与王女士进行了有效的沟通，首先对自己工作失误所造成的问题进行了道歉，然后对当事婴幼儿兰兰表示慰问和关心，提出了切实可行的关怀措施，并承诺在今后的工作中一定会更加细心，希望能得到王女士的原谅。张老师真诚的话语，让电话另一端的王女士平复了愤怒的情绪，不再一味地责备张老师。

第二天早上，张老师主动打电话给王女士，再次向其致歉并详细地询问了兰兰的情况，以示关心。王女士见状，先向张老师表达了感谢，然后解释说医生检查后发现孩子身上的红疙瘩是柳絮过敏引起的，不是蚊子叮咬造成的，而且孩子涂过药后已经恢复到正常状态了。听了王女士的话后，张老师长舒了一口气。昨晚的误会让张老师彻夜难眠，而此刻的冰释前嫌让她瞬间感到心安。

事后，在与同事分享与家长有效沟通的经验时，张老师说："被家长误解时，不要急于辩解，而要学会换位思考，理解家长的情绪，弄清楚家长的需求，并帮助家长提供有效的应对方案，以缓解家长的负面情绪。在帮助家长解决难题之后，再找机会向家长做必要的解释。建立和维护良好的家托关系，是做好托育服务工作的前提。有了家长的支持，我们的工作才能事半功倍。"

（资料来源：东城教研网，有改动）

任务清单

面对家长的指责，张老师采取了哪些有效的措施？张老师的言行体现了哪些优良品德？托育服务从业人员在与家长相处的过程中应遵守哪些职业道德？请带着这些疑问完成以下任务。

（1）了解托育服务从业人员与家长关系的特点。

（2）熟悉托育服务从业人员与家长关系中的职业道德建设的意义。

（3）掌握托育服务从业人员与家长关系中的道德要求。

一、托育服务从业人员与家长关系的特点

托育服务从业人员与家长在实施保育保教活动、促进婴幼儿健康发展的过程中，目的相同，角色互补，地位平等。两者之间的关系主要有以下两个特点。

（1）托育服务从业人员与家长之间的关系是相互合作的关系。在保育保教活动中，从业人员需要通过家长了解婴幼儿的相关情况，进而根据婴幼儿的实际情况制订有针对性的托育服务方案。家长需要主动配合从业人员践行家托共育理念，科学地开展育儿活动。双方需要在保育保教活动中相互配合，共同促进婴幼儿的健康成长。

（2）托育服务从业人员与家长之间的关系是服务者与被服务者的关系。家长是婴幼儿的养育者（见图 5-5），对婴幼儿的健康发展有着不可取代的作用，他们在育儿的过程中需要接受托育服务从业人员的科学养育指导。从业人员在照料婴幼儿的同时，还需要为家长提供科学养育指导服务，引导家长确立正确的育儿目标，主动帮助家长更新育儿观念，为家长的育儿实践提供科学的育儿指导和建议。

图 5-5　家长是婴幼儿的养育者

二、托育服务从业人员与家长关系中职业道德建设的意义

托育服务从业人员与家长关系中的职业道德是指从业人员在处理自己与家长之间的关系时所秉持的基本道德标准和行为准则。托育服务从业人员与家长关系中的职业道德建设具有以下两个方面的意义。

（一）有利于家托教育的协调一致

家长在婴幼儿健康成长过程中具有重要作用，托育服务从业人员与婴幼儿家长密切合作，能够为婴幼儿的全面发展创造良好的条件。加强合作过程中的职业道德建设，有利于避免冲突，化解矛盾，与家长建立良好的沟通和交流，从而有利于家托教育的协调一致。

（二）有利于托育行业树立良好形象

加强托育服务从业人员与家长关系中的职业道德建设，能促使从业人员用心照护婴幼儿，为家长提供优质的服务，从而获得家长的认可。家长在感受到从业人员专业、规范的服务后，往往会自发地向他人宣传从业人员的良好品德和专业素养。众多从业人员良好的职业道德表现，可以点亮职业道德的星星之火，从而发扬职业道德，有利于托育服务行业树立良好形象。

三、托育服务从业人员与家长关系中的职业道德要求

（一）尊重家长，平等对待

1. 尊重家长的人格和权益

在托育服务活动中，家长是托育服务从业人员不可或缺的合作者，从业人员必须给予他们充分的尊重。首先，从业人员必须尊重家长的人格。在与家长沟通时做到言行举止文明有礼，切忌实施侮辱其人格或当众责备其子女的行为。其次，从业人员必须尊重家长的合法权益，主要体现为在托育服务工作中尊重家长的需求和话语权。具体而言，从业人员应认真地听取家长的想法和意见，尊重不同家长的不同需求，根据每个家庭的特点进行有针对性的指导。

2. 平等对待每个家长

首先，托育服务从业人员要平等地对待每一名家长。不能因为家长的学历、职业、收入或社会地位不同而给予他们区别对待。例如，有的家长是农民，有的家长是企业老板，有的家长是政府机关工作者等，他们在从业人员面前都只有家长这一个身份，没有高低贵贱之分，从业人员应本着平等对待的原则与各位家长进行沟通与合作。

其次，托育服务从业人员不能因婴幼儿的个体差异而区别对待其家长。从业人员所接触到的婴幼儿，有聪明的、自制力强的、漂亮的，也有智力发展缓慢的、自制能力弱的、相貌不扬的，从业人员不能因婴幼儿的差异而区别对待他们的家长，特别是对于那些有身体残疾或心理发展障碍的婴幼儿的家长，从业人员更要给予其同等的尊重。

课证对接

尊重家长和平等对待每一名家长的相关知识是保育员职业技能认定考试的考查要点。

（二）广纳谏言，虚怀若谷

无论拥有多么广博的专业知识和丰富的实践经验，托育服务从业人员都难以单凭自身的努力把多样化的照护服务工作做得完美无缺。而且，随着社会的进步，家长的育儿水平不断提高，他们的许多见解和经验也值得从业人员借鉴和学习。因此，从业人员应虚心听取家长的意见，积极采纳家长的合理建议。这样既能调动家长在支持和配合从业人员工作方面的主动性和积极性，又能帮助从业人员拓宽照护服务思路，进而不断完善托育服务工作。

（三）换位思考，相互理解

托育服务从业人员要了解家长的角色，善于从家长的角度去考虑问题，体会家长心情，分析家长的需求，学会以虚心的态度倾听家长的意见；理解家长产生不满情绪的原因，进而做出相应的解释和处理，努力让家长理解从业人员的工作，愿意支持和配合从业人员的托育服务工作。

（四）保护隐私，维护权益

托育服务从业人员应该具有保护婴幼儿家长隐私的意识，未经家长的同意，不能将婴幼儿家长的婚姻状况、家庭地址、电话号码等个人信息告知他人，要依法维护家长的合法权益。例如，当他人打听婴幼儿家长的信息时，从业人员应有警觉意识，不能私自将婴幼儿及其家长的信息透露给他人；当婴幼儿家长的职业和身份比较特殊时，从业人员应该为其保守秘密，做好相关的保护工作，避免信息泄露带来潜在的危险；等等。

（五）客观评价，不持偏见

不同婴幼儿的各方面发展存在个体差异，他们在托育机构中的表现也各有特点。托育服务从业人员在与家长沟通婴幼儿的发展情况时，应客观评价婴幼儿的在托表现，切忌片面评价或带有偏见。

（六）主动沟通，消除误会

积极主动地与人沟通是人际交往中解决问题的有效方法。托育服务从业人员要积极主动地与家长沟通交流，主动向家长介绍婴幼儿的在托情况、托育机构近期的工作安排和要求，以及托育服务从业人员在解决婴幼儿问题时所采取的措施，使家长更清晰地了解从业人员的想法和做法，进而愿意配合从业人员的工作。

家托沟通小技巧

同时，从业人员要主动了解家长的顾虑，揣摩家长的心思，并选择恰当的时机和方式，与家长沟通交流，用实际行动消除家长的顾虑，取得家长的信任。

对于那些对托育机构产生偏见或误会的家长，从业人员要保持冷静，积极主动地与他们沟通，了解他们的偏见或想法，进而有针对性地做好解释工作，并合理地处理相关的问题，以争取家长的理解，消除误会。

实例评析

积极沟通是化解误会的良方

在开展保育保教工作过程中，托育服务工作人员有时可能被家长误解。赵老师就遇到过被误解的情况。每一次被误解，赵老师都通过积极沟通的方式消除了。

一次，在户外活动中，赵老师要求孩子们都穿上外套。由于外套太长，小雪不愿意穿。赵老师检查了小雪身上的衣服，觉得足够保暖了，就准许小雪不穿外套了。小雪的奶奶来接小雪回家时发现小雪没穿外套，便轻声抱怨道："这么冷的天，你们老师怎么也不给你穿外套，真不负责。"这句话被赵老师听到了。第二天，赵老师便主动找小雪的奶奶聊天，她首先向小雪的奶奶解释了没让小雪穿外套的原因：一是小雪身上的衣服已经足够厚了，户外活动期间的运动量大，如果衣服穿得太多，孩子一运动就容易满身大汗，反而容易着凉；二是小雪的外套太长了，活动时不方便，容易发生危险。同时，赵老师建议小雪的奶奶为小雪准备一件短一些的外套或背心，方便小雪在进行户外活动时使用。小雪的奶奶听完赵老师的解释后感到很欣慰，并对昨天误会赵老师不负责任的想法表达了歉意。

还有一次，小月的家长气势汹汹地来找赵老师，责问赵老师为什么虐待小月。赵老师一脸茫然，不明白小月的家长为何会这样说。但赵老师面对责问没有慌乱，而是耐心地向家长了解了事情的原委。原来，昨天赵老师组织班里的孩子开展了"我是勇敢的孩子，我不怕打针"的角色扮演活动，而小月因为语言表达能力有限，回家后只说了"老师打"，导致家长误以为赵老师打了小月。于是，赵老师在安抚了小月家长的情绪后，立即解释了昨天的角色扮演活动，并向小月的家长道了歉，她表示自己应该提前和家长沟通托育机构的活动安排，以避免产生这样的误会。小月的家长了解了真相后，向赵老师表达了歉意，并主动和赵老师聊起了小月的语言表达问题。

评析：案例中，赵老师在知道家长对其产生误解后，积极主动地与家长沟通交流，真诚地向家长做出解释，及时地消除了家长的误会，赢得了家长的信任。

（资料来源：江苏教育新闻网，有改动）

（七）廉洁从业，坚守底线

廉洁从业是托育服务从业人员应遵循的基本职业道德规范。这一道德规范要求托育服务从业人员正确对待家长送礼问题，不利用职务之便委托家长办事等，坚守道德底线。

1．正确对待家长送礼

在托育服务活动中，一些家长可能出于各种目的（如希望自己的孩子得到更多的关注和爱护、表达对从业人员的诚挚谢意、避免自己的孩子受到怠慢等）而向托育服务从业人员送礼。面对这种现象，托育服务从业人员应当正确对待，无论如何都不能接受家长的送礼。首先，从业人员应当认识到家托合作是托育服务工作的一项重要内容，是从业人员的分内之事。其次，从业人员应当认识到接受送礼就是助长不正之风，传递不健康的价值观，甚至破坏社会风气。最后，从业人员应当明确拒绝家长的送礼，礼貌地答谢家长，坚守道德底线。

2. 杜绝委托家长办事

首先，托育服务从业人员要认识到委托家长办事会破坏托育服务规则，扰乱社会公共秩序，涉嫌违法的同时还会影响社会良好风气的形成。其次，从业人员要认识到委托家长办事会带来潜在的不良影响，削弱家长对从业人员的信任感，不利于家托共育工作的开展。最后，托育服务从业人员在行动上要坚守道德底线，在任何情况下都坚决不委托家长办事。

知识链接

人文素养与道德行为

富有人文素养的托育服务从业人员，在处理自己与婴幼儿家长之间的关系时，一定会自觉表现出一系列的道德行为，诸如信赖婴幼儿家长，尊重婴幼儿家长，理解和满足婴幼儿家长的各种合理要求，认真、虚心听取婴幼儿家长的批评和质疑，容忍婴幼儿家长的不足之处，乃至过激言行等，一旦发现自己的行为有悖于道德准则，就会主动调节自己的行为。

相反，缺乏人文素养的托育服务从业人员，在处理自己与婴幼儿家长之间的关系时，一定会下意识地表现出一系列的不道德行为，诸如不信赖和不尊重婴幼儿家长，不理解婴幼儿家长的各种合理要求，不认真、虚心听取婴幼儿家长的意见，不能容忍婴幼儿家长的批评和质疑，甚至以偏激的情绪和言行对待婴幼儿家长。

（资料来源：朱家雄．托育服务从业人员人文素养［M］．上海：上海教育出版社，有改动）

任务实施

“家托合作，携手并进”情景表演

任务目的

通过情景表演，体会托育服务从业人员与家长之间的关系，深刻认识托育服务从业人员与家长关系中职业道德建设的意义，增强尊重家长、理解家长、主动沟通的道德意识，树立廉洁从业的理念。

任务描述

请以“家托合作，携手并进”为主题，开展情景表演活动。情景表演应紧紧围绕主题进行，通过展示托育服务从业人员在与家长沟通互动过程中践行职业道德的情况，来体现参演者对本任务所学知识的了解。表演分组进行，全班学生每 3～5 人为一组，每组成员的表演时长为

3～5 分钟。表演结束后，全班学生以小组为单位谈谈自己的收获。

各组可以自创情景进行表演，也可以选择下列情景之一进行表演。

（1）有一名家长要求保育人员给她的孩子喂饭，否则她的孩子会因为勺子使用不当而吃不到足量的食物。

（2）某托育机构的保育人员打算在家访时和小东的家长谈谈小东挑食的问题。

（3）教师节来临时，保育人员王老师收到了家长送来的购物卡和鲜花。

（4）有人向保育人员张老师索要某个幼儿家长的电话号码和家庭地址。

（5）欣欣从托育机构回家后哭着说腿疼，家长认为托育机构的老师体罚了欣欣。

任务准备

表演前，各组将用于表演的情景和剧本内容填入表 5-6 中。

表 5-6 剧本信息

<table>
<tr><td>班级</td><td colspan="2"></td><td>指导教师</td><td colspan="2"></td></tr>
<tr><td>组号</td><td></td><td>姓名</td><td></td><td>学号</td><td></td></tr>
<tr><td colspan="2">设计或选用的情景</td><td colspan="4"></td></tr>
<tr><td colspan="2">情景剧名称</td><td colspan="4"></td></tr>
<tr><td colspan="2">剧本内容</td><td colspan="4"></td></tr>
</table>

实施记录

各组根据剧本内容进行情景表演，并将表演实况记录到表 5-7 中。

表 5-7 表演实况记录

<table>
<tr><th>实施项目</th><th>实况记录</th><th>备注</th></tr>
<tr><td>表演实况</td><td>1. 小组抽签决定表演顺序，并按照顺序进行表演
2. 各小组在观看表演时，注意分析情景表演中托育服务从业人员的做法是否妥当
3. 表演结束后，谈谈自己将来开展家托服务工作时会如何践行这些职业道德</td><td></td></tr>
<tr><td>心得体会</td><td colspan="2"></td></tr>
</table>

任务评价

各组成员可参考表 5-8 所列的评价标准对任务实施过程和结果进行评价，并请老师进行点评。

表 5-8　任务实施评价表

评价项目	评价标准	分值	评价分数		教师点评
			自评	互评	
准备工作（15%）	提前确定剧本名称、内容和角色分工	5 分			
	剧本内容有创意，情节完整，贴合主题	10 分			
技能实操（60%）	小组分工明确，组员之间配合良好	5 分			
	深刻理解托育服务从业人员与家长关系中职业道德建设的意义，并以此为出发点设计、细化剧本内容	15 分			
	熟悉托育服务从业人员与家长关系中的职业道德要求，并将尊重家长、虚心听取家长意见、换位思考、保护家长隐私、廉洁从业等道德规范融入情景表演	20 分			
	观看其他组表演时，能快速记录表演细节，并根据所学知识判断情景表演中托育服务从业人员的做法是否妥当	20 分			
结果呈现（25%）	表演时吐字清晰，精神饱满，仪态大方得体；情景表演节奏紧凑，富有感染力，突显了加强家托合作关系中职业道德建设的重要性	10 分			
	增强了沟通与合作的意识，树立了廉洁从业的理念	15 分			
总评	自评（40%）+互评（60%）=	教师（签名）：			

任务四　熟悉托育服务从业人员与同事关系中的职业道德

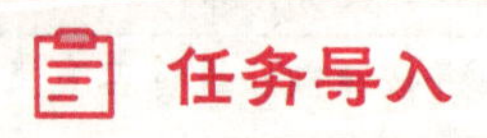

任务导入

小徐的问题在哪里？

小徐研究生毕业后，怀着满腔激情投身于婴幼儿托育服务事业。入职某托育机构后不久，小徐发现现实中的托育服务工作跟她想象的一点都不一样。于是，小徐日渐消沉，有时候对待工作敷衍了事。一次，领导让小徐多花点时间做好班级里的工作，并以此为契机多锻炼自己的托育服务能力。小徐却说："凭什么要多花时间？班级里的其他工作人员都没有多花一分钟来管理事务，我没有理由多花时间。"

小徐的这番话刚好被一些同事听见，这些同事从此开始疏远小徐。

学期末，托育机构的全体职员要以小组为单位设计托育服务实训活动，其他同事都很快组建了活动小组，小徐却单独设计活动方案，因为她认为同事们的水平太低，跟同事合作只会拉低自己的水平。结果，活动开始后，同事们你一言我一语进行激烈的讨论，很快就设计出了活

动的雏形，并通过合作修改完善了活动方案，进而成功地开展了一次优秀的实训活动。小徐却始终没有实训活动的合作者。

年度考核时，小徐只得了“合格”，而小徐认为水平很差的同事却得到了“优秀”。小徐很苦恼也很困惑，不知道问题究竟在哪里。

（资料来源：周念丽．托育服务从业人员心理健康［M］．上海：上海教育出版社，有改动）

任务清单

上述案例中，小徐的问题在哪里？她应该如何改善自己与同事之间的关系？托育服务从业人员在同事关系中应遵守哪些职业道德？请带着这些疑问，完成以下任务。

（1）了解托育服务从业人员同事关系的特点。

（2）熟悉托育服务从业人员同事关系中职业道德建设的意义。

（3）掌握托育服务从业人员同事关系中的职业道德要求。

一、托育服务从业人员同事关系的特点

在托育机构中，托育服务从业人员包括托育机构负责人、保育人员、保健人员、保安人员等专业人员，他们有着共同的目标，在托育服务活动中发挥着不同的作用，每一名从业人员都是托育服务集体中不可或缺的一员。他们之间的关系具有以下特点。

（1）托育服务从业人员同事之间的关系是相互合作的关系。在工作的过程中，从业人员相互协作，相互配合，使婴幼儿得到妥善的照护。

（2）托育服务从业人员同事之间的关系是相互竞争的关系。从业人员在评职、评优的过程中会相互竞争，并在竞争中提升自己的专业能力和水平，实现自身价值。

二、托育服务从业人员同事关系中职业道德建设的意义

托育服务从业人员要认识到托育机构是一个整体，机构中的从业人员作为一个集体为婴幼儿及其家长提供服务，加强同事关系中的职业道德建设，对托育服务工作的顺利开展有着重要意义。

（一）有利于婴幼儿良好品德的形成

加强同事关系中的职业道德建设，有利于托育服务从业人员建立和谐的同事关系。在这种和谐的关系中，从业人员之间相互尊重、相互理解、相互支持的行为表现，能为婴幼儿做出尊重、理解、团结、合作、互勉等方面的良好道德示范，从而有利于婴幼儿良好品德的形成。

（二）有助于从业人员的共同成长

托育服务从业人员在处理同事关系时遵守职业道德，能促使同事之间相互尊重、相互理解、相互包容、相互协作等，这有利于托育服务工作的顺利开展，也有利于营造和谐的工作氛围。在这样的氛围中，从业人员心情更加舒畅，工作积极性、主动性和创造性能得到充分发挥，心理健康水平和自我效能感能得到极大的提升。同时，从业人员在和谐共处中更愿意互通信息，相互启发，相互促进，从而使彼此的专业知识更加完善、思维更加活跃、思路更加开阔，最终实现共同成长。

托育贴士

自我效能感是指个体对自己能否完成某一活动所进行的推测与判断。它是一种自信程度，与个人能力水平有关，但并不代表个人真实的能力水平。通俗来讲，自我效能感高的人常常认为“我能行”，自我效能感低的人常常认为“我不行”。

（三）有利于托育服务工作的顺利开展

婴幼儿照护服务不是由某一个托育服务从业人员独立完成的，而是全体从业人员协作努力的过程。同事关系中的职业道德建设能有效地促使从业人员相互协作，发挥托育服务从业人员的团队效应，从而促进托育服务工作的顺利开展。

三、托育服务从业人员同事关系中的职业道德要求

（一）相互尊重，真诚相待

相互尊重、真诚相待是托育服务从业人员共事的道德基础。概括而言，这一职业道德要求从业人员在托育服务工作中做到以下几点：① 尊重同事的人格与权益，不诬陷、诽谤、辱骂或蔑视同事，也不随意泄露同事的隐私；② 尊重同事的劳动成果，不破坏、窃取同事的劳动成果；③ 真诚对待同事，不相互猜忌，也不因同事职位高低、能力强弱的不同而区别对待。

（二）待人谦逊，相互学习

待人谦逊是一种高尚的品德，托育服务从业人员在与同事相处的过程中应待人谦逊。具体来说，要做到以下几点：① 规范自己的言行举止，表达自己的观点时要不卑不亢，切忌态度傲慢；② 遇到困难时，先独立思考，若依然解决不了，则可谦虚地向同事请教；③ 处世低调，既不吹嘘，也不遮掩，适时展示自己的成绩，实事求是，公开透明。

相互学习是一种优秀的品质，它有利于从业人员更好地了解彼此、完善自己，从而实现共同进步。众多的从业人员各具优势，各有所长，从业人员之间应相互学习，取长补短，在工作理念、工作方法、工作思维上相互借鉴，力争形成一种百花齐放、竞相争艳的局面，以便更好地开展托育服务工作。

（三）分工配合，团结协作

托育服务工作有着明确的分工，不同的托育服务从业人员各自承担着不同的职责。因此，托育服务从业人员应认识到分工配合、团结协作的重要性，并且在实施各项工作任务时与同事开展全方位的合作。例如，在托育服务活动中，管理人员要为基层职员的任务推进和职业发展提供支持，基层职员要积极配合管理人员落实各项管理制度，推动托育机构发展壮大；保育人员要配合保健人员开展安全防护、卫生消毒、健康教育等卫生保健工作，保健人员要配合保育人员开展营养与喂养、动作与语言能力发展等方面的保育保教工作；等等。

（四）公平竞争，坦诚相待

在现代社会，各行各业都存在着竞争。在托育服务领域，从业人员之间的竞争也不可避免。托育服务从业人员要明确竞争的真正目的是弘扬奋发向上的精神，鼓励人们追求卓越的人生，要认识到同事之间的竞争应该是公平的。公平竞争的道德规范要求从业人员做到以下几点：① 端正竞争态度，正确对待个人利益和他人利益，在追求个人利益时不可损害他人利益；② 讲究竞争方法，注重自我提升，在竞争中发挥自身优势；③ 正确对待竞争结果，通过竞争相互学习，取长补短，共同发展，不断朝着专业化的方向迈进。

同时，在竞争过程中，从业人员之间要坦诚相待，彼此信任，在竞争过程中共同进步，并及时消除隔阂，不要让竞争影响和谐的同事关系。

课证对接

托育服务从业人员同事之间相互尊重、团结协作、公平竞争的职业道德规范是保育员职业技能认定考试的考查要点。

视野纵横

托育人才培养的 5W3H 理念

2022 年 7 月 2 日，上海市婴幼儿照护服务专业委员会开展了公益直播活动，邀请华东师范大学的周念丽教授做了一场以“优质托育人才养成之思”为主题的知识分享。

周教授先强调了托育机构服务质量的重要性，然后在直播中与在线网友一起探讨了优质人才培养的 5W 理念，即 Who（谁是优质人才）、What（什么样的人才才叫优质人才）、When（何时培养优质人才）、Where（在什么地方培养优质人才）、Why（为什么要培养优质人才）。

周教授指出，优质人才来源于三个地方：职前养成（即全国各类院校培养出来的优秀毕业生）、职后培训（即从幼儿园等其他行业转型到托育行业的从业人员）和校企合作（即各类院校和企业合作培养的托育人才）。

根据我国著名儿童教育家、儿童心理学家陈鹤琴先生提出的优秀教师的标准，周教授提出了优质托育人才的标准。她指出，优质的托育人才应当符合以下标准：其一，有高尚的人格，以及同情心和耐心；其二，态度端正，行为友善；其三，具有良好的语言表达能力、观察能力和教学能力。

关于如何培养优质托育服务人才，周教授提出了3H（即Head、Heart、Hand）理念，具体内容如下。

（1）Head——学习理念和知识，包括婴幼儿营养保健知识和心理发展知识、家庭的育儿理念，以及托育机构的教师观和托育理念。

（2）Heart——培养情感，包括职业情感、职业道德和职业认同。

（3）Hand——锻炼实践技能，包括观察与评估婴幼儿、创设适合家庭环境的亲子游戏、设计家园共育活动方案等。

在阐述3H理念的过程中，周教授强调让托育服务从业人员真正理解托育服务职业道德是非常重要的。托育服务从业人员的职业道德包含自身的心理健康、职业规范和责任感。其中，心理健康是重中之重。关于如何保持心理健康，周教授引用了两句话送给大家："心态积极的人并不否认消极因素的存在，他只是学会了不让自己沉溺其中。""心态积极者常能心存光明远景，即使身陷困境，也能以快乐和创造性的姿态走出困境，迎接光明。"

有人问周教授，托育服务从业人员如何保持工作热情？周教授认为要想保持工作热情，就应做到以下几点：① 要始终充满好奇心和探索欲，坚持工作的初衷，力争把工作中的一个个问号变成感叹号；② 要能在工作中找到成就感和价值感；③ 要具备共情能力，能够感受到孩子们的幸福和喜悦；④ 能获得托育服务效能感（即对自身托育服务工作能力的期待和信心）；⑤ "咬定青山不放松"，找准人生定位。

（资料来源：网易新闻网，有改动）

任务实施

"聚力凝心，其利断金"道德实践

任务目的

通过实践活动，深刻认识托育服务从业人员同事关系中的职业道德建设的意义，掌握同事关系中的职业道德践行要求，树立团结协作、公平竞争的理念。

任务描述

请以"聚力凝心，其利断金"为主题，开展道德情景剧表演活动。活动分组进行，全班学生每4～6人为一组。活动分为情景演绎和总结分享两个阶段，具体要求如下。

（1）情景演绎阶段：表演活动应紧紧围绕活动主题进行。各组成员分别扮演管理人员、保育人员、保健人员、保安人员等不同的角色，在情景活动中担任不同的职责，解决情景中的各种问题，并通过表演诠释自己对团结合作这一职业道德的理解。各组可选择下列情景之一进行表演，每组表演时长为3～5分钟。

① 在亲子活动日，因为托育机构门口拥堵，一些婴幼儿及其家长无法顺利进入托育机构，一些已经进入托育机构的婴幼儿及其家长找不到组织。

② 午餐活动期间，一些孩子不会自主进食，一些孩子在哭闹，还有一些孩子离开食堂去室外玩耍，午餐活动秩序混乱。

③ 户外活动期间，2 岁的幼儿欣欣从平衡木上摔了下来，膝盖磕破了。

④ 某托育机构要选出两名保育人员参加市里举办的技能比拼大赛。该机构管理人员决定通过机构内部的保育技能预选赛选拔出两名参赛人员。

（2）表演结束后，以小组为单位，分享自己的感想，并谈谈自己践行同事关系中的职业道德的计划。

任务准备

活动前，各组成员分工合作完成资料搜集、分析整理、剧本设计等准备工作。

实施记录

各组根据活动要求进行道德实践，并将具体的实施情况记录到表 5-9 中。

表 5-9　具体实施情况记录

实施项目	实况记录	备注
活动过程	1. 各小组设计表演剧本，并进行表演 2. 各小组在观看情景表演时，注意分析不同的角色在团队中发挥的作用及所践行的职业道德 3. 表演结束后，各组成员分享自己的感想，并谈谈自己在将来会如何践行同事关系中的职业道德	
心得体会		

任务评价

各组成员可参考表 5-10 所列的评价标准对任务实施过程和结果进行评价，并请老师进行点评。

表 5-10　任务实施评价表

评价项目	评价标准	分值	评价分数		教师点评
			自评	互评	
准备工作（20%）	提前确定表演情景、剧本内容及角色分工	10 分			
	剧本内容有创意，情节完整，贴合主题	10 分			
技能实操（55%）	小组分工明确，组员之间配合良好	5 分			
	深刻理解托育服务从业人员同事关系中职业道德建设的意义，并以此为出发点设计、细化剧本内容	15 分			

续表

评价项目	评价标准	分值	评价分数		教师点评
			自评	互评	
技能实操（55%）	明确托育服务从业人员同事关系中的职业道德要求，并在情景表演中践行待人谦逊、团结协作、公平竞争等道德规范	20分			
	观看其他小组的表演时，能快速记录表演细节，并根据所学知识分析不同角色在团队中发挥的作用及所践行的职业道德	15分			
结果呈现（25%）	情景表演节奏紧凑，富有感染力；小组分享语言真切，感悟深刻	15分			
	树立了团结协作、公平竞争的理念	10分			
总评	自评（40%）+互评（60%）=	教师（签名）：			

项目检测

一、单项选择题

1. 对于托育机构的建设和发展，托育服务从业人员应（　　）。

A. 主动参与，及时提出合理的建议

B. 强烈反对，彰显自己对机构的关心

C. 漠不关心，一心只做自己的事

D. 无条件听从托育机构的安排

2. 当一名婴幼儿试图走上平衡木但又犹豫不决时，保育人员的做法正确的是（　　）。

A. 尊重婴幼儿的选择　　B. 鼓励婴幼儿并做好安全防护

C. 直接代替婴幼儿做决定　　D. 以上都不对

3. 当婴幼儿磕磕绊绊地向托育服务从业人员讲述自己的想法时，从业人员的做法不恰当的是（　　）。

A. 耐心倾听　　B. 眼神鼓励

C. 简短复述　　D. 直接打断

4. 婴幼儿航航很调皮，在托育机构不遵守纪律，还经常有攻击性行为。保育人员王老师隔三差五地给航航的家长打电话，每次在电话里都把航航的家长狠狠地批评一顿，有时甚至把家长叫到托育机构来训话。王老师的这种行为（　　）。

A. 错误，王老师应尊重航航家长的人格

B. 错误，王老师应对航航的发展负全责

C. 正确，航航家长要配合王老师共同教育航航

D. 正确，王老师要主动寻求航航家长支持

5. 当他人打听婴幼儿家长的信息时，托育服务从业人员应（　　）。

A. 及时报警，保留好证据

B. 向婴幼儿家长汇报，让家长自行处理

C. 有警觉意识，不能私自将婴幼儿及其家长的信息透露给他人

D. 向托育机构负责人反映

6. 保育人员严老师在与同事相处时总是坚持“多倾听，少争执；多宽容，少计较；多赞美，少批评；多坦诚，少怀疑”的原则。严老师的做法（　　）。

A. 不可行，一味迎合其他同事，缺乏挑战

B. 不可行，仅注重与同事的情感交流，忽略托育服务工作中存在的问题

C. 可行，体现了严老师甘于平凡，无私奉献

D. 可行，体现了严老师严于律己，待人谦逊，尊重同事

7. 有人说“同行是冤家”“教会了徒弟，饿死了师父”，这些观念与（　　）相违背。

A. 分工配合，团结协作　　B. 相互尊重，真诚相待

C. 公平竞争，坦诚相待　　D. 待人谦逊，相互学习

二、简答题

1. 简述托育服务从业人员与家长关系中的职业道德要求。
2. 简述托育服务从业人员廉洁从业、坚守底线的具体内容。
3. 简述公平竞争、坦诚相待的具体要求。

项目综合评价

全班同学每4～6人一组，各组成员结合课前、课中和课后的学习情况和项目检测的情况，按照表5-11的评价标准对该项目的学习效果进行自评和互评，并请老师进行总体评价。

表5-11　项目综合评价表

考核内容	评价标准	分值	评价得分		
			自评	互评	师评
过程与方法考核（20%）	课前积极预习，能搜集、整理与托育服务从业人员人际关系中的职业道德相关的资料，并进行归纳总结	10分			
	认真思考任务清单中的提问，积极参与课堂互动活动，并踊跃发表自己的看法	10分			
知识与技能考核（60%）	能深刻认识托育服务从业人员与机构关系中职业道德建设的意义，并明确该关系中的职业道德践行要求	15分			
	能深刻认识托育服务从业人员与婴幼儿关系中职业道德建设的意义，并明确该关系中的职业道德践行要求	20分			

续表

考核内容	评价标准	分值	评价得分		
			自评	互评	师评
知识与技能考核（60%）	能深刻认识托育服务从业人员与家长关系中职业道德建设的意义，并明确该关系中的职业道德践行要求	15 分			
	了解托育服务从业人员同事关系中职业道德建设的意义和职业道德践行要求，树立与同事团结协作、公平竞争的观念	10 分			
综合素养考核（20%）	能够正确应对托育服务从业人员人际关系中的压力与挑战，树立遵守职业道德准则、规范自身行为的从业理念	10 分			
	能学有所用，以积极的心态应对生活和学习中出现的挫折，与他人相处时能遵循尊重、平等、谦虚、包容的原则	10 分			
总评	自评（30%）+互评（30%）+师评（40%）=	教师（签名）：			

项目六

提升道德修养——托育服务从业人员职业道德修养

项目导读

在托育服务工作中，具有良好的职业道德修养有利于托育服务从业人员提升工作质量和效率，更好地为婴幼儿及其家长提供托育服务。因此，托育服务从业人员要有意识地提升自身的职业道德修养。本项目将介绍认识和提升职业道德修养两个方面的内容。

学习目标

知识目标

- 熟悉托育服务从业人员职业道德修养的内容。
- 掌握提升托育服务从业人员职业道德修养的原则和方法。

技能目标

- 能够简要阐述托育服务从业人员职业道德修养的重要性。
- 能够根据实际情况制订提升自身职业道德修养的方案。

素质目标

- 自觉地提升自己的道德修养，且能坚持知行合一，坚持自律与他律相结合。
- 积极投身于道德实践，用实际行动诠释道德修养的时代内涵。

任务一 认识托育服务从业人员职业道德修养

任务导入

爱润童心育幼苗，砥砺深耕践初心

杨老师是某托育机构的保育人员，从事保育工作20多年来，她根植托育沃土，坚守初心使命，用爱心和智慧谱写了一曲生动的育儿之歌。

杨老师常说，一名保育老师能送给婴幼儿的最珍贵的礼物就是爱。多年来，她始终践行着用爱润泽童心的理念，在工作中时时刻刻关注婴幼儿的心理健康，并想方设法地探索适合婴幼儿的保育保教方法，培养了一大批身心健康发展的婴幼儿。

干一行，爱一行；爱一行，精一行。杨老师坚持在托育服务事业中披荆斩棘，无怨无悔地奉献着自己的青春，在平凡的岗位上做出了不平凡的成绩，成长为业务精湛的行家里手，多次被评为市级先进工作者。与此同时，她还以身示范，培养了一批又一批青年保育骨干。因为她始终认为，“一个人的优秀不算什么，在实现自我发展的同时，不遗余力地对青年教师进行传、帮、带，才是一名资深托育工作者理应践行的职业道路”。

多年来，杨老师对托育服务事业的矢志不渝，鞠躬尽瘁，充分彰显了一名新时代托育服务从业人员的优秀品质和先锋形象，为全体托育服务从业人员树立了道德榜样。

（资料来源：宝鸡市教育局官网，有改动）

任务清单

你认为上述案例中的杨老师具有哪些优良品质？托育服务从业人员的职业道德修养包括哪些内容？请带着这些疑问完成以下任务。

（1）理解托育服务从业人员职业道德修养的含义，并明确其重要性。

（2）熟悉托育服务从业人员职业道德修养的内容。

一、托育服务从业人员职业道德修养的含义

托育服务从业人员职业道德修养是指托育服务从业人员为了适应托育服务工作，根据托育服务行业职业道德原则和规范的要求，所进行的自我教育、自我磨炼、自我完善等一系列道德改造活动，以及经过改造后所形成的职业道德品质和所达到的职业道德境界。

大爱勇担当——“95后”托育新青年

据此可知，托育服务从业人员的职业道德修养具有以下两层含义：① 职业道德修养首先体现为托育服务从业人员依照职业道德原则和规范，调整思想观念、言行举止的实践活动；② 职业道德修养同时还体现为从业人员经过长期的努力之后，所形成的职业道德品质和所达到的职业道德境界。

二、托育服务从业人员职业道德修养的重要性

作为托育服务事业改革与发展的重要力量，托育服务从业人员必须提升职业道德修养。这既是完成托育服务职业使命的需要，也是新时代中国特色社会主义社会建设的需要。具体来说，托育服务从业人员职业道德修养的重要性主要体现在以下三个方面。

（一）有利于从业人员的专业发展

职业道德修养水平较高的托育服务从业人员在工作中通常会坚持原则，注重托育服务质量，且为了将工作做得更好，会自觉提升自己的专业能力和水平，更好地适应托育服务的改革与发展。这些品质和行为都有利于托育服务从业人员的专业发展。

（二）有利于从业人员克服职业倦怠

职业倦怠是指人们因工作时间过长、工作量过大、工作强度过高而产生的一种身心疲惫的状态。职业倦怠会影响从业人员的身心健康和工作质量。

在托育服务工作中，具有良好职业道德修养的托育服务从业人员更容易克服职业倦怠状态。因为较高水平的职业道德修养，可以促使托育服务从业人员发自内心地热爱自己的工作（见图 6-1），不断追求事业上的成就，并积极地建立良好的人际关系，乐观地面对工作中的困难与挫折，学会适当地宣泄自己的负面情绪。这种状态必然有利于从业人员克服职业倦怠。

图 6-1　热爱自己的工作

（三）有利于弘扬社会主义风尚

职业道德修养水平较高的托育服务从业人员在与各个领域的人们打交道的过程中，能通过践行爱国守法、诚实守信、爱岗敬业、为人师表、团结协作等道德规范，向人们传递向上向善

的正能量。当具有良好职业道德修养的从业人员越来越多时，托育服务从业群体就能以道德修养的星星之火，促成道德修养的燎原之势，从而更好地弘扬社会主义良好风尚。

三、托育服务从业人员职业道德修养的内容

托育服务从业人员职业道德修养的内容主要包括职业道德认识、职业道德情感、职业道德意志、职业道德信念和职业道德行为习惯这五个方面，如图 6-2 所示。

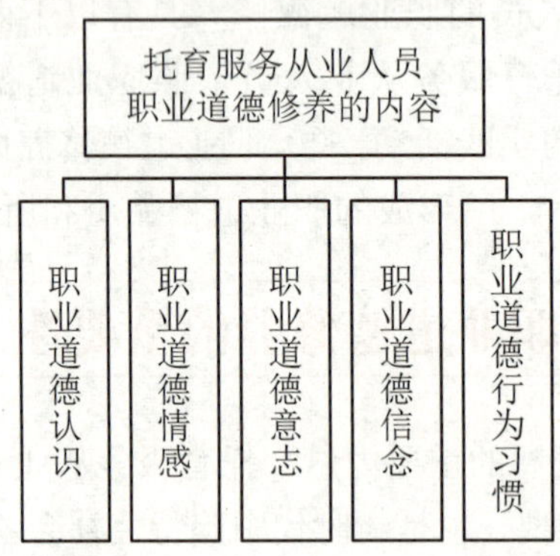

图 6-2　托育服务从业人员职业道德修养的内容

（1）职业道德认识。托育服务从业人员的职业道德认识是指从业人员对价值观念、行为规范和职业操守等职业道德理论的理解和认识，主要体现为托育服务从业人员的职业道德价值理论认知水平、职业道德规范理解能力和职业道德行为判断能力。

（2）职业道德情感。托育服务从业人员的职业道德情感是指从业人员根据一定的职业道德观念，评价某种行为、处理某种关系时所产生的内心体验，主要体现为托育服务从业人员对职业梦想的追求、对婴幼儿的热爱、对同事的尊重，以及在从事托育服务工作时所产生的自尊感和责任感等。

（3）职业道德意志。托育服务从业人员职业道德意志是指从业人员履行职业道德规范时所表现出来的克服困难或做出抉择的自觉性和坚定性。它是托育服务从业人员在一定的道德认识和道德情感的基础上，调节自身道德行为的重要精神力量，主要体现为克服困难的勇气、战胜诱惑的能力和工作中的自制力。

（4）职业道德信念。托育服务从业人员的职业道德信念是指从业人员对自身职业的认同和坚守。它是从业人员对职业理想、职业人格、职业原则、职业规范的坚定崇奉，是深刻的职业道德认识、炽热的职业道德情感和顽强的职业道德意志的统一，也是从业人员把职业道德认识转变为职业道德行为的内驱力。

（5）职业道德行为习惯。托育服务从业人员的职业道德行为习惯包括职业道德行为和职业道德习惯两个方面。其中，职业道德行为是托育服务从业人员在良好的职业道德动机、坚韧的职业道德意志和坚定的职业道德信念的影响下所采取的实际行动。职业道德习惯是托育服务从业人员在职业道德意识的支配下，通过长期的实践，逐渐养成的、不容易改变的行为倾向。

互动空间

有人认为，托育服务从业人员仅需要在提供托育服务的过程中恪守职业道德规范，在日常生活中则可以用较低的道德标准来要求自己。有人认为，无论是在工作中还是日常生活中，从业人员都应以较高的职业道德标准来严格要求自己。你怎么看待这两种观点？请阐述你的观点，并说明理由。

实例评析

用爱为孤残婴幼儿撑起一片天

费老师是某社会福利中心的保育老师。该福利中心主要负责辖区内弃婴的接收安置工作。这些弃婴大多患有重大疾病，费老师在工作中把他们看作自己的孩子，尽心尽力地疼爱他们、照护他们。多年来，费老师为 1 500 多名孤残婴幼儿撑起了一片蓝天。

费老师说："护理孤残婴幼儿，不仅需要细心、爱心，还需要有专业的护理知识，科学的护理才能让他们健康成长。"有一年冬天，该福利中心接收了一个被遗弃的女婴，体重刚超过 1 千克，她的头还没有费老师的拳头大，该福利中心的保育老师都疼爱地叫她"小豆豆"。小豆豆因为早产，发育得不好，费老师就运用自己学过的护理知识，科学地照料和喂养她；小豆豆抵抗能力差，费老师就特别注意她的保暖问题，不让她受凉，经常带她晒太阳；小豆豆一次只能吃 20 毫升左右的牛奶，费老师就每隔 1 小时喂她一次，而且每一次都先按比例配好牛奶，用手背试好温度，然后小心翼翼地抱着她，把奶嘴轻轻地放到她嘴边，小心翼翼地喂她；小豆豆经常睡不安稳，费老师就抱着她，一边哼着儿歌一边轻轻地拍她的后背，哄她入睡；下班后，费老师还经常去看望小豆豆，和她说话，逗得她咯咯地笑……就这样，在费老师的精心呵护下，小豆豆的身体强健了起来，10 个月的时候体重达到了 5 千克，白白胖胖的，非常惹人喜爱。费老师看着健康快乐的小豆豆，感到特别幸福。

在孩子们幼小的心里，费老师既是老师也是妈妈，他们一有好吃的、好玩的，就会第一时间和费老师分享。一次，一个瘫痪的幼儿乐乐得到了一块巧克力，她舍不得吃，就把巧克力藏在了床垫下。等到费老师回来时，乐乐才从床垫下拿出那块巧克力，塞到费老师手里。费老师说："虽然巧克力已经化了，但我心里比蜜还甜。这是世界上最好吃的巧克力！为了给你们妈妈般的爱，我愿与你们永远在一起！"

在照护孤残婴幼儿的同时，费老师也不忘丰富自己的知识储备。为了提高自己的专业技能水平，费老师利用业余时间拼命学习，先后获得了初级、中级和高级层次的孤残儿童护理员职业资格证书，以及国家中级社会工作者职业资格证书和教师资格证。费老师说："希望生活中被遗弃的孩子越来越少。关注弃婴，珍爱生命，为孤残儿童提供帮助和服务，是我甘愿奉献一生的事业。"

评析：案例中，费老师凭借对孤残婴幼儿的爱，在平凡的保育员岗位上做出了不平凡的成绩，体现了良好的职业道德修养。

（资料来源：广东省民政厅官网，有改动）

任务实施

“学习道德模范，传递榜样力量”故事分享会

任务目的

通过故事分享，加深对托育服务从业人员职业道德修养的认识，掌握托育服务从业人员职业道德修养的内容，增强培养自身职业道德修养的自觉性。

任务描述

请以“学习道德模范，传递榜样力量”为主题，开展道德模范故事分享活动。活动分组进行，全班学生每3人为一组。活动要求如下。

（1）每组搜集5～8个托育服务从业人员的先进事迹材料，根据这些材料讲述道德模范故事。

（2）在讲述道德模范故事的过程中，为听众解读职业道德修养在道德模范故事中的具体体现，并阐述自己对培养职业道德修养的看法。

（3）各组成员根据道德模范故事分享情况写一份活动报告，内容应包括典型人物故事的简介和这些故事带给自己的启发。

任务准备

活动前，各组成员分工合作，完成资料搜集、分析整理、PPT制作等准备工作。

实施记录

各组按照活动要求合作开展实践活动，并将具体的实施情况记录在表6-1中。

表6-1 实施情况记录

实施项目		备注
实践过程	1. 各组成员根据道德模范人物的事迹材料拟写道德模范故事。道德模范故事内容的编排思路如下 2. 组内筛选出用于分享的道德模范故事 3. 小组抽签决定分享顺序，并按照顺序进行故事分享。各组成员注意记录道德模范故事中的关键信息，并提炼出主人翁事迹中的职业道德闪光点 4. 分享结束后，以小组为单位写一份活动报告	
心得体会		

任务评价

各组成员可参考表 6-2 所列的评价标准对任务实施过程和结果进行评价，并请老师进行点评。

表 6-2 任务实施评价表

评价项目	评价标准	分值	评价分数		教师点评
			自评	互评	
准备工作（10%）	提前做好资料搜集、分析整理、PPT 制作等准备工作	10 分			
技能实操（60%）	小组分工明确，组员之间配合良好	5 分			
	能广泛搜集道德模范的先进事迹材料，并据此拟写道德模范故事	15 分			
	深刻认识托育服务从业人员职业道德修养的重要性，能结合所搜集的先进事迹阐述自己对托育服务从业人员职业道德修养的认识	20 分			
	能结合本任务所学内容，为听众解读职业道德修养在道德模范故事中的具体体现，并阐述自己对培养职业道德修养的看法	20 分			
结果呈现（30%）	道德模范故事内容充实，观点明确，具有较强的教育意义；活动报告简洁明了，感悟深刻	15 分			
	增强了培养自身职业道德修养的自觉性	15 分			
总评	自评（40%）+互评（60%）=	教师（签名）：			

任务二 提升托育服务从业人员职业道德修养

任务导入

学习道德楷模，争当时代先锋

某托育机构为了进一步加强机构员工的职业道德建设，组织机构员工观看了时代楷模张桂梅的纪录片，号召全体员工学习时代楷模精神。

该机构保育人员于老师在观看了张桂梅老师的先进事迹后，对自己的职业有了新的认识，将从张桂梅老师身上学到的爱岗敬业、以身作则、无私奉献的精神内化为自己的道德信念，并努力践行这些道德信念。在日常生活中，于老师自觉遵守职业道德规范，严于律己，以身作则，为身边的人树立道德榜样。在日常工作中，于老师自觉学习先进的托育服务理论知识，积极参与托育机构组织的培训交流活动，学习先进的托育服务技能，并将其灵活运用到托育服务实践中。工作之余，于老师还积极参与志愿者活动，向更多的人宣传科学的托育服务理念，为更多的人提供婴幼儿照护指导服务。

（资料来源：澎湃新闻网，有改动）

任务清单

你认为案例中的于老师是如何提升自身的职业道德修养的？托育服务从业人员应该如何提升职业道德修养？请带着这些疑问完成以下任务。

（1）熟悉提升托育服务从业人员职业道德修养的原则。

（2）掌握提升托育服务从业人员职业道德修养的方法。

一、提升托育服务从业人员职业道德修养的原则

托育服务从业人员在提升职业道德修养过程中应遵循以下原则。

（一）坚持知与行相统一

“知”即人们对职业道德修养的认识，是提升职业道德修养的前提。“行”即人们根据自己对职业道德修养的理解调整自己的行为，使之符合职业道德要求。“行”是提升职业道德修养的目的。坚持知与行相统一，就是把学习职业道德理论、提高职业道德认识同自身的行动统一起来。如果只学不用、只说不做或者言行不一，那么提升职业道德修养就只是一句空话。因此，托育服务从业人员在提升职业道德修养的过程中要坚持知与行相统一的原则。

坚持知和行相统一，就是要做到深入地学习职业道德理论，激发自己的职业道德情感，增强自身的职业道德意志和信念，并努力践行职业道德理论，按照职业道德原则和规范调整自己的行为，从而提升职业道德修养。

（二）坚持动机与效果相统一

动机是人们实施某种行动的内在动力。效果是人们的行动所产生的客观结果。动机和效果相互依存。

托育服务从业人员在提升职业道德修养的过程中，不能唯动机论（即认为动机好就必然会得到好的效果），也不能唯效果论（即认为效果不好就断定动机肯定是坏的），而应坚持动机与效果相统一的原则，既要有良好的动机（如以社会需求为导向、以推动婴幼儿照护服务事业发展为己任、一切从婴幼儿的利益出发等），又要确保行动效果达到预期。换句话说，在托育服务实践中，托育服务从业人员要带着良好动机，充分发挥主观能动性去克服各种困难，不断总结经验，吸取教训，力争使提升职业道德的每一次行动都取得预期的效果。

（三）坚持自律和他律相结合

自律是指依靠内心信念对自己的职业道德行为进行选择和调节。他律是指利用制度、规范和奖惩手段等对职业道德行为进行调节和控制。自律和他律既相互区别又密切联系，两者互为条件，相辅相成。托育服务从业人员在提升职业道德修养的过程中应坚持自律和他律相结合，既要有效地利用外部约束（如法律法规、工作规范、道德规范、监督检查等）来提升道德认识，强化道德意志，规范道德行为，又要加强自我约束，陶冶道德情感，坚定道德信念，将外在的道德约束内化为自身信念，不断提升自身的道德境界，塑造出高尚的道德人格，从而为践行道德提供充足的内在动力。

（四）坚持个人与社会相结合

个人道德修养的提升离不开社会的评价与监督。托育服务从业人员在提升职业道德修养的过程中，要将个人信念与社会信念（即社会成员共同认可的价值观念和行为准则）结合起来，既要坚定个人信念，不随波逐流，又要尊重社会信念，遵守社会规则，时常参照社会对托育服务从业人员的职业道德标准来审视自己。当个人信念和社会信念发生冲突时，托育服务从业人员应学会平衡和取舍，适应社会的变化，紧跟时代的步伐，不断学习并树立正确的理想信念，促进个人信念与社会信念和谐共生，从而让自己在道德实践中找到正确方向。

（五）坚持继承与创新相结合

职业道德是社会道德的一部分，它会随着社会的发展变化而不断变化。托育服务从业人员在提升职业道德修养的过程中，应坚持继承与创新相结合，在继承传统优秀职业道德的基础上不断创新。具体而言，从业人员要坚持以社会主义核心价值体系为主导，肩负新的历史使命，在道德理论和实践中不断创新，创造出符合时代需要的托育服务从业人员职业道德规范体系。

二、提升托育服务从业人员职业道德修养的方法

在实际生活中，提升职业道德修养的方法因人而异，但总体来说都可以概括为加强理论学习、坚持理性反省和勇于实践磨炼这三种方法，如图 6-3 所示。

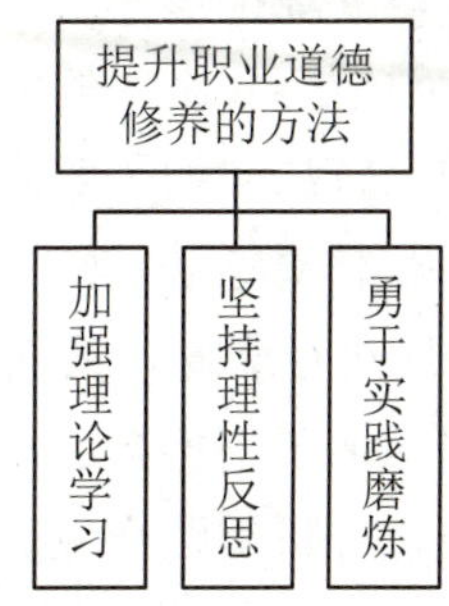

图 6-3　提升职业道德修养的方法

（一）加强理论学习

加强理论学习是提升职业道德修养的前提，理论学习的主要内容包括以下三个方面。

1. 学习思想政治理论

托育服务从业人员要通过认真学习思想政治理论（包括马克思主义理论、习近平新时代中国特色社会主义思想等），树立正确的世界观和人生观，坚定不移地热爱社会主义祖国，热爱托育服务事业，提高职业道德修养觉悟，进而为祖国婴幼儿照护服务事业的发展而努力奋斗。

2. 学习职业道德理论

托育服务从业人员要不断学习和掌握职业道德理论，提高明辨是非善恶的能力，明确提升职业道德修养的方向，以便在托育服务事业中朝着正确的方向努力，采用正确的方式方法践行职业道德信念、培养职业道德行为习惯。

3. 学习托育服务理论

托育服务从业人员要学习托育服务理论（如前沿的托育服务理念、先进的托育服务方法等），提升专业理论水平和专业技能水平，进而加深对职业伦理的理解，更加自觉地践行职业道德信念和规范，更加积极地发挥职业优势。

模范风采

扫码阅读“沂蒙母亲”王换于的故事，弘扬红色革命精神，奋力谱写新时代托育服务高质量发展新篇章。

沂蒙母亲：大爱无私育幼儿，无怨无悔献忠心

（二）坚持理性反思

理性反思是托育服务从业人员提升职业道德修养的关键。理性反思的内容一般包括对思维和知识的检验、对价值和观念的审视、对情感和态度的调适、对决策和选择的梳理、对行为方式和技能的改进等，反思的方法有横向比较法（如了解同行的先进事迹，将其践行职业道德的方法与自己的进行比较）、个体总结法、集体对话法（如与同事、婴幼儿家长、专家等进行交流，就践行职业道德标准的过程中出现的问题进行沟通，共同探讨问题的解决方法）等。

托育服务从业人员要善于理性反思，敢于剖析自己，时常反省自己在思想上、言行上与优秀同行、职业道德模范人物之间的差距，分析差距产生的原因并寻找对策，以便不断完善自己的道德品质，提升自己的道德修养。

实例评析

以反思促进道德修养提升

李老师是某托育机构的保育人员。在多年的工作中，李老师始终坚持反思自己的道德品行，时常反省自己是否做到了知与行相统一，进而有针对性地进行改进，以提升自己的道德修养。

一次，李老师通过反思发现自己没有切实践行尊重和关爱婴幼儿这一道德规范，即只做到了“知”而没有将其外化于“行”，没有完全做到知与行的统一。于是，李老师积极地向经验丰富的前辈请教，学习和借鉴他们践行尊重和关爱婴幼儿这一职业道德的方法，结合他们的道德实践深入理解尊重和关爱婴幼儿这一道德规范，进而明确了自己改进的方向。随后，李老师改变了自己处理婴幼儿问题的方式和方法，从各个方面的细节入手，践行尊重和关爱婴幼儿这一道德规范，力争做到知与行相统一。

评析：案例中，李老师通过深刻反思，认识到自身存在的不足之处，并通过向他人请教，明确了改进的方向和方法，进而有针对性地进行了改进和完善，做到了知与行相统一，提升了自身的职业道德修养。

（三）勇于实践磨炼

理论学习和理性反思的目的是指导实践，将职业道德修养最终落实在行动上。道德实践是检验托育服务从业人员职业道德修养水平的唯一标准。托育服务从业人员应积极投身于道德实践，将内心的道德信仰外化于行动。概括而言，托育服务从业人员可以通过以下方式进行道德实践。

（1）自觉遵守职业道德规范，力争做到慎独。慎独是指一个人在独处的时候，即使没有人监督，也能严格要求自己，自觉遵守道德准则，不做任何不道德的事。它是一种崇高的道德境界，也是一种提升职业道德修养的方法。托育服务从业人员首先要把职业道德原则和规范内化为内心信念，用于指导自己的言行。同时，要增强自制力，加强自我监督，做到自律、自重、自爱，无论身处何地，都应以相同的道德标准严格要求自己。

（2）学习并争当职业道德模范。托育服务从业人员要向职业道德模范学习，见贤思齐，学习他们热爱祖国、热爱人民、热爱托育服务事业的精神，以及关爱婴幼儿、刻苦钻研业务的优秀品质，从而提升自己的道德境界。同时，托育服务从业人员还要用道德模范的先进思想指导自身的托育服务实践，争当托育服务行业的道德模范。

（3）积极开展托育服务志愿者活动。托育服务从业人员要自觉扩大托育服务的范围，积极开展托育服务志愿者活动。例如，通过开展志愿宣传活动，向社会宣传科学的托育服务理念，吸引更多的人关注托育服务；创新志愿服务模式，采取“一对一”“一对多”“多方参与”等方式，满足不同家庭、不同群体的托育服务咨询需求，提高志愿服务资源的利用率；加强与相关机构（如学校、社会福利中心等）的合作，为这些机构提供志愿服务，并与他们建立良好的伙伴关系，协同推进托育服务事业发展；等等。托育服务从业人员应在志愿者活动的实践中实现自我教育、自我完善、自我提高，在奉献社会、服务他人的过程中开阔视野，丰富思想道德实践体验，不断提升职业道德修养。

视野纵横

《礼记·中庸》中的道德修养智慧

“博学之，审问之，慎思之，明辨之，笃行之”（出自《礼记·中庸》）是古人关于学习与实践的经典论述。其中，“博学之，审问之，慎思之，明辨之”指理论，“笃行之”指实践，两者合在一起，就是理论与实践相结合。这句话所蕴含的智慧也适用于职业道德修养的提升。

“博学之”是指学习不仅要有好奇心，善于广泛猎取，还要有广阔的眼界和开阔胸襟，懂得兼容并蓄。“审问之”是指善于质疑所学知识，对于不明白的地方要向他人请教。“慎思之”是指对所学知识进行全面的考察和分析，使其能为我所用。“明辨之”是指通过学习，能形成清晰的判断力，能分辨真伪，分清良莠。

“博学之，审问之，慎思之，明辨之”最终要落实在“笃行之”之上。所谓“笃”，有踏踏实实、坚持不懈和一心一意之意。有明确的目标、坚定的意志的人，才能做到笃行。

（资料来源：朱家雄．托育服务从业人员人文素养［M］．上海：上海教育出版社，有改动）

任务实施

“职业道德修养提升”辩论赛

任务目的

通过辩论，深入理解提升职业道德修养的原则，掌握提升托育服务从业人员职业道德修养的方法，增强自觉提升职业道德修养的意识。

任务描述

请围绕如何提升职业道德修养开展辩论比赛。辩论的议题如下。

近年来，托育机构有关工作人员道德失范的事件屡现媒体。关于如何有效地约束和规范托育服务从业人员道德行为的问题引发了激烈的讨论。有的人认为，利用规章制度和奖惩手段、社会舆论和评价等外部力量约束和规范托育服务从业人员的道德行为，是杜绝道德失范、提升从业人员职业道德修养的主要方法。还有的人认为，规范道德行为主要靠从业人员的自觉性，否则也只是治标不治本。那么，提升托育服务从业人员的职业道德修养主要依靠他律还是自律？

正方：提升托育服务从业人员职业道德修养主要依靠自律。

反方：提升托育服务从业人员职业道德修养主要依靠他律。

比赛的要求如下。

（1）比赛分组进行，分组前先选出 1 名主持人。各组抽签决定辩论的正反方。

（2）按照辩论议题搜集相关资料，并进行分析整理。

（3）辩论结束后，写一篇总结，并说说提升自身职业道德修养的计划。

任务准备

比赛前，各组成员应根据本组辩论观点搜集相关资料，并将资料的准备情况填入表 6-3 中。

表 6-3　辩论资料准备情况

辩论观点	相关资料

实施记录

各组分工合作，开展实践活动，并将具体的实施情况记录在表 6-4 中。

表 6-4　实施情况记录

实施项目	实施步骤	备注
活动过程	1. 主持人宣布辩题并介绍参赛组的观点 2. 立论阶段：双方一辩（正方先）分别阐述己方观点，各 3 分钟 己方观点： 立论依据： 3. 攻辩阶段：正方二辩向反方二辩和反方三辩共提出三个问题（每次提问不超过 10 秒，每次回答不超过 20 秒） 反方二辩向正方二辩和正方三辩共提出三个问题（每次提问不超过 10 秒，每次回答不超过 20 秒） 4. 自由辩论阶段：双方（正方先）开始自由提问，各 5 分钟 5. 总结陈词阶段：双方（反方先）四辩总结陈词，各 3 分钟 6. 辩论结束后，写一篇总结	
心得体会		

任务评价

各组成员可参考表6-5所列的评价标准对任务实施过程和结果进行评价，并请老师进行点评。

表6-5 任务实施评价表

评价项目	评价标准	分值	评价分数		教师点评
			自评	互评	
准备工作（20%）	提前确定辩论观点，确定小组辩手并分工	5分			
	根据己方观点准备辩论资料，包括立论资料、提问资料及应对对方提问的资料等	15分			
技能实操（50%）	小组分工明确，组员之间配合良好	5分			
	深入理解提升职业道德修养的原则，掌握提升托育服务从业人员职业道德修养的方法，并能将其与己方观点巧妙融合	20分			
	能根据辩论现场的情况向对方进行简明提问，直击要害，并能有理、有据地回答对方的提问	15分			
	辩论过程中，双方辩手充分阐述了自己对如何提升职业道德修养的认识	10分			
结果呈现（30%）	辩论双方通过语言碰撞、思想交锋，展现了一场精彩绝伦的辩论赛；总结简明扼要，职业道德修养计划具有较强的可行性	15分			
	增强了自觉提升职业道德修养的意识	15分			
总评	自评（40%）+互评（60%）=	教师（签名）：			

项目检测

一、单项选择题

1. 下列选项中，不属于托育服务从业人员职业道德修养的内容的是（　　）。

A. 职业道德认识　　B. 职业道德情感

C. 依法执业思维　　D. 职业道德意志

2. 下列选项中，关于动机与效果相统一的说法，正确的是（　　）。

A. 有好的动机必然会有好的效果

B. 动机好坏不重要，重要的是追求好的效果

C. 不好的动机一定导致不好的效果

D. 要提升职业道德修养，必须做到动机和效果的和谐统一

3. 一个人在无人监督的情况下，依靠内心信念对自己的职业道德行为进行选择和调节，就是做到了（　　）。

A. 自爱　　B. 自尊

C. 自律　　D. 自信

4. 下列属于正确的人生观的是（　　）。

A. 人不为己，天诛地灭　　B. 奉献社会

C. 人生是一场游戏　　D. 我选择，我喜欢

5. 下列关于自觉遵守职业道德规范的说法，错误的是（　　）。

A. 学习职业道德规范　　B. 增强职业道德意识

C. 教条地践行职业道德规范　　D. 提高践行职业道德的能力

二、简答题

1. 什么是托育服务从业人员职业道德认识？
2. 托育服务从业人员提升职业道德修养的方法之一是加强理论学习，学习的内容包括哪些？
3. 什么是慎独？托育服务从业人员如何做到慎独？

项目综合评价

全班同学每4～6人一组，各组成员结合课前、课中和课后的学习情况和项目检测的情况，按照表6-6的评价标准对该项目的学习效果进行自评和互评，并请老师进行总体评价。

表6-6　项目综合评价表

考核内容	评价标准	分值	评价得分		
			自评	互评	师评
过程与方法考核（20%）	课前积极预习，能通过互联网、图书馆等媒介搜集、整理与托育服务从业人员职业道德修养相关的资料，并进行归纳总结	10分			
	认真思考任务清单中的提问，积极参与课堂互动活动，并踊跃发表自己的看法	10分			
知识与技能考核（50%）	能阐述托育服务从业人员职业道德修养的含义和重要性	10分			
	能从职业道德认识、职业道德情感、职业道德意志、职业道德信念和职业道德行为习惯等方面进一步认识职业道德修养	15分			
	能够深刻解读提升托育服务从业人员职业道德修养的原则	10分			
	能够熟练掌握提升托育服务从业人员职业道德修养的方法	15分			

续表

考核内容	评价标准	分值	评价得分		
			自评	互评	师评
综合素养考核（30%）	自觉学习优秀道德品质，努力提升自身职业道德修养，并在日常学习和生活中坚持知行合一、自律与他律相结合的原则	10分			
	积极主动地投身于道德实践，自觉提升自身道德境界	10分			
	能学以致用，增强从事托育服务行业的道德感和责任感，并根据实际情况制订提升职业道德修养的方案	10分			
总评	自评（30%）+互评（30%）+师评（40%）=	教师（签名）：			

参考文献

[1] 姜露. 托育服务从业人员职业规范 [M]. 上海：上海教育出版社，2020.

[2] 朱家雄. 托育服务从业人员人文素养 [M]. 上海：上海教育出版社，2020.

[3] 张原震，邓卫东，王晖. 托育服务政策法规与职业伦理 [M]. 北京：中国人口出版社，2022.

[4] 周念丽. 托育服务从业人员心理健康 [M]. 上海：上海教育出版社，2020.

[5] 丁玉. 托育服务从业人员安全意识 [M]. 上海：上海教育出版社，2020.

[6] 李敬，区绮云，刘中勋. 托育机构组织管理导论 [M]. 北京：中国人口出版社，2022.

[7] 马梅，方玥，陈梅. 托育机构管理实务 [M]. 北京：中国人口出版社，2022.